Ausführungsgesetz

zum

Bürgerlichen Gesetzbuch

vom 20. September 1899.

Nach den Materialien bearbeitet

von

Otto Schmidt,

Landgerichtsrath beim Landgericht Berlin I
und Mitglied der Kommission des Abgeordnetenhauses.

Berlin 1899.

J. J. Heines Verlag.

Vorwort.

Welchen Zweck dieses Buch verfolgt, besagt der Titel: Das Preußische Ausführungsgesetz zum Bürgerlichen Gesetzbuch vom 20. September 1899 soll seinem Wortlaute nach wiedergegeben und aus den Materialien erläutert werden. Nicht viele Gesetze sind auf gleich reichem Material aufgebaut. Während das Gesetz selbst nach den Drucksachen der beiden Häuser des Landtags nur 63 Seiten umfaßt, hat schon die Begründung zu dem Entwurfe einen Umfang von 221 Seiten erhalten. Die beiden Kommissionsberichte des Abgeordnetenhauses und des Herrenhauses sind auf 136 und 25 Seiten untergebracht. In mehr als zwanzig Sitzungen hat die Abgeordnetenhaus-Kommission unter Betheiligung des Justizministers Schönstedt, des Oberlandesgerichtspräsidenten Dr. Küntzel und anderer hervorragender Vertreter der Justiz und der Verwaltung das Gesetz berathen, und die ausführlichen Protokolle ergeben ein genaues Bild davon, daß der Entwurf hierbei in seinem Rechtsstoff eingehend geprüft und nach vielen Richtungen hin mit Zusätzen und Abänderungen versehen ist.

In dem vorliegenden Werke soll aus der Fülle dieser Materialien und anschließend an die einzelnen Gesetzartikel das zur Erläuterung des Gesetzes dienliche zusammengestellt werden. In der Verfolgung dieses Zweckes waren namentlich alle die Ausführungen der Begründung außer Betracht zu lassen, durch welche die parlamentarischen Vertreter überzeugt werden sollten, daß weitere Zusätze über den Entwurf hinaus zur Anpassung der Landesgesetze an die Gesetze des Reiches gegenwärtig nicht erforderlich seien. Ferner kam in Wegfall die Erörterung über Vorschläge und Anträge, welche bei der definitiven Gestaltung des Gesetzes nicht zur Annahme gelangt sind.

Die erläuternden Anmerkungen sind fast durchweg dem gedruckten Material entnommen und meist dem Wortlaute desselben eng angeschlossen. Gewisse längere Ausführungen aus der Begründung, die für das Studium des Gesetzes eine Kürzung nicht zuzulassen schienen, namentlich auf dem Gebiete des ehelichen Güterrechts, sind wörtlich mit Angabe der Quellen abgedruckt, damit der Leser einen sichern Anhalt dafür habe, es handle sich hier um die Ansicht der Verfasser des Entwurfes.

Der Art. 86, welcher eine Novelle zum Gerichtskostengesetze in sich schließt, ist mit commentirenden Anmerkungen nicht versehen, auch in dem Sachregister nicht näher berücksichtigt. Wenn auch zur vollständigen Wiedergabe des Gesetzestextes der Abdruck dieses Artikels nicht zu umgehen war, so war doch der Inhalt des Art. 86 § 1 so beschaffen, daß er zum bessern Verständniß erst gemäß § 2 von dem Justizminister in den Text des bisher geltenden Gerichtskostengesetzes eingefügt werden soll. Die bezüglich der Gerichtskosten getroffenen abändernden Bestimmungen, welche an sich nur in losem Zusammenhange mit dem übrigen Inhalte des Ausführungsgesetzes stehen, werden vom Herausgeber des Gerichtskostengesetzes schon besondere Berücksichtigung finden.

Berlin, im October 1899. Schmidt.

Abkürzungen:

K. = Kommission des Abgeordnetenhauses bezw. Bericht desselben.
B. = Amtliche Begründung zum Entwurfe des Gesetzes.
P. = Protokoll der Abgeordnetenhaus-Kommission.

Inhaltsübersicht.

Wir Wilhelm, von Gottes Gnaden König von Preußen ꝛc. verordnen, unter Zustimmung der beiden Häuser des Landtags Unserer Monarchie, was folgt:

Stiftungen.

Artikel 1.

§ 1. Für die Genehmigung einer Stiftung, die nach der Stiftungsurkunde ausschließlich dem Interesse der Mitglieder einer bestimmten Familie oder mehrerer bestimmter Familien dient (Familienstiftung), ist das Amtsgericht zuständig, in dessen Bezirke die Stiftung ihren Sitz haben soll.

Wird in Ansehung einer Familienstiftung, deren Verwaltung oder Beaufsichtigung nach der Stiftungsurkunde von dem Gericht geführt werden soll, das Landgericht oder das Oberlandesgericht durch den Justizminister mit der Verwaltung oder der Beaufsichtigung beauftragt, so ist das beauftragte Gericht auch für die Genehmigung der Stiftung zuständig.

§ 2. Das Gericht hat zu prüfen, ob die Stiftungsurkunde deutlich und bestimmt gefaßt ist und ob sie ausreichende Bestimmungen über die Bestellung eines Vorstandes enthält.

Stehen der Genehmigung der Stiftung Bedenken entgegen, so ist die Genehmigung zu versagen oder eine angemessene Frist zur Beseitigung der Bedenken zu bestimmen. Im letzteren Falle ist die Genehmigung nach dem Ablaufe der Frist zu versagen, wenn nicht inzwischen die Bedenken beseitigt sind. Gegen die Verfügung, durch welche die Genehmigung ertheilt oder versagt wird, findet die sofortige Beschwerde statt.

Besteht das Stiftungsgeschäft in einer Verfügung von Todeswegen, so hat das Gericht vor der Entscheidung über die Genehmigung die Mitglieder der berufenen Familie öffentlich aufzufordern, sich in einem hierfür bestimmten Termine zu erklären, widrigenfalls ihnen gegen die Entscheidung die Beschwerde nicht zustehe. Die Beschwerde steht jedem Erben, dem Testamentsvollstrecker und den in dem Termin erschienenen Mitgliedern der berufenen Familie zu.

Die allgemeinen Bestimmungen über privatrechtliche Stiftungen enthält das B. G. B. in den §§ 80—88, läßt aber dem Landesgesetz Raum zu ergänzenden oder abweichenden Anordnungen. (§ 85). Die Bestimmungen des A. L. R. Th. II Tit. 4 und des Ges. vom 15. 2. 1840 (Ges. S. S. 20) werden im Art. 89 Nr. 1c und 10, soweit sie Familienstiftungen betreffen, aufgehoben, während sie für Familienfideikommisse in Kraft bleiben sollen. So bedarf die Stiftungsurkunde nicht mehr der gerichtlichen Verlautbarung, wie in § 29 Th. II Tit. 4 A. L. R. vorgeschrieben war, sondern es genügt nach § 81 B. G. B. für das Stiftungsgeschäft (unter Lebenden) die Schriftform.

Zu § 1. Die Genehmigung soll (wie bisher) lediglich die Deutlichkeit und Bestimmtheit der Stiftungsurkunde sichern und stellt sich nicht, wie bei anderen Stiftungen, als Verwaltungsangelegenheit dar, sondern als eine Handlung der freiwilligen Gerichtbarkeit. B. Enthält die Stiftungsurkunde Bestimmungen dahin gehend, daß nach Aussterben der Familie das Vermögen bestimmten anderen Personen oder Zwecken zufallen soll, so liegt eine Stiftung gemischter Art vor, betreffs derer die sonstige staatliche Genehmigung auch nur soweit erforderlich ist, als für den Aussterbefall der Familie Bestimmung getroffen ist. P.

§ 2 ist ein Zusatz der Herrenhaus-K. Die im Abs. 3 gedachte Beschwerde ist, ebenso wie die im Abs. 2 erwähnte, die sofortige Beschwerde, wie in der Herrenhaus-K. konstatirt ist.

Artikel 2.

Für die Verfassung einer Familienstiftung gelten folgende Vorschriften:

§ 1. Die Aenderung der Verfassung sowie die Aufhebung der Stiftung kann durch Familienschluß erfolgen. Dies gilt auch dann, wenn die Aenderung der Verfassung oder die Aufhebung der Stiftung durch die Stiftungsurkunde oder durch Familienschluß verboten ist.

§ 2. Der Familienschluß muß einstimmig gefaßt werden.

Die Errichtung des Familienschlusses wird nicht dadurch ausgeschlossen, daß nur ein berechtigtes Familienmitglied vorhanden ist.

§ 3. Der Familienschluß bedarf der Aufnahme und der Genehmigung durch das Gericht, dem die Verwaltung oder Beaufsichtigung der Stiftung zusteht.

§ 4. Zu der Errichtung des Familienschlusses müssen alle Familienmitglieder zugezogen werden, die entweder ihren Wohnsitz innerhalb des Deutschen Reichs haben oder zur Wahrnehmung ihrer Rechte in den Stiftungsangelegenheiten einen innerhalb des Deutschen Reichs wohnhaften Bevollmächtigten bestellt und die Bevollmächtigung durch eine öffentliche oder öffentlich beglaubigte Urkunde dem Vorstande oder dem Gerichte nachgewiesen haben.

§ 5. Für ein geschäftsunfähiges oder in der Geschäftsfähigkeit beschränktes Familienmitglied ist sein gesetzlicher Vertreter zuzuziehen. Dies gilt auch von solchen Familienmitgliedern, welche vor dem Ablaufe des dreihundertundzweiten Tages nach dem Tage geboren werden, an welchem ihr Vater und, wenn die Mutter bei der Familienstiftung für ihre Person betheiligt ist, auch diese die Zustimmung zu dem Familienschluß erklärt haben.

Die zustimmende Erklärung des gesetzlichen Vertreters bedarf der Genehmigung des Vormundschaftsgerichts.

§ 6. Steht die Vertretung geschäftsunfähiger oder in der Geschäftsfähigkeit beschränkter Familienmitglieder Vormündern oder Pflegern zu, welche der Aufsicht verschiedener Vormundschaftsgerichte unterworfen sind, oder würde die Bestellung von Vertretern solcher Familienmitglieder verschiedenen Vormundschaftsgerichten obliegen, so kann auf Antrag des Vorstandes der Stiftung der Justizminister einem Vormundschaftsgerichte die Bestellung eines gemeinsamen Vertreters und die Genehmigung der Erklärung des Vertreters übertragen, soweit die Interessen der betheiligten Familienmitglieder nicht im Gegensatze zu einander stehen.

Die Vorschrift des Abs. 1 findet auf die Genehmigung von Erklärungen der kraft elterlicher Gewalt berufenen gesetzlichen Vertreter entsprechende Anwendung.

§ 7. Der Vorstand der Stiftung hat mit dem Gesuch um Aufnahme des Familienschlusses einen Entwurf des letzteren sowie ein Verzeichniß der zuzuziehenden Familienmitglieder einzureichen.

Bestehen gegen den Entwurf keine Bedenken oder sind die erhobenen Bedenken erledigt, so hat das Gericht einen Termin zur Aufnahme des Familienschlusses zu bestimmen.

§ 8. Zur Theilnahme an der Errichtung des Familienschlusses ist berechtigt:

1. wer seine Zugehörigkeit zu der berufenen Familie durch öffentliche Urkunden nachweist;
2. wer von den Berechtigten, die in dem Termine zur Aufnahme des Familienschlusses erschienen sind, und von dem Vorstande der Stiftung als berechtigt anerkannt wird.

§ 9. Wer außer den Fällen des § 8 die Berechtigung zur Theilnahme in Anspruch nimmt, ist von dem Gericht aufzufordern, binnen drei Monaten seine Berechtigung oder die Erhebung der Klage gegen diejenigen, welche die Berechtigung bestreiten, nachzuweisen, widrigenfalls der ohne seine Zuziehung errichtete Familienschluß für ihn verbindlich sein werde.

Die Frist beginnt mit der Zustellung der Aufforderung. Die Genehmigung des Familienschlusses darf erst erfolgen, wenn die Frist abgelaufen und im Falle rechtzeitiger Klageerhebung über die Berechtigung rechtskräftig entschieden ist.

§ 10. Besteht kein Grund zu der Annahme, daß außer den angezeigten noch andere nach § 4 zuzuziehende Familienmitglieder vorhanden sind, so genügt die eidesstattliche Versicherung des Vorstandes der Stiftung, daß ihm solche Mitglieder nicht bekannt sind.

Anderenfalls darf der Familienschluß nicht genehmigt werden, bevor die Familienmitglieder, deren Leben oder Aufenthalt unbekannt ist, im Wege des Aufgebotsverfahrens mit ihrem Widerspruchsrecht ausgeschlossen sind.

§ 11. Für das Aufgebotsverfahren ist das Amtsgericht zuständig, in dessen Bezirke die Stiftung ihren Sitz hat.

Antragsberechtigt ist der Vorstand der Stiftung.

In dem Aufgebote sind die Familienmitglieder, deren Leben oder Aufenthalt unbekannt ist, unter Bezeichnung des Gegenstandes des Familienschlusses aufzufordern, spätestens im Aufgebotstermine gegen den Familienschluß Widerspruch zu erheben, widrigenfalls sie mit ihrem Widerspruch ausgeschlossen werden würden.

§ 12. Die Zustimmung zu dem Familienschluß ist in dem zur Aufnahme bestimmten Termin oder in einer öffentlichen oder öffentlich beglaubigten Urkunde zu erklären.

Erklärt sich ein nach den §§ 4, 5 zuzuziehendes Familienmitglied oder sein Vertreter auf die Aufforderung des Vorstandes nicht, so ist er auf Antrag des Vorstandes von dem Gericht unter Mittheilung des Entwurfes des Familienschlusses zu dem im § 7 Abs. 2 bezeichneten oder einem besonderen Termine mit dem Hinweise zu laden, daß er als dem Familienschlusse zustimmend angesehen werden würde, wenn er nicht spätestens im Termine dem Gerichte gegenüber seinen Widerspruch erkläre.

§ 13. Die Genehmigung des Familienschlusses erfolgt, wenn den Vorschriften der §§ 4 bis 12 genügt, insbesondere auch die im § 5 Abs. 1 vorgesehene Frist abgelaufen ist.

§ 14. Die Vorschriften der §§ 2 bis 13 finden keine Anwendung, soweit durch die Stiftungsurkunde oder durch Familienschluß ein Anderes bestimmt ist.

Die Vorschriften des Art. 2 sind denen des Ges. vom 12. 2. 1840 nachgebildet. Wie der § 14 zeigt, sind die Bestimmungen der §§ 2—13 nur subsidiäre: es kann also auch beispielsweise (abweichend vom § 2) die Bestimmung in die Stiftungsurkunde aufgenommen werden, daß nicht einstimmiger Familienbeschluß erforderlich sei, sondern Mehrheitsbeschluß genüge. —

Zu § 2 bemerkte der Justizminister in der K., bei frivolen Widersprüchen eines Einzelnen wäre eventuell die Klage gegeben aus § 226 B. G. B., wenn deren Voraussetzung vorliege.

Zu § 11 bestimmt sich das Verfahren nach §§ 946—959 der Civilprozeßordnung.

Zu § 13 ist die Frist des § 5 Abs. 1 nur dann abzuwarten, wenn die Möglichkeit, daß innerhalb dieser Frist interessirte Familienmitglieder geboren werden, nach Lage der Verhältnisse objektiv gegeben ist. K.

Artikel 3.

Auf eine Familienstiftung, die zur Zeit des Inkrafttretens des Bürgerlichen Gesetzbuchs im bisherigen Geltungsbereiche des Allgemeinen Landrechts besteht, finden die Vorschriften über rechtsfähige Stiftungen sowie die Vorschriften dieses Gesetzes über Familienstiftungen Anwendung. Ist über die Bestätigung einer Familienstiftung vor der bezeichneten Zeit noch nicht endgültig entschieden, so gelten für die Entscheidung die Vorschriften des Artikel 1 § 2.

Ist bei der vom König ertheilten Bestätigung der Familienstiftung die Aenderung der Verfassung oder die Aufhebung der Stiftung ausgeschlossen worden, so bedarf ein die Verfassung ändernder oder die Stiftung aufhebender Familienschluß der Genehmigung des Königs.

Der Satz 1 Abs. 1 entspricht der Vorschrift des Art. 163 Einf. Ges. z. B. G. B.: für die bestehenden Stiftungen sind somit nach § 85 B. G. B. in Ansehung der Verfassung die landesgesetzlichen Vorschriften (also auch Art. 2) maßgebend.

Der Satz 2 Abs. 1 und der Abs. 2 sind von der Herrenhaus-K. ins Gesetz gebracht, der erstere enthält eine Uebergangsvorschrift, der letztere bezieht sich auf den Fall einer älteren vom Könige ertheilten Bestätigung.

Artikel 4.

Die Aenderung der Verfassung einer rechtsfähigen Stiftung, die nicht eine Familienstiftung ist, sowie die Aufhebung einer solchen Stiftung kann durch Beschluß des Vorstandes mit staatlicher Genehmigung erfolgen.

Dieser Art. 4 beruht auf einem Beschlusse der Herrenhaus-K. In dem vom Abgeordnetenhause ursprünglich angenommenen Entwurfe stand an dieser Stelle folgender Satz:

„Die für die Umwandlung oder die Aufhebung einer rechtsfähigen Stiftung zuständige Behörde wird durch Königliche Verordnung bestimmt".

Dieser Satz wurde aber von der Herrenhaus-K. gestrichen mit der Begründung:

„Durch das B. G. B. seien die in den einzelnen Staaten bestehenden Verfassungseinrichtungen unberührt geblieben, und es sei insbesondere für Preußen an den der Krone nach Verfassung und Herkommen zukommenden Befugnissen nichts geändert worden. Es erscheine bedenklich, eine dem Könige vorbehaltene Machtbefugniß zum Gegenstand einer landesgesetzlichen Feststellung zu machen".

Wenn hiernach der im Entwurfe aufgeführte Satz gestrichen ist, so geschah dies, weil die Aufstellung eines solchen Satzes nicht für nothwendig erachtet wurde. Es wird aber gleichwohl diese in Aussicht genommene gesetzliche Bestimmung, welche sich an § 87 B. G. B. anlehnen sollte, als bestehendes Recht angesehen werden können (für Familienstiftungen und andere Stiftungen, vgl. P).

Die jetzt vom Herrenhause hier eingeschobene Bestimmung des Art. 4 soll eine Lücke im B. G. B. ausfüllen und stützt sich auf § 85 B. G. B.

Anfall des Vermögens eines Vereins oder einer Stiftung.

Artikel 5.

§ 1. Das Anfallrecht in Ansehung des Vermögens eines Vereins bestimmt sich ausschließlich nach den Vorschriften des Bürgerlichen Gesetzbuchs.

§ 2. Das Vermögen einer rechtsfähigen Stiftung fällt mit dem Erlöschen der Stiftung, wenn sie von einer Gemeinde oder einer sonstigen Körperschaft des öffentlichen Rechtes errichtet oder verwaltet war, an die Körperschaft, in den übrigen Fällen an den Fiskus. Das Vermögen ist thunlichst in einer dem Zwecke der Stiftung entsprechenden Weise zu verwenden.

Die Vorschriften des Abs. 1 finden keine Anwendung, wenn durch die Verfassung der Stiftung ein anderer Anfallberechtigter bestimmt ist.

Die im § 1 gedachten Bestimmungen sind im § 45 B. G. B. enthalten.

§ 2 stellt einen nach § 85 B. G. B. zulässigen Zusatz zum § 88 B. G. B. dar. Nach dem Entwurfe sollte in allen Fällen, wenn nicht durch das Stiftungsgeschäft ein anderer Anfallberechtigter bestimmt ist, das Vermögen einer erloschenen Stiftung (wie das bisher Rechtens in Preußen war) an den Fiskus fallen. Durch die Kommissionen beider Häuser ist aber zu Gunsten der Gemeinden und sonstigen Körperschaften des öffentlichen Rechts eine Ausnahme ins Gesetz hineingebracht.

Erwerbsbeschränkungen für juristische Personen.

Vorbemerkung: Für die Beurtheilung der Art. 6 und 7 kommen die Art. 86 und 88 Einf. Ges. z. B. G. B. in Betracht. Nach Art. 86 bleiben unberührt die landesgesetzlichen Vorschriften, welche den Erwerb von Rechten durch juristische Personen beschränken oder von staatlicher Genehmigung abhängig machen, soweit diese Vorschriften Gegenstände im Werthe von mehr als 5 000 ℳ betreffen. Diese Bestimmung begreift in sich den unentgeltlichen und entgeltlichen Erwerb von ausländischen und inländischen juristischen Personen, an Grundstücken und beweglichen Sachen.

Nach Art. 88 cit. bleiben ferner unberührt die landesgesetzlichen Vorschriften, welche den Erwerb von Grundstücken durch Ausländer von staatlicher Genehmigung abhängig machen. Diese Vorschrift erstreckt sich auf die ausländischen juristischen und physischen Personen.

Die durch Art. 6 und 7 ersetzten landesgesetzlichen Vorschriften sind enthalten in den nach Art. 89 Nr. 7, 13, 23 und 26 ausdrücklich aufgehobenen Gesetzen.

Artikel 6.

§ 1. Schenkungen oder Zuwendungen von Todeswegen an juristische Personen bedürfen zu ihrer Wirksamkeit ihrem vollen Betrage nach der Genehmigung des Königs oder der durch Königliche Verordnung bestimmten Behörde, wenn sie Gegenstände im Werthe von mehr als fünftausend Mark betreffen. Wiederkehrende Leistungen werden mit vier vom Hundert zu Kapital gerechnet.

§ 2. Die Genehmigung kann auf einen Theil der Schenkung oder der Zuwendung von Todeswegen beschränkt werden.

§ 3. Mit Geldstrafe bis zu neunhundert Mark wird bestraft:

1. wer für eine juristische Person, die in Preußen ihren Sitz hat, als deren Vorsteher eine Schenkung oder eine Zuwendung von Todeswegen in Empfang nimmt und nicht binnen vier Wochen die erforderliche Genehmigung nachsucht;
2. wer einer juristischen Person, die nicht in Preußen ihren Sitz hat, eine Schenkung oder Zuwendung von Todeswegen verabfolgt, bevor die erforderliche Genehmigung ertheilt ist.

§ 4. Die Vorschriften der §§ 1 bis 3 gelten nicht für Familienstiftungen.

Dieser Artikel tritt an die Stelle des (im Art. 89 Nr. 26) aufgehobenen Ges. vom 23. 2. 1870 (Ges. S. S. 118) und läßt entsprechend der Vorschrift des Art. 86 Einf. Ges. z. B. G. B. nicht wie bisher nur Beträge bis 3000 Mark, sondern bis 5000 Mark von der Genehmigung frei. Gegen die Zulässigkeit der Bestimmung, daß wenn die Zuwendung 5000 Mark übersteigt, die ganze Zuwendung von der Genehmigung abhängig gemacht ist, sind in der K. und im Plenum Bedenken erhoben, mit Rücksicht auf die Fassung des Art. 86 cit. (speziell wegen des Wortes „soweit"), diese Bedenken wurden aber von der Mehrheit der K. und des Plenums nicht getheilt.

Wird durch die Zuwendung erst eine neue juristische Person ins Leben gerufen, dann findet nicht Art. 6, sondern § 80 B. G. B. Anwendung.

Bei Erwerbungen von Todeswegen hat die Genehmigung nach Art. 86 Satz 2 Einf. Ges. rückwirkende Kraft, während bei Schenkungen unter Lebenden für die Frage, ob Rückwirkung eintreten soll „die allgemeinen Grundsätze" zur Entscheidung genügen sollen (Motive zum Entwurfe des Einf. Ges. S. 170).

Zur § 3. Für die Umwandlung einer nicht beizutreibenden Geldstrafe sollen die §§ 28, 29 des Strafgesetzbuches zur Anwendung kommen. B.

Zu § 4. In der K. ist festgestellt, daß die Beschränkungen nicht für Familienfideikommisse gelten.

Artikel 7.

§ 1. Juristische Personen, die nicht in Preußen ihren Sitz haben, bedürfen zum Erwerbe von Grundstücken im Werthe von mehr als fünftausend Mark der Genehmigung der staatlichen Aufsichtsbehörde.

Dies gilt nicht für Familienstiftungen, für juristische Personen, deren Rechtsfähigkeit auf einem neben dem Bürgerlichen Gesetzbuche bestehenden Reichsgesetze beruht, sowie für solche juristische Personen des öffentlichen Rechtes, welche nach den für sie geltenden Gesetzen ohne die im Abs. 1 bezeichnete Genehmigung Grundeigentum erwerben können.

Sparkassen, die durch staatliche Verleihung Rechtsfähigkeit erlangt haben, können ein von ihnen beliehenes Grundstück im Zwangsversteigerungsverfahren ohne die Genehmigung erwerben.

§ 2. Juristische Personen, die in einem anderem Bundesstaat ihren Sitz haben, bedürfen zum Erwerbe von Grundstücken im Werthe von mehr als fünftausend Mark der Genehmigung des Königs oder der durch Königliche Verordnug bestimmten Behörde.

Der gleichen Genehmiguug bedürfen ausländische juristische Personen zum Erwerbe von Grundstücken ohne Rücksicht auf den Werth.

§ 3. Die in den §§ 1, 2 vorgeschriebene Genehmigung ist nicht erforderlich zu einem Erwerbe, der auf Grund einer nach Maßgabe des Artikel 6 genehmigten Schenkung oder Zuwendung von Todeswegen erfolgt.

Nach dem Entwurfe standen im § 1 Abs. 1 und im § 2 in beiden Absätzen die Worte „des Eigenthums an einem Grundstücke". Da jedoch, soweit der Werth in Betracht kommt, der gesammte den Gegenstand eines einheitlichen Erwerbsakts bildende Werth berechnet werden soll, ist in der K. an allen drei Stellen gleichmäßig die neue Fassung „des Eigenthums an Grundstücken" gewählt.

Zu solchen in § 1 Abs. 2 gedachten juristischen Personen des öffentlichen Rechts, für welche besondere Vorschriften erlassen sind, gehören die landschaftlichen Kreditinstitute (Allerh. Erlaß vom 1. 12. 1869, Ges. S. S. 1185), die Stadtgemeinden (§ 50 Städteordnung vom 30. 5. 1853, Ges. S. S. 216) und die Landgemeinden (§ 114 Landgemeindeordnung vom 3. 7. 1891, Ges. S. S. 233).

Absatz 3 ist von der K. eingefügt und bezieht sich ebenfalls nur auf Sparkassen, welche ist Preußen ihren Sitz haben. Nur in Betreff dieser ist für Zwangsversteigerungen eine Erleichterung geschaffen. Andere juristische Personen, welche der Genehmigung zum Erwerbe bedürfen, müssen bei Zwangsversteigerungen nach § 71 des R. Ges. über die Zwangsversteigerung (R. G. Bl. von 1898 S. 713) im Bietungstermine zurückgewiesen werden, wenn sie Genehmigung nicht beibringen.

In Abs. 2 § 2 ist das Wort „ausländische" gleichbedeutend mit „außerdeutsche".

Zu § 3. Auch die Verleihung des Enteignungsrechts ersetzt die Genehmigung zum freihändigen Erwerbe der für das Unternehmen erforderlichen Grundstücke. Seitens der Regierung wurde in der K. erklärt, daß im Ministerium über diese Auslegung Uebereinstimmung geherrscht habe und in der Praxis dieselbe stets befolgt worden sei; daher sei es nicht für erforderlich erachtet, die Bestimmung in das Gesetz aufzunehmen.

Verjährung gewisser Ansprüche.

Artikel 8.

§ 1. In vier Jahren verjähren:

1. die Ansprüche der Kirchen, der Geistlichen und der sonstigen Kirchenbeamten wegen der Gebühren für kirchliche Handlungen;
2. die Ansprüche auf Zahlung der von einer Verwaltungsbehörde, einem Verwaltungsgericht oder einer Auseinandersetzungsbehörde nicht oder zu wenig eingezogenen Kosten;

3. die Ansprüche der Ortsbehörden wegen der Gebühren für Handlungen der freiwilligen Gerichtsbarkeit oder für ihre Thätigkeit als gerichtliche Hüfsbeamte;
4. die Ansprüche auf Rückerstattung von Kosten, die von einer öffentlichen Behörde mit Unrecht erhoben sind;
5. die Ansprüche auf Rückstände von Verkehrsabgaben, die in Folge einer besonderen Berechtigung an Privatpersonen zu entrichten sind.

§ 2. Auf die Verjährung finden die Vorschriften des Bürgerlichen Gesetzbuchs und des Artikel 169 Abs. 1 des Einführungsgesetzes zum Bürgerlichen Gesetzbuche mit folgenden Maßgaben Anwendung:

1. Die Verjährung beginnt, unbeschadet der Vorschrift des § 201 Satz 2 des Bürgerlichen Gesetzbuchs, für die im § 1 Nr. 1 bis 3 bezeichneten Ansprüche mit dem Schlusse des Jahres, in welchem die Gebühren oder Kosten fällig werden, für die im § 1 Nr. 4, 5 bezeichneten Ansprüche mit dem Schlusse des Jahres, in welchem der Anspruch entsteht.
2. Soweit die im § 1 Nr. 1, 2 bezeichneten Gebühren und Kosten der Beitreibung im Verwaltungszwangsverfahren unterliegen, wird die Verjährung auch durch eine an den Zahlungspflichtigen erlassene Aufforderung zur Zahlung und durch die Bewilligung einer von ihm nachgesuchten Stundung unterbrochen. Wird die Verjährung unterbrochen, so beginnt eine neue Verjährung nicht vor dem Schlusse des Jahres, in welchem der für die Beendigung der Unterbrechung maßgebende Zeitpunkt eintritt, und im Falle der Bewilligung einer Stundung nicht vor dem Schlusse des Jahres, in welchem die bewilligte Frist abläuft.

Da die Bestimmungen der §§ 194 ff. B. G. B. nur die Verjährung zivilrechtlicher Ansprüche betreffen, sind die Landesgesetze, soweit sie die Verjährung öffentlich rechtlicher Ansprüche zum Gegenstande haben, an sich unberührt geblieben, falls sie nicht durch reichsrechtliche sonstige Vorschriften — wie die §§ 901, 754 Nr. 2 des Handelsgesetzbuchs, § 117 Nr. 1 des Ges. über die privatrechtlichen Verhältnisse der Binnenschifffahrt vom 15. 6. 1895 (Fassung vom 20. 5. 1898, R. G. Bl. S. 369), § 30 Nr. 1 des Ges über die privatrechtlichen Verhältnisse der Flößerei vom 15. 6. 1895 (R. G. Bl. S. 341) — bereits außer Kraft gesetzt sind. Vgl. auch Art. 104 Einf. Ges. z. B. G. B.

Im Art. 8 werden nun gleichmäßige Bestimmungen getroffen an Stelle der durch Art. 89 Nr. 9, 12. 14, 16—19 und 21 aufgehobenen einzelnen Landesgesetze und dabei die Uebergangsvorschriften des Art. 169 Abs. Einf. Ges. z. B. G. B. zur Anwendung gebracht.

Zu § 2 Nr. 2. Neben diesen Gründen der Unterbrechung können auch noch die des B. G. B. Platz greifen, wie Anerkennung, Anmeldung im Konkurs, Vornahme einer Vollstreckungshandlung und, soweit die Zwangsvollstreckung den Gerichten oder anderen Behörden zugewiesen ist, Stellung des Antrags auf Zwangsvollstreckung. — Die Worte „von ihm nachgesuchten" vor Stundung sind von der K. eingeschoben, weil eine lediglich in den Akten verfügte Stundung nicht maßgebend sein soll.

Artikel 9.

Die Vorschriften des Gesetzes über die Verjährungsfristen bei öffentlichen Abgaben vom 18. Juni 1840 (Gesetz-Samml. S. 140) werden, soweit sie sich auf öffentliche, zu den Staatskassen fließende Verkehrsabgaben der im § 2 des Gesetzes bezeichneten Art beziehen, unbeschadet abweichender reichsgesetzlicher Vorschriften, auf den ganzen Umfang der Monarchie ausgedehnt.

Die im Abs. 1 bezeichneten Vorschriften finden auf sonstige öffentliche Gebühren entsprechende Anwendung, sofern nicht abweichende besondere Bestimmungen bestehen.

Als Verkehrsabgaben im Sinne des Abs. 1 kommen noch in Betracht: Chaussee-, Wege-, Pflaster-, Brücken-, Fähr-, Kanal-, Schleusen-, Schifffahrts- und Hafenabgaben, Krahn-, Wage- und Niederlagegelder. Ueber die abweichenden reichsgesetzlichen Vorschriften vgl. Bemerkg. zu Art. 8.

Zu Abs. 2. Solche abweichenden besonderen Bestimmungen sind z. B. enthalten in dem § 87 des Kommunalabgabengesetzes vom 14. 7. 1893 (Ges. S. S. 152).

Gesetzliche Zinsen.

Artikel 10.

Soweit in Gesetzen, die neben dem Bürgerlichen Gesetzbuch in Kraft bleiben, die Verzinsung einer Schuld mit mehr als vier vom Hundert für das Jahr vorgeschrieben ist, tritt an die Stelle dieser Verzinsung die Verzinsung mit vier vom Hundert. Dies gilt für die Zeit nach dem Inkrafttreten des Bürgerlichen Gesetzbuchs auch dann, wenn die Verzinsung schon vorher begonnen hat.

Diese gemäß § 246 B. G. B. vorgenommene Zinsermäßigung findet z. B. Anwendung auf § 36 Abs. 2 Ges. über die Enteignung von Grundeigenthum vom 11. 6. 1874 (Ges. S. S. 221) und § 16 Abs. 1 des Ges. betreffend das Pfandleihgewerbe vom 17. 3. 1881 (Ges. S. S. 265). Sie begreift aber nicht in sich den vertragsmäßigen Zinsfuß und somit auch nicht den als vertragsmäßig anzusehenden höheren Zinsfuß, welchen öffentliche Kreditinstiute, wie die Landschaften, nach ihren Statuten bei Zahlungen von ihren Schuldnern fordern dürfen. K.

Zahlungen aus öffentlichen Kassen.

Artikel 11.

Zahlungen aus öffentlichen Kassen sind, wenn nicht ein Anderes bestimmt ist, an der Kasse in Empfang zu nehmen.

Gemäß Art. 92 Einf.-Ges. z. B. G. B. wird die Bestimmung des § 53 Th. 1 Tit. 16 A. L. R. betreffend Zahlungen aus öffentlichen Kassen auf die ganze Monarchie ausgedehnt, und werden diese Kassen von der Verbindlichkeit, Geld zu übermitteln, aus § 270 B. G. B. befreit. — Vertragsmäßig andere Bestimmungen zu treffen, ist zulässig. K.

Beurkundung von Grundstücksveräußerungen.

Artikel 12.

§ 1. Für einen Vertrag, durch den sich der eine Theil verpflichtet, das Eigenthum an einem Grundstücke gegen Uebernahme einer festen Geldrente zu übertragen (Rentengutsvertrag), genügt bei den durch Vermittelung der Generalkommission begründeten und bei den vom Staate ausgegebenen Rentengütern die schriftliche Form.

Das Gleiche gilt für den in den §§ 16, 17 des Gesetzes über die Enteignung von Grundeigenthum vom 11. Juni 1874 (Gesetz-Samml. S. 221) bezeichneten Vertrag über die freiwillige Abtretung von Grundeigenthum.

§ 2. Wird bei einem Vertrage, durch den sich der eine Theil verpflichtet, das Eigenthum an einem in Preußen liegenden Grundstücke zu übertragen, einer der Vertragschließenden durch eine öffentliche Behörde vertreten, so ist für die Beurkundung des Vertrags außer den Gerichten und Notaren auch der Beamte zuständig, welcher von dem Vorstande der zur Vertretung berufenen Behörde oder von der vorgesetzten Behörde bestimmt ist.

§ 3. In dem vormaligen Herzogthume Nassau sind an Orten, die nicht Sitz eines Amtsgerichts sind, auch die Bürgermeister zuständig, Kauf- und Tauschverträge über Grundstücke ihres Amtsbezirkes zu beurkunden, wenn der Kaufpreis oder der Werth der eingetauschten Gegenstände nicht mehr als fünfhundert Mark beträgt.

§ 4. Auf die Beurkundung, die ein nach den §§ 2, 3 zuständiger Beamter vornimmt, finden die Vorschriften des § 168 Satz 2 und der §§ 169 bis 180 des Reichsgesetzes über die Angelegenheiten der freiwilligen Gerichtsbarkeit, des § 191 des Gerichtsverfassungsgesetzes und des Artikel 41 des Preußischen Gesetzes über die freiwillige Gerichtsbarkeit entsprechende Anwendung. Ist nach diesen Vorschriften ein Dol-

metscher zuzuziehen, so kann die erforderliche Beeidigung des Dolmetschers durch den beurkundenden Beamten erfolgen.

Gegenüber der Regel des § 313 B. G. B., nach welcher ein Vertrag über Grundstücksübertragung der gerichtlichen oder notariellen Beurkundung bedarf, hat Art. 12 § 1 die bisher zur Giltigkeit genügende Schriftform auf Grund des Art. 62 Einf. Ges. z. B. G. B. für Rentengutsverträge und auf Grund des Art. 109 Einf. Ges. z. B. G.-B. auch für Verträge nach §§ 16 und 17 des Enteignungsgesetzes beibehalten.

§ 2 gründet sich auf die im Art. 142 Einf. Ges. z. B. G. B. enthaltenen Bestimmung, nach welcher ein Bundesstaat in Ansehung der in seinem Gebiete liegenden Grundstücke landesgesetzlich anordnen kann, daß zur Beurkundung von Verträgen aus § 313 B. G. B. außer den Gerichten und Notaren auch andere Behörden oder Beamte zuständig sein sollen. Während der Entwurf nur Ausnahmen für einzelne staatliche Erwerbungen (der Ansiedelungskommission und zu Zwecken der Eisenbahn- oder Kanalbauten) machen wollte, hat die K. die Ausnahme ausgedehnt auf alle Erwerbungen und Veräußerungen, bei denen ein Vertragsschließender durch eine öffentliche Behörde vertreten ist. Der Justizminister hatte sich mit der jetzigen Fassung des § 2 Abs. 1 auch einverstanden erklärt und erläuternd hierzu bemerkt, es sei vorausgesetzt, daß nicht der den Vertrag abschließende Beamte die Beurkundung vornehme, sondern daß durch den Vorstand der zur Vertretung berufenen oder vorgesetzten Behörde ein zweiter Beamter als Urkundsperson bestimmt werde. Regierung und Kommission waren auch darüber einig, daß nur die Zuständigkeit für die Beurkundung des obligatorischen Veräußerungsvertrages begründet werden solle, nicht die Zuständigkeit für die Beurkundung sonstiger selbständiger Nebengeschäfte, z. B. Bestellung von Hypotheken, Ertheilung von Vollmachten. K.

§ 3 ist Zusatz der K. und gründet sich auf ein bisher im ehemaligen Herzogthum Nassau bestehendes Recht, welches aber nur mit Beschränkungen beibehalten ist.

Auch § 4 ist Zusatz der K.

Ermächtigung von Handelsmäklern zu Kaufgeschäften.

Artikel 13.

Die öffentliche Ermächtigung, deren Handelsmäkler zu Verkäufen oder Käufen bedürfen, wird für Orte innerhalb des Bezirkes einer Handelskammer oder einer kaufmännischen Körperschaft durch diese vorbehaltlich der Bestätigung des Regierungspräsidenten, für andere Orte durch den Regierungspräsidenten ertheilt.

Die Ermächtigung wird erst wirksam, wenn der Handelsmäkler den Eid leistet, daß er die ihm obliegenden Pflichten getreu erfüllen werde. Für die Abnahme des Eides ist das

Amtsgericht zuständig, in dessen Bezirke der Handelsmäkler seine Geschäftsräume oder in Ermangelung solcher seine Wohnung hat. Die Beeidigung kann auch von der Handelskammer oder der kaufmännischen Korporation vorgenommen werden, welche die Ermächtigung ertheilt hat.

Auf die Rücknahme der Ermächtigung findet die Vorschrift des § 120 Nr. 3 des Gesetzes über die Zuständigkeit der Verwaltungs- und Verwaltungsgerichtsbehörden vom 1. August 1883 (Gesetz. Samml. S. 237) Anwendung.

Das B. G. B. gestattet in den §§ 385 und 1221 bei Sachen, die einen Börsen- oder Marktpreis haben, den Verkauf aus freier Hand durch einen hierzu öffentlich ermächtigten Handelsmäkler; ebenso das Handelsgesetzbuch unter andern in den §§ 373, 376 (nach letzterem auch den Kauf zum laufenden Preise). Während aber nach Art. 66 des bisherigen Handelsgesetzbuchs die Handelsmäkler amtlich bestellt wurden, kennt das neue Handelsgesetzbuch (nach §§ 93 ff.) nur Privathandelsmäkler. Aber nach § 30 des Börsengesetzes vom 22. 6. 1896 (R. G. Bl. S. 157) werden für Börsengeschäfte Kursmakler amtlich bestellt. Diesen ist nach Art. 14 des Einf. Ges. z. Handelsgesetzbuche vom 10. 5. 1897 (R. G. Bl. S. 437) die Befugniß ertheilt zur Vornahme von Käufen und Verkäufen, die durch einen dazu öffentlich ermächtigten Handelsmäkler zu bewirken sind. Da diese Bestimmungen aber dem Verkehrsbedürfnisse nicht genügen, so bestellt der Art. 13 des Ausf. Ges. noch besondere, öffentlich ermächtigte Handelsmäkler, welche entsprechend den Bestimmungen über die Kursmakler vereidet werden.

Gesinderecht.

Artikel 14.

§ 1. Die Vorschrift des § 616 des Bürgerlichen Gesetzbuchs findet auf das Gesindeverhältniß Anwendung.

Die Vorschriften der Gesindeordnungen, nach welchen der Dienstberechtigte für den von dem Gesinde einem Dritten widerrechtlich zugefügten Schaden in weiterem Umfang als nach den Vorschriften des Bürgerlichen Gesetzbuchs verantwortlich ist, treten außer Kraft.

Der Dienstberechtigte kann seine Entschädigungsansprüche wegen Verletzung der dem Gesinde aus dem Dienstverhältniß obliegenden Verpflichtungen gegen dessen Lohnforderung aufrechnen.

Ein Wohnsitz wird durch das Gesindeverhältniß nicht begründet.

§ 2. Im Geltungsbereiche der Dänischen Gesindeordnung vom 10. Mai 1854 werden an Stelle der bisherigen Vorschriften über das Gesinderecht die Schleswig-Holsteinische Gesindeordnung vom 25. Februar 1840 (Chronol. Samml. S. 35) sowie die für ihr Geltungsgebiet erlassenen sonstigen Vorschriften des Gesinderechts, soweit sie noch in Kraft sind, mit den sich aus § 1 ergebenden Aenderungen eingeführt.

Ein zur Zeit des Inkrafttretens des Bürgerlichen Gesetzbuchs bestehendes Gesindeverhältniß bestimmt sich, wenn nicht die Kündigung nach dem Inkrafttreten des Bürgerlichen Gesetzbuchs zu dem ersten Termin erfolgt, für den sie nach den bisherigen Gesetzen zulässig ist, von diesem Termin an nach den neuen Vorschriften.

§ 3. In denjenigen Theilen des Oberlandesgerichtsbezirkes Cassel, in welchen besondere Vorschriften über das Gesinderecht nicht bestehen, werden die Vorschriften des § 7 der Kurhessischen Verordnung, das Gesindewesen in den Landstädten und auf dem Lande betreffend, vom 18. Mai 1801 (Neue Samml. der Landesordnungen Band IV S. 368) insoweit eingeführt, als sie privatrechtliche Nachtheile an den Vertragsbruch knüpfen.

Unter dem zurückstehenden Lohne im Sinne des § 7 Abs. 5 der Verordnung vom 18. Mai 1801 ist der laufende Dienstlohn, jedoch höchstens der Lohn für ein Vierteljahr zu verstehen.

Nach Art. 95 Einf. Ges. z. B. G. B. sind im Allgemeinen die Bestimmungen der landesgesetzlichen Gesindeordnungen aufrecht erhalten. Die Ausnahmen sind daselbst im Abs. 2 und 3 dahin bezeichnet, daß dem Dienstberechtigten ein Züchtigungsrecht nicht zusteht und daß ferner von den Vorschriften des B. G. B. zur Anwendung kommen solche über „die Geschäftsfähigkeit (§§ 104 bis 115), die Wirksamkeit einer Erklärung, die einem Geschäftsunfähigen oder einem in der Geschäftsfähigkeit Beschränkten gegenüber abgegeben wird (§ 131), die Haftung für Gehülfen (§ 278), die Pflichten, die dem Dienstberechtigten bei Erkrankung des Dienstboten sowie bezüglich der Fürsorge für dessen Leben, Gesundheit, Sittlichkeit und Religion obliegen (§ 617 bis 619), die längste zulässige Dauer der Bindung des Verpflichteten (§ 624), die Verantwortlichkeit des Geschäftsherrn für den von dem Angestellten widerrechtlich verursachten Schaden (§ 831, § 840 Abs. 2) und die Rechte des Mannes in Ansehung eines Dienstverhältnisses der Frau (§ 1358).“ B.

Hinsichtlich der Fürsorge in Krankheitsfällen sind ferner die landesgesetzlichen Vorschriften ausdrücklich aufrecht erhalten, soweit sie dem Gesinde weiter gehende Ansprüche gewähren wie der § 617 B. G. B. Die sich aus dieser Bestimmung ergebenden Folgerungen sind in der B. so eingehend auseinander gesetzt, daß die hierüber gemachten Ausführungen bei der Schwierigkeit der Materie hier wörtlich wiedergegeben werden mögen:

„Nach § 617 des Bürgerlichen Gesetzbuchs hat der Dienstberechtigte im Falle der Erkrankung des Verpflichteten diesem die erforderliche Verpflegung und ärztliche Behandlung bis zur Dauer von sechs Wochen, jedoch nicht über die Beendigung des Dienstverhältnisses hinaus, zu gewähren, sofern nicht die Erkrankung von dem Verpflichteten vorsätzlich oder durch grobe Fahrlässigkeit herbeigeführt worden ist; die Kosten können auf die für die Zeit der Erkrankung geschuldete Vergütung angerechnet werden; die Beendigung des Dienstverhältnisses, welches dadurch herbeigeführt wird, daß der Dienstberechtigte es wegen der Erkrankung des Verpflichteten nach § 626 kündigt, ist ohne Einfluß auf die Dauer der Fürsorgepflicht des Dienstberechtigten. Diese Vorschriften finden, wie bereits erwähnt wurde, auf das Gesindeverhältniß nur insoweit Anwendung, als die Landesgesetze dem Gesinde nicht weitergehende Ansprüche gewähren. Letzteres geschieht durch die bestehenden Gesindeordnungen in verschiedener Art. Die Gesindeordnung vom 8. November 1810, mit deren hier in Betracht kommenden Vorschriften die §§ 79 bis 84, 87, 88 der Gesindeordnung für Neuvorpommern übereinstimmen, stellt dem Dienstboten, der sich durch den Dienst oder bei Gelegenheit des Dienstes eine Krankheit zuzieht, darin günstiger als das Reichsrecht, daß es die Fürsorgepflicht des Dienstberechtigten nicht auf die Dauer von sechs Wochen beschränkt und den Abzug der Kosten vom Lohne ausschließt (§§ 86, 87). Für die übrigen Fälle der Erkrankung des Dienstboten ist künftig zu unterscheiden, ob die Erkrankung von dem Dienstboten durch Vorsatz oder grobe Fahrlässigkeit herbeigeführt worden ist oder nicht. Letzterenfalls kommt der § 617 des Bürgerlichen Gesetzbuchs zur Anwendung, welcher den Dienstboten weitergehende Ansprüche gewährt als die §§ 88 bis 91 der Gesindeordnung; dagegen bleiben für den erstgenannten Fall die §§ 88 bis 91 maßgebend, weil sie dem Dienstboten auch für diesen Fall Ansprüche geben, während das Reichsrecht sie ihm versagt. Die §§ 94, 95 der Gesindeordnung begründen künftig nicht mehr eine erhöhte Haftung der Dienstherrschaft; denn an die Stelle der im § 94 angezogenen bisherigen Vorschriften über die Haftung des Machtgebers für einen dem Bevollmächtigten bei Ausrichtung der Geschäfte durch Zufall zugestoßenen Schaden (A. L. R. I. 13 §§ 80, 81) treten künftig die Bestimmungen des Bürgerlichen Gesetzbuchs über den Dienstvertrag, die eine entsprechende Haftung des Dienstberechtigten nicht kennen. Aus § 26 der Gesindeordnung für die Rheinprovinz bleibt neben § 617 des Bürgerlichen Gesetzbuchs die Vorschrift bestehen, daß im Falle einer vom Dienstboten nicht verschuldeten Erkrankung die Kosten der Verpflegung für die Dauer von vier Wochen oder, falls das Dienstverhältniß früher endigt, bis zur Beendigung desselben nicht vom Lohne abgezogen werden können. In der gleichen Richtung gehen die Dienstbotenordnung für Ostfriesland und die Nassauische Verordnung von 1819 über das Reichsrecht hinaus. Erstere verpflichtet im § 36 Abs. 2 die Dienstherrschaft bei einer von ihm nicht verschuldeten Erkrankung, die sich der Dienstbote „durch sorgfältige Ausführung eines ihm von der Dienstherrschaft aufgetragenen Dienstes“ zuzieht, zur Bezahlung der dadurch erwachsenen Kurkosten längstens für die Dauer von sechs Wochen, ohne

Anrechnung der Kosten auf den Lohn zu gestatten. Ebenso verpflichtet der § 12 Nr. 3 der Nassauischen Verordnung die Dienstherrschaft ohne Zulassung eines Lohnabzugs zur unentgeltlichen Krankenpflege, insofern das Gesinde ohne sein Verschulden im Dienste von einer Krankheit befallen worden ist, bis zur Dauer von sechs Wochen oder bis zum vorher eintretenden Ende der Dienstzeit; nach dieser Verordnung schließt andererseits jedes Verschulden des Dienstboten einen Anspruch desselben aus, während der § 617 des Bürgerlichen Gesetzbuchs ihm im Falle einfacher Fahrlässigkeit einen Anspruch gewährt, mithin für diesen Fall auch im Geltungsgebiete der gedachten Verordnung Anwendung findet. Mit der vorerwähnten Ausnahme für Ostfriesland sind die Hannoverschen Dienstbotenordnungen dem Gesinde nicht günstiger als das Reichsrecht (Dienstbotenordnung für Osnabrück Art. 43 bis 45; Bremen-Verden §§ 49 bis 52; Hannover 2c. §§ 57 bis 60). Das Gleiche gilt vom § 14 der Frankfurter Gesindeordnung sowie von den für Schleswig-Holstein hier maßgebenden §§ 77 ff. der Armenordnung vom 29. Dezember 1841 (Chronolog. Samml. S. 293). Die Hohenzollernschen Dienstbotenordnungen schließen bei Krankheitsfällen, die nicht über acht Tagen dauern und nicht durch grobes Verschulden des Dienstboten herbeigeführt worden sind, die Anrechnung der von der Dienstherrschaft zu tragenden Kosten der Verpflegung und Verköstigung auf den Lohn aus (Sigmaringen § 46, Hechingen § 49). Eine Rechtsunsicherheit, deren Beseitigung durch die Landesgesetzgebung geboten erschiene, tritt hiernach in Folge der nur modifizirten Einführung des § 617 nicht ein.

Nicht in Betracht kommen hier die Vorschriften des bisherigen Rechtes, welche im Falle eines Verschuldens der Dienstherrschaft dem Gesinde über den § 617 des Bürgerlichen Gesetzbuchs hinaus gehende Ansprüche geben (Ges. O. f. d. Rheinprovinz § 25, Osnabrück Art. 41, 42, Bremen-Verden § 43, Hannover § 36, Ostfriesland § 33 Abs. 1, Sigmaringen §§ 47, 48, Hechingen §§ 50, 51). Die Ersatzpflicht der Dienstherrschaft im Falle einer von ihr verschuldeten Erkrankung des Gesindes bestimmt sich künftig nach dem § 618 des Bürgerlichen Gesetzbuchs; dieser tritt an die Stelle der vorgedachten bisherigen Vorschriften. Zugleich ersetzt der § 618 die bestehenden Bestimmungen, welche der Dienstherrschaft die Rücksichtnahme auf die Gesundheit des Dienstboten zur Pflicht machen (Ges. O. von 1810 § 85, für Neuvorpommern § 78, Cassel 2c. § 20, die Kurhessischen Landstädte 2c. § 20, Fulda § 18, Sigmaringen § 37, Hechingen § 40, Lauenburg Nr. 22)." B.

Im Art. 14 § 1 Abs. 1 werden nun auch die in Preußen bestehenden 16 Gesindeordnungen grundsätzlich aufrecht erhalten. Jedoch wird der § 616 B. G. B. für anwendbar erklärt, nach welchem der zur Dienstleistung Verpflichtete des Anspruchs auf die Vergütung nicht dadurch verlustig wird, daß er für eine verhältnißmäßig nicht erhebliche Zeit durch einen in seiner Person liegenden Grund ohne sein Verschulden an der Dienstleistung verhindert wird, er sich jedoch den Betrag anrechnen lassen muß, welcher ihm für die Zeit der

Verhinderung aus einer auf Grund gesetzlicher Verpflichtung bestehenden Kranken- oder Unfallversicherung zukommt.

Zu Abs. 2 kommen für das Geltungsgebiet der Gesindeordnung vom 8. 11. 1810 (Ges. S. S. 101) an Stelle des § 98 derselben lediglich die Bestimmungen der §§ 831 und 840 Abs. 2 B. G. B. zur Anwendung. Dagegen sollen unberührt bleiben die Vorschriften, welche sich in vorbehaltenen anderen Landesgesetzen befinden, wie namentlich die §§ 11 und 12 des Forstdiebstahl-Ges. vom 15. 4. 1878 (Ges. S. S. 222) und der § 5 des Feld- und Forstpolizei-Ges. vom 1. 4. 1880 (Ges. S. S. 230). B.

Abs. 3 ist von der K. hinzugesetzt. Nach der B. sollte solche Aufrechnung nach § 394 Satz 1 B. G. B. und des § 850 Nr. 1 der Civilprozeßordnung überall da, wo besondere Vorschriften, (wie z. B. in § 68 Gesindeordnung vom 8. 11. 1810) nicht bestehen, ausgeschlossen sein. Nun ist durch Abs. 3 das Aufrechnungsrecht für die ganze Monarchie festgesetzt.

Durch Abs. 4 soll die Frage, ob Dienstboten, welche unter väterlicher Gewalt oder Vormundschaft stehen, den Wohnsitz der Dienstherrschaft theilen, in verneinendem Sinne entschieden werden.

§ 2 ist von der K. für das vormalige Herzogthum Schleswig eingeführt, um die dort obwaltenden Schwierigkeiten aus dem Zusammenbestehen zweier Rechte zu beseitigen, da die Rechtsgebiete vielfach durcheinander liegen.

Abs. 2 ist dem Art. 171 Einf. G. z. B. G. B. entsprechend gefaßt.

§ 3 ist ebenfalls ein Zusatz der K., durch denselben wird der § 7 einer Kurhessischen Verordnung vom 18. 5. 1801, welche bisher in einem Theile des Oberlandesgerichts Cassel nicht galt, auf den ganzen Bezirk dieses Gerichts ausgedehnt, soweit privatrechtliche Nachtheile an den Kontraktbruch geknüpft werden, nämlich für die Dienstherrschaft, Zahlung eines Vierteljahreslohns, für das Gesinde Verfall des „zurückstehenden" Lohns. Was unter letzterer Bezeichnung zu verstehen ist, wird in dem Abs. 2 entsprechend der Judikatur des Oberlandesgerichts Cassel deklarirt.

Nach der B. soll die Frage, ob eine Ehefrau zur Annahme des Gesindes befugt ist, durch § 1357 B. G. B. über die Schlüsselgewalt einheitlich geregelt sein.

Die Vorschriften des A. L. R. über Hausoffizianten sind beseitigt, da nach Art. 89 Nr. 1c dieses Ausf. Ges. der ganze 5. Titel Th. II A. L. R. aufgehoben ist.

Leibgedingsvertrag.

Artikel 15.

Steht mit der Ueberlassung eines Grundstücks ein Leibgedingsvertrag (Leibzuchts-, Altentheils-, Auszugs-, Ausgedingevertrag) in Verbindung, so gelten für das sich aus dem Vertrag ergebende Schuldverhältniß, soweit nicht abweichende Vereinbarungen getroffen sind, folgende Vorschriften:

§ 1. Der Erwerber des Grundstücks ist verpflichtet, dem Berechtigten an dem Grundstück eine den übernommenen wiederkehrenden Leistungen entsprechende Reallast und, wenn dem Berechtigten das Recht eingeräumt ist, ein auf dem Grundstücke befindliches Gebäude oder einen Theil eines solchen Gebäudes zu bewohnen oder mitzubewohnen oder einen Theil des Grundstücks in sonstiger Weise zu benutzen, eine entsprechende persönliche Dienstbarkeit, mit dem Range unmittelbar hinter den zur Zeit der Ueberlassung bestehenden Belastungen zu bestellen.

§ 2. Auf das Schuldverhältniß finden die Vorschriften der §§ 759, 760 des Bürgerlichen Gesetzbuchs über die Leibrente Anwendung.

§ 3. Hat der Verpflichtete dem Berechtigten Erzeugnisse solcher Gattung zu leisten, wie sie auf dem überlassenen Grundstücke gewonnen werden, so kann der Berechtigte nur Erzeugnisse von der mittleren Art und Güte derjenigen verlangen, welche auf dem Grundstücke bei ordnungsmäßiger Bewirthschaftung gewonnen werden.

§ 4. Lasten, die auf einem dem Berechtigten zur Benutzung überlassenen Theil des Grundstücks entfallen, hat der Verpflichtete zu tragen.

§ 5. Ist dem Berechtigten eine abgesonderte Wohnung zu gewähren, so hat der Verpflichtete sie ihm in einem zu dem vertragsmäßigen Gebrauche geeigneten Zustande zu überlassen und während der Dauer seiner Verpflichtung in diesem Zustande zu erhalten.

Wird das Gebäude durch Zufall zerstört, so hat der Verpflichtete die Wohnung in einer nach den Umständen der Billigkeit entsprechenden Zeit und Weise wiederherzustellen und bis zur Wiederherstellung dem Berechtigten eine angemessene andere Wohnung zu beschaffen.

§ 6. Ist dem Berechtigten eine abgesonderte Wohnung zu gewähren, so ist er befugt, seine Familie sowie die zur standesgemäßen Bedienung und zur Pflege erforderlichen Personen in die Wohnung aufzunehmen.

Hat der Verpflichtete dem Berechtigten die Mitbenutzung seiner Wohnung zu gestatten, so erstreckt sich die Befugniß des Berechtigten zur Aufnahme seiner Familie nicht auf Personen, die erst nach der Schließung des Leibgedingsvertrags durch Eheschließung, Ehelichkeitserklärung oder Annahme an Kindesstatt Familienangehörige geworden sind, und nicht auf Kinder, die aus dem Hausstande des Berechtigten ausgeschieden waren.

§ 7. Unterläßt der Verpflichtete die Bewirkung einer vertragsmäßigen Leistung, so steht dem Berechtigten nicht das Recht zu, wegen der Nichterfüllung oder des Verzugs nach § 325 Abs. 2 oder § 326 des Bürgerlichen Gesetzbuchs von dem Vertrage zurückzutreten oder nach § 527 des Bürgerlichen Gesetzbuchs die Herausgabe des Grundstücks zu fordern.

§ 8. Veranlaßt der Verpflichtete durch sein Verhalten eine solche Störung der persönlichen Beziehungen zu dem Berechtigten, daß diesem nicht zugemuthet werden kann, die Wohnung auf dem Grundstücke zu behalten, so hat er dem Berechtigten, falls dieser die Wohnung aufgiebt, den für die Beschaffung einer anderen angemessenen Wohnung erforderlichen Aufwand sowie den Schaden zu ersetzen, der daraus entsteht, daß dieser andere ihm gebührende Leistungen nicht auf dem Grundstück in Empfang nehmen kann; statt der Leistungen kann der Berechtigte Entschädigung in Geld verlangen.

§ 9. Veranlaßt der Berechtigte durch sein Verhalten eine solche Störung der persönlichen Beziehungen zu dem Verpflichteten, daß diesem nicht zugemuthet werden kann, ihm das fernere Wohnen auf dem Grundstücke zu gestatten, so kann ihm der Verpflichtete die Wohnung unter Gewährung einer angemessenen Räumungsfrist kündigen.

Macht der Verpflichtete von dieser Befugniß Gebrauch, so hat er dem Berechtigten eine Geldrente zu gewähren, die nach billigem Ermessen dem Werthe der Vortheile entspricht, welche er durch die Befreiung von der Pflicht zur Gewährung der Wohnung und zu Dienstleistungen erlangt.

Die Vorschrift des Abs. 2 findet auch Anwendung, wenn der Berechtigte durch andere Umstände als durch das Verhalten des Verpflichteten ohne eigenes Verschulden genöthigt ist, das Grundstück dauernd zu verlassen.

§ 10. Ist ein Leibgedinge für mehrere Berechtigte, insbesondere für Ehegatten, vereinbart, so wird der Verpflichtete durch den Tod eines der Berechtigten zu dem Kopftheile des Verstorbenen von seiner Verpflichtung frei, soweit die geschuldeten Leistungen zum Zwecke des Gebrauchs oder Verbrauchs unter den Berechtigten getheilt werden mußten.

Art. 96 Einf. G. z. B. G. B. besagt:

„Unberührt bleiben die landesgesetzlichen Vorschriften über einen mit der Ueberlassung eines Grundstücks in Verbindung stehenden Leibgedings-, Leibzuchts-, Altentheils- oder Auszugsvertrag, soweit sie das sich aus dem Vertrag ergebende Schuldverhältniß für den Fall regeln, daß nicht besondere Vereinbarungen getroffen werden.“

Im Geltungsgebiete des A. L. R. bestehen über solche Verträge aber nur die Bestimmungen der §§ 602 und 605 Th. I Tit. 11 A. L. R. Nach letzterem § wird auf die Provinzial-Gesetze verwiesen, solche sind jedoch nicht ergangen. Art. 15 soll nun unausgetragene Streitfragen beseitigen und verhindern, daß durch Anwendung von Vorschriften des B. G. B., die für das Rechtsverhältniß zwischen dem Gutserwerber und Leibgedingsberechtigten nicht passen, Rechtsunsicherheit und Verwirrung entsteht. Für solche Verträge ist die allgemeine Vorschrift des § 242 B. G. B. besonders zu berücksichtigen.

Zu § 1. Das Recht bedarf nach § 837 B. G. B. der Eintragung.

Zu § 3. Die Anwendung des § 243 Abs. 1 B. G. B. würde der Regel nach der Ansicht der Vertragschließenden nicht entsprechen.

Zu § 4. Die Anwendung des § 1047 B. G. B. betreffs der Uebernahme von Lasten soll ausgeschlossen werden.

Zu § 5. Der im § 1093 B. G. B. citirte § 1041 über die Unterhaltungspflicht soll keine Anwendung finden. Dieser § 5 und § 6 Abs. 1 treffen nur zu auf den Fall abgesonderter Wohnung. Solche ist auch dann vorhanden, wenn der Berechtigte die Wohnung des Verpflichteten durchschreiten muß, sofern nur die auf diesem Wege erreichte Wohnung des Berechtigten diesem ausschließlich zur Verfügung steht. Hat der Berechtigte mit dem Verpflichteten eine gemeinsame Wohnung, so gewinnt neben der Bestimmung des § 6 Abs. 2 der § 242 B. G. B. eine besondere Bedeutung bei Beurtheilung dieses Rechtsverhältnisses. Nach dieser Bestimmung ist auch die Frage zu verneinen, ob sich der Berechtigte die Bedienung durch eine sittlich anstößige Person gefallen lassen muß. K.

§ 6 Abs. 1 entspricht dem § 1093 Abs. 2 B. G. B. und Abs. 2 „dem vermuthlichen Willen der Vertragschließenden, der Natur des Verhältnisses und der in Theorie und Praxis herrschenden Auffassung." B.

Zu § 7. Das Rücktrittsrecht nach § 326 B. G. B. ist nicht gegeben. Denn „die Ueberlassung eines Grundstücks gegen ein Leibgedinge erfolgt in der Regel nicht in dem Sinne, daß sie lediglich die Gegenleistung für die vertragsmäßigen Leistungen des Uebernehmers bilden soll, sondern in der Absicht, dem Uebernehmer dadurch auch eine zur Begründung seiner wirthschaftlichen Selbständigkeit dienende Zuwendung zu machen." B. Auch bei fortdauerndem Verzuge soll das Rücktrittsrecht versagt werden, aber Schutz ist dann gegeben durch § 8. K.

Zu § 8. Die Frage des Schadensersatzes regelt sich nach §§ 249 ff. B. G. B. Doch hat die K. die Schlußbestimmung hinzugefügt, daß statt der Leistungen Geldentschädigung verlangt werden kann. In der K. wurde ohne Widerspruch die Auffassung vertreten, daß der Berechtigte das Recht habe, die Leistungen in **natura** in seiner neuen Wohnung zu fordern, und nicht verpflichtet sei, diese zu holen. Wenn der Berechtigte im bisherigen Wohnorte eine angemessene Wohnung nicht finden könne und gezwungen sei, im Nachbarorte zu wohnen, so habe der Verpflichtete die Leistungen in die neue Wohnung zu liefern, soweit nicht § 251 Abs. 2 B. G. B. Platz greife.

In der K. wurde von dem Referenten die Ansicht vertreten, daß, wenn die Störung nicht von dem Verpflichteten, sondern von seinen Angehörigen ausgehe, der § 9 Abs. 3 Anwendung finde, während vom Regierungsvertreter entgegen gehalten wurde, der Inhalt des Vertrags sei maßgebend betreffs der Haftung für störende Familienmitglieder. P.

Nach der V. sind Vorschriften über Ort und Zeit der Leistungen nicht aufgenommen, weil die §§ 269, 271 B. G. B. genügenden Anhalt für die Entscheidung dieser Frage bieten. Auch Sonderbestimmungen zu erlassen für den Fall der Veräußerung des mit dem Leibgedinge belasteten Grundstücks (namentlich etwa dem Berechtigten dann zu gestatten, das Grundstück zu verlassen und statt des Leibgedings Geldrente zu verlangen) wird nach dem V. nicht für angemessen erachtet; es sei Sache der Vertragschließenden, entsprechende Bestimmungen im Vertrage zu treffen.

Staatsschuldbuch.

Artikel 16.

Das Gesetz, betreffend das Staatsschuldbuch vom 20. Juli 1883 (Gesetz-Samml. S. 120), wird dahin geändert:

I. Der § 9 erhält folgende Fassung:

Eine Ehefrau wird, unbeschadet der Vorschriften des Artikel 97 Abs. 2 des Einführungsgesetzes zum Bürgerlichen Gesetzbuche, zu Anträgen ohne Zustimmung des Ehemannes zugelassen.

II. Der § 12 Abs. 2 erhält folgende Fassung:

Zur Ausstellung dieser Bescheinigungen ist das Nachlaßgericht und, falls der Erblasser zur Zeit des Erbfalls im Inlande weder Wohnsitz noch Aufenthalt hatte, auch derjenige Konsul des Reichs zuständig, in dessen Amtsbezirke der Erblasser zur Zeit des Erbfalls seinen Wohnsitz oder seinen gewöhnlichen Aufenthalt hatte, sofern dem Konsul von dem Reichskanzler die Ermächtigung zur Ausstellung solcher Bescheinigungen ertheilt ist.

III. Der § 24 wird gestrichen.

Zu I. Nach Art. 97 Abs. 1 Einf. Ges. z. B. G. B. bleiben im Allgemeinen die landesgesetzlichen Bestimmungen über die sich aus dem Staatsschuldbuch ergebenden Rechtsverhältnisse, insbesondere auch über die Uebertragung und Belastung einer Buchforderung, unberührt. Im Abs. 2 wird aber das Antragsrecht der Ehefrauen durch einen zu Gunsten des Ehemannes im Schuldbuche eingetragenen Vermerk ausgeschlossen. Die letztere Vorschrift kann landesgesetzlich nicht geändert werden, es mußte vielmehr der § 9 des Ges. vom 20. 7. 1883 durch Verweis auf dieselbe eine Aenderung erfahren. (Die im § 9 befindliche Bestimmung über großjährige unter väterlicher Gewalt stehende Personen ist durch § 1626 B. G. B. gegenstandslos geworden).

Zu II. Der § 12 Abs. 2 enspricht der Vorschrift, welche im § 188 des R. Ges. über die freiwillige Gerichtsbarkeit für das Reichsschuldbuch erlassen ist. Nach §§ 2353 ff. B. G. B. wird der Erbschein zwar nicht nur bei gesetzlicher Erbfolge ertheilt. Die im § 12 aufgeführten besonderen Bestimmungen konnten aber beibehalten werden: nur erschien es angemessen, dem Nachlaßgerichte, entsprechend der Fassung des Reichsgesetzes, die Ausstellung zu übertragen. (Auch die Bescheinigungen des B. G. B. aus § 1507 über die Fortsetzung der Gütergemeinschaft und aus § 2368 über die Befugnisse des Testamentsvollstreckers können hier in Betracht kommen.) — Die Vermächtnißnehmer gehören nach § 2174 B. G. B. (welcher nur einen persönlichen Anspruch gegen den Beschwerten giebt) nicht mehr zu den Rechtsnachfolgern im Sinne des Ges. von 1883.

Zu III. Die Vorschrift des § 24 ist durch die Bestimmungen des B. G. B. (namentlich durch die §§ 1815 und 1816) ersetzt.

Schuldverschreibungen auf den Inhaber.

Artikel 17.

§ 1. Bei den von dem Staate oder einem Kommunalverband ausgestellten Schuldverschreibungen auf den Inhaber hängt die Gültigkeit der Unterzeichnung davon ab, daß die Schuldverschreibung vorschriftsmäßig ausgefertigt ist. Der Aufnahme dieser Bestimmung in die Urkunde bedarf es nicht.

Die Ausfertigung erfolgt bei den über das Kapital lautenden Schuldverschreibungen durch eigenhändige Unterzeichnung des Vermerkes „Ausgefertigt" seitens des damit beauftragten Beamten, bei Zins- und Erneuerungsscheinen durch den Aufdruck eines Trockenstempels, der bei den Schuldverschreibungen des Staates den Königlich Preußischen Adler, bei den Schuldverschreibungen eines Kommunalverbandes das diesem zustehende Siegel enthalten muß.

§ 2. Bei Zinsscheinen, die für Schuldverschreibungen der im § 1 bezeichneten Art oder für Rentenbriefe der zur Vermittelung der Ablösung von Renten in Preußen bestehenden Rentenbanken ausgegeben sind, ist der im § 804 Abs. 1 des Bürgerlichen Gesetzbuchs bestimmte Anspruch ausgeschlossen, ohne daß es der Ausschließung in dem Scheine bedarf.

Das Gleiche gilt für Zinsscheine von Pfandbriefen einer öffentlichen landschaftlichen (ritterschaftlichen) Kreditanstalt oder einer provinzial-(kommunal)-ständischen öffentlichen Grundkreditanstalt.

Zu § 1 Abs. 1. Nach § 793 Abs. 2 B. G. B. kann bei Schuldverschreibungen auf den Inhaber die Gültigkeit der Unterzeichnung durch eine in die Urkunde aufgenommene Bestimmung von der Beobachtung einer besonderen Form abhängig gemacht werden. Art. 100

Einf. G. z. B. G. B. bestimmt aber: „Unberührt bleiben die landesgesetzlichen Vorschriften, nach welchen bei Schuldverschreibungen auf den Inhaber, die der Bundesstaat oder eine ihm angehörende Körperschaft, Stiftung oder Anstalt öffentlichen Rechts ausstellt:

1. Die Gültigkeit der Unterzeichnung von der Beobachtung einer besonderen Form abhängt, auch wenn eine solche Bestimmung in die Urkunde nicht aufgenommen ist.“

In dem Entwurfe waren nur Schuldverschreibungen des Staates im Abs. 1 erwähnt; die K. hat die Vorschrift auch auf die der Kommunalverbände ausgedehnt, wobei konstatirt wurde, daß zu diesen auch die einzelnen Städte zu rechnen seien. P.

Zu Abs. 2. Während nach § 793 Abs. 2 B. G. B. zur Unterzeichnung eine im Wege der mechanischen Vervielfältigung hergestellte Namensunterschrift genügt, und der Aussteller solcher Schuldverschreibungen nach § 794 auch dann aus der Urkunde verpflichtet wird, wenn sie ihm gestohlen oder verloren gegangen oder sonst ohne sein Wissen in den Verkehr gelangt ist, so soll für Schuldverschreibungen des Staats und (wie die K. hinzugefügt hat) eines Kommunalverbandes zur Sicherheit dieser Schuldner noch die hier vorgesehene Form bestimmt werden.

Nach § 2 können Eigenthümer solcher Zins- und Rentenscheine ohne Beibringung derselben einen Anspruch auf Zahlung nicht erheben (entsprechend der Bestimmung des § 804 Abs. 2 B. G. B.)

Artikel 18.

§ 1. Bei Schuldverschreibungen auf den Inhaber, die von einer Preußischen Körperschaft, Stiftung oder Anstalt des öffentlichen Rechtes ausgestellt sind, kann der Inhaber von dem Aussteller verlangen, daß die Schuldverschreibung auf seinen Namen oder auf den Namen eines von ihm bezeichneten Dritten umgeschrieben wird, es sei denn, daß er zur Verfügung über die Urkunde nicht berechtigt ist. Zu Gunsten des Ausstellers gilt der Inhaber als zur Verfügung über die Urkunde berechtigt.

Die Vorschriften des Abs. 1 finden auf Zins-, Renten- und Gewinnantheilscheine sowie auf die auf Sicht zahlbaren Schuldverschreibungen keine Anwendung.

§ 2. Die Umschreibung auf den Namen einer juristischen Person, die ihren Sitz außerhalb des Deutschen Reichs hat, kann nicht verlangt werden.

§ 3. In den Fällen des § 1667 Abs. 2, des § 1815 und des § 2117 des Bürgerlichen Gesetzbuchs kann die Umschreibung mit der gesetzlich vorgeschriebenen Bestimmung verlangt werden.

§ 4. Eine Ehefrau bedarf zu einer Verfügung über die umgeschriebene Schuldverschreibung dem Aussteller gegenüber nicht der Zustimmung des Ehemanns.

§ 5. Wer zur Verfügung über die umgeschriebene Schuldverschreibung berechtigt ist, kann, solange die Schuldverschreibung nicht gekündigt ist, von dem Aussteller die Ausschreibung auf seinen Namen oder den Namen eines Dritten, die Rückverwandlung in eine Schuldverschreibung auf den Inhaber und gegen Aushändigung der Urkunde die Ertheilung einer neuen Schuldverschreibung auf den Inhaber verlangen.

§ 6. Die Kosten der Umschreibung, die Rückverwandlung in eine Schuldverschreibung auf den Inhaber und der Ertheilung einer neuen Schuldverschreibung auf den Inhaber hat der Antragsteller zu tragen und vorzuschießen.

§ 7. Die zuständigen Minister erlassen die erforderlichen Ausführungsvorschriften. Sie können insbesondere Bestimmungen treffen:

1. über die Form der an den Aussteller zu richtenden Anträge und der Vollmacht zur Stellung solcher Anträge,
2. über die Form des Nachweises, daß der Antragsteller oder der Empfänger der Zahlung der in der Schuldverschreibung genannte Gläubiger oder sonst zur Verfügung über die Schuldverschreibung berechtigt oder zur Vertretung des Berechtigten befugt ist,
3. über die Form der Umschreibung und der Rückverwandlung in eine Schuldverschreibung auf den Inhaber,
4. über die Sätze, nach denen die im § 6 bezeichneten Kosten zu bemessen sind.

§ 8. Ist den nach Maßgabe des § 7 Nr. 1, 2 bestimmten Erfordernissen genügt, so gilt der Antragsteller oder der Empfänger der Zahlung zu Gunsten des Ausstellers als zur Verfügung über die Schuldverschreibung berechtigt oder zur Vertretung des Berechtigten befugt.

§ 9. Eine abhanden gekommene oder vernichtete Schuldverschreibung, die auf den Namen umgeschrieben ist, kann, wenn nicht in der Urkunde das Gegentheil bestimmt ist, im Wege des Aufgebotverfahrens für kraftlos erklärt werden.

Die Vorschriften des § 799 Abs. 2 und der §§ 800, 805 des Bürgerlichen Gesetzbuchs finden entsprechende Anwendung.

§ 10. Die Vorschriften der §§ 1 bis 9 gelten auch für Schuldverschreibungen, die vor dem Inkrafttreten des Bürgerlichen Gesetzbuchs ausgestellt oder auf den Namen umgeschrieben worden sind.

§ 11. Für die Umschreibung einer auf den Inhaber lautenden Schuldverschreibung auf den Namen eines bestimmten Berechtigten ist eine Stempelabgabe zu entrichten.

Dieser Art. ist dem Entwurfe erst während der Berathung in der K. hinzugesetzt und zwar entsprechend einem Staatsministerialbeschlusse. Nach Art. 176 des Einf. G. z. B. G. B. findet eine Außerkurssetzung von Schulverschreibungen auf den Inhaber nicht mehr statt. Es können aber nach Art. 101 desselben Ges. der Bundesstaat oder die ihm angehörenden Körperschaften, Stiftungen und Anstalten des öffentlichen Rechts (abweichend von der Vorschrift des § 806 B. G. B.) verpflichtet werden, die von ihnen ausgestellten, auf den Inhaber lautenden Schuldverschreibungen auf den Namen eines bestimmten Berechtigten umzuschreiben. Von Seiten der Staatsregierung wurde in der K. ausgeführt, ein Bedürfniß zur Anwendung dieser letzteren Vorschriften für Staatspapiere sei nicht vorhanden (zumal wegen der Einrichtung des Staatsschuldbuchs).

„Nicht zu verkennen sei, daß durch die Umschreibung mancherlei Schwierigkeiten und Unbequemlichkeiten entstehen können. Große Banken und Finanzinstitute würden jedoch von dieser Einrichtung schwerlich Gebrauch machen. Sie sei aber für kleinere und mittlere Institute, Stiftungen, Kirchengemeinden, für weitere Kreise des Publikums, welchen eine sichere Aufbewahrung nicht möglich sei, eine Wohlthat, da alle diese nicht die Reichsbank für die Verwahrung in Anspruch nehmen würden". K.

Zu § 1 ist in der K. festgestellt, daß unter Aussteller auch sein Rechtsnachfolger zu verstehen ist, und ferner, daß der Aussteller berechtigt, aber nicht verpflichtet ist, die Legitimation zu prüfen.

Zu § 5 wurde von dem Minister erklärt: „Ein Stempel würde entstehen, wenn ein auf den Namen geschriebenes Inhaberpapier zum Umtausch gegen ein Inhaberpapier überreicht werde. Auch dieser Reichsstempel lasse sich ersparen, wenn zunächst auf der Urkunde selbst das Namenspapier in ein Inhaberpapier umgeschrieben und diese zum Inhaberpapier gewordene Urkunde sodann zum Umtausch gegen neue Exemplare überreicht werde". K.

Zu § 7 Nr. 2 wurde von der Staatsregierung erklärt: es liege keine Veranlassung vor, die Vollmacht zur Stellung der Anträge in dem Falle, wenn eine auf den Namen umgeschriebene Urkunde wieder auf den Inhaber umgeschrieben werden solle, für stempelfrei zu erklären. Zu Nr. 4 war man in der K. darüber einig, daß kein Institut durch die Unterschrift verpflichtet werde, Kosten für die Rückumschreibung zu erheben. Die Bestimmung selbst erschien gerade deshalb nothwendig, um die Erhebung übermäßiger Gebühren, durch welche der Zweck des Gesetzes vereitelt werden könnte, zu verhindern.

Unschädlichkeitszeugniß.

Artikel 19.

Die bestehenden Vorschriften über die Ertheilung von Unschädlichkeitszeugnissen zum Zwecke der Befreiung eines Theiles eines Grundstücks von dessen Belastungen bleiben mit folgenden Maßgaben in Kraft:

1. Bei der Entscheidung, ob der Grundstückstheil im Verhältnisse zum Hauptgrundstücke von geringem Werthe und Umfang ist, wird, wenn die Belastungen, von denen der Theil befreit werden soll, noch auf anderen Grundstücken desselben Eigenthümers haften, die Gesammtheit der belasteten Grundstücke als Hauptgrundstück behandelt.
2. Das Unschädlichkeitszeugniß kann auf einzelne Belastungen beschränkt werden.

Nach Art. 120 Abs. 1 des Einf. Ges. z. B. G. B. bleiben unberührt die landesgesetzl. Vorschriften, nach welchen im Falle der Veräußerung eines Theiles eines Grundstücks dieser Theil von den Belastungen des Grundstücks befreit wird, wenn von der zuständigen Behörde festgestellt wird, daß die Rechtsänderung für die Berechtigten unschädlich ist. Hierhin gehören namentlich die Gesetze vom 3. 3. 1850 (Ges. S. S. 145), vom 27. 6. 1860 (Ges. S. S. 384) und 15. 7. 1890 (Ges. S. S. 226), sowie das für die Provinz Hannover erlassene Gesetz vom 25. 3. 1889 (Ges. S. S. 66).

Die Vorschrift des Art. 19 will diese Bestimmungen nach zwei Richtungen ergänzen, bezw. verdeutlichen.

Artikel 20.

Im Gebiete des vormaligen Herzogthums Nassau und auf der Insel Helgoland treten die Vorschriften des Gesetzes, betreffend die Erleichterung der Abveräußerung einzelner Theile von Grundstücken in der Provinz Hannover, vom 25. März 1889 (Gesetz-Samml. S. 65) mit den im Artikel 19 bestimmten Aenderungen in Kraft; auf das Verfahren und das Kostenwesen finden ergänzend die allgemeinen Vorschriften, die für Gemeinheitstheilungen im Gebiete des vormaligen Herzogthums Nassau und in der Provinz Schleswig-Holstein gelten, entsprechende Anwendung.

Die Unschädlichkeitszeugnisse, die bezüglich der im § 1 Nr. 3 des Gesetzes vom 25. März 1889 bezeichneten Geschäfte ausgestellt werden, sind stempel- und gebührenfrei.

Art. 20 enthält nur eine Ausdehnung des für Hannover erlassenen Ges. vom 25. 3. 1889 (Ges. S. S. 65) auf das vormalige Herzogthum Nassau und auf Helgoland.

Landeskulturrenten.

Artikel 21.

Das Gesetz, betreffend die Errichtung von Landeskultur-Rentenbanken, vom 13. Mai 1879 (Gesetz-Samml. S. 367) wird dahin geändert:

I. Im § 14 Abs. 1 werden die Worte „Der Darlehnssucher

hat durch Eintragung eines Vermerks in das Grund- oder Hypothekenbuch das Vorrecht der Rente vor allen späteren Eintragungen oder gesetzlichen Hypotheken zu sichern" ersetzt durch die Worte:

„Der Darlehnssucher hat eine Vormerkung zur Sicherung des Anspruchs auf Einräumung der Rente in das Grundbuch eintragen zu lassen".

II. Der § 24 erhält folgenden Abs. 3:

Bei der Eintragung der Rente ist zugleich auf Grund des Beschlusses der Auseinandersetzungsbehörde (§ 22) eine Vormerkung zur Sicherung des Anspruchs auf Einräumung des Vorzugsrechts für die Rente einzutragen.

III. An die Stelle des § 25 Abs. 1 tritt folgende Vorschrift:

Die Eintragung des Vorzugsrechts der Rente im Grundbuch erfolgt auf Grund einer Bescheinigung der Auseinandersetzungsbehörde, daß die zweckmäßige Ausführung der Drainirungsanlage geschehen ist.

IV. An die Stelle des § 27 Abs. 1 tritt folgende Vorschrift:

Die Eintragung der im § 24 Abs. 3 bezeichneten Vormerkung und des Vorzugsrechts der Rente erfolgt ohne Vorlegung der über die vorhandenen Realrechte ausgefertigten Urkunden. Wird eine solche Urkunde nachträglich vorgelegt, so hat das Grundbuchamt die Eintragung auf ihr zu vermerken.

Der Art. 118 Einf.-Ges. z. B. G. B. läßt unberührt die landesgesetzlichen Vorschriften, welche einer Geldrente, Hypothek, Grundschuld oder Rentenschuld, die dem Staate oder einer öffentlichen Anstalt wegen eines zur Verbesserung des belasteten Grundstücks gewährten Darlehens zusteht, den Vorrang vor anderen Belastungen des Grundstücks einräumen. Für Preußen kommt hier in Betracht das Gesetz betreffend die Errichtung von Landeskultur-Rentenbanken vom 13. 5. 1879 (Ges. S. S. 367), welches ein Vorzugsrecht den Landeskulturrenten einräumt. (Da § 25 dieses Gesetzes die Eintragung im Grundbuche für die Entstehung des Vorzugsrechts verlangt, kommt Satz 2 des cit. Art. 118 nicht zur Anwendung.)

Die unter Nr. I und II getroffenen Abänderungen rechtfertigen sich, weil die gesetzliche Hypothek wegfällt und weil die Vorschriften der §§ 11 und 21 des Gesetzes mit dem § 883 B. G. B. in Einklang gebracht werden sollen. (§ 885 B. G. B. kommt aber nicht zur Anwendung.) Die Eintragung der Vormerkung erfolgt, damit auch Dritten gegenüber, welche ein nicht durch einen Widerspruch geschütztes Realrecht nach Ablauf der sechswöchigen Ausschlußfrist erworben haben, der Anspruch auf das Vorrecht der Rente vor diesem Realrecht gewahrt werde. K.

Die Aenderung zu Nr. III geschieht deshalb, weil schon gemäß der Vorschrift zu II der Beschluß der Auseinandersetzungsbehörde zur Eintragung der Vormerkung erforderlich ist und es deshalb einer nochmaligen Vorlegung des Beschlusses zum Zwecke der Eintragung des Vorzugsrechts nicht bedarf.

Durch Nr. IV werden die Vorschriften des § 27 Abs. 1, welche für die Eintragung des Vorzugsrechts gelten, auf die Eintragung der Vormerkung erstreckt. Die hierin liegende Abweichung von den §§ 42, 43 der R. Grundbuchordnung ist nach § 83 derselben und nach dem erwähnten Art. 118 zulässig.

Der Eintragung nicht bedürfende Rechte.

Artikel 22.

Zur Erhaltung der Wirksamkeit gegenüber dem öffentlichen Glauben des Grundbuchs bedürfen der Eintragung nicht:

1. das in den Fällen der Enteignung oder der Grundabtretung zu Zwecken des Bergbaubetriebs bestehende gesetzliche Vorkaufsrecht;
2. die Gebrauchs- und Nutzungsrechte, welche nach den §§ 8, 142 des Allgemeinen Berggesetzes vom 24. Juni 1865 (Gesetz-Samml. S. 705) im Wege des Zwangsverfahrens erworben werden können;
3. die den Rentenbanken überwiesenen Renten und die Domänen-Amortisationsrenten; die für die Provinz Hannover bisher geltenden entgegenstehenden Vorschriften werden aufgehoben.

§ 892 B. G. B. bestimmt: „Zu Gunsten desjenigen, welcher ein Recht an einem Grundstück oder ein Recht an einem solchen Rechte durch Rechtsgeschäft erwirbt, gilt der Inhalt des Grundbuchs als richtig, es sei denn, daß ein Widerspruch gegen die Richtigkeit eingetragen oder die Unrichtigkeit dem Erwerber bekannt ist.“ Es ist jedoch der Landesgesetzgebung auf den Gebieten, welche ihr durch das Einführungsgesetz überlassen sind, gestattet, Ausnahmen von dem Grundsatze des öffentlichen Glaubens des Grundbuchs zu machen, soweit der Grundsatz nicht für einzelne vorbehaltene Gebiete reichsgesetzlich als maßgebend erklärt ist (vergl. insbesondere Art. 61, 118 des Einf. G. z. B. G. B.) B.

Nach Art. 187 bedarf eine Grunddienstbarkeit, die zu der Zeit, zu welcher das Grundbuch als angelegt anzusehen ist, besteht, um ihre Wirksamkeit gegenüber dem öffentlichen Glauben des Grundbuchs zu erhalten, nicht der Eintragung. Diese Bestimmung kann zwar nach Abs. 2 abgeändert werden: aber in Preußen ist von solcher Abänderung abgesehen.

Zu Nr. 1 und 2. Es hat § 12 des Eigenthumserwerbsgesetzes vom 5. 5. 1872 die Eintragung nicht erforderlich erachtet für die gesetzlichen Vorkaufsrechte und diejenigen Gebrauchs- und Nutzungsrechte, die nach den §§ 8 und 142 des Allgemeinen Berggesetzes vom 24. 6. 1865 im Wege der Zwangsvollstreckung erworben werden können. Diese Bestimmungen sind in Nr. 1 und 2 dieses Art. wiedergegeben, jedoch mit der Maßgabe, daß von Vorkaufsrechten nur die aus § 57 des Enteignungsgesetzes vom 11. 6. 1874 und § aus 141 des Allgem. Berggesetzes aufgeführt sind. (Das Vorkaufsrecht der Miteigenthümer aus § 61 Th. I Tit. 17 A. L. R. ist durch das B. G. B. beseitigt.

Nr. 3 entspricht der Vorschrift des § 12 Abs. 3 des Eigenthumserwerbsges., dehnt diese Bestimmung aber auf die Provinz Hannover aus, wo sie bisher noch nicht galt.

Nach der B. bleiben in Kraft nach den Art. 113, 114 des Einf. Ges. z. B. G. B. auch der § 45 des Ges. über das Grundbuchwesen in dem Bezirke des Appellationsgerichts zu Cassel vom 29. 5. 1873 (Ges. S. S. 273) und § 1 des Ges. vom 29. 5. 1874 über die gerichtliche Eintragung von Grundlasten in den vormals Bayerischen Landestheilen u. s. w. (Ges. S. S. 185) in Betreff der in diesen Gesetzen vorbehaltenen von der Eintragung befreiten Rechte.

Nachbarrechtliche Beschränkungen des Eigenthums.

Artikel 23.

§ 1. Werden im bisherigen Geltungsbereiche des Rheinischen Rechtes zwei Grundstücke durch eine Mauer geschieden, zu deren Benutzung die Eigenthümer der Grundstücke gemeinschaftlich berechtigt sind, so kann der Eigenthümer des einen Grundstücks dem Eigenthümer des anderen Grundstücks nicht verbieten, die Mauer ihrer ganzen Dicke nach zu erhöhen, wenn ihm nachgewiesen wird, daß durch die Erhöhung die Mauer nicht gefährdet wird.

Der sich aus der Vorschrift des Abs. 1 ergebende Anspruch unterliegt nicht der Verjährung.

§ 2. Der Eigenthümer des Grundstücks, von dem aus die Erhöhung erfolgt ist, kann dem Eigenthümer des anderen Grundstücks die Benutzung des Aufbaus verbieten, bis ihm für die Hälfte oder, wenn nur ein Theil des Aufbaus benutzt werden soll, für den entsprechenden Theil der Baukosten Ersatz geleistet wird. Solange das Verbietungsrecht besteht, hat der Berechtigte den Mehraufwand zu tragen, den die Unterhaltung der Mauer in Folge der Erhöhung verursacht.

Das Verbietungsrecht erlischt durch Einigung der Eigenthümer.

§ 3. Wird die Mauer zum Zwecke der Erhöhung verstärkt, so ist die Verstärkung auf dem Grundstücke anzubringen, dessen Eigenthümer die Erhöhung unternimmt. Der von dem Eigenthümer des anderen Grundstücks nach § 2 zu ersetzende Betrag der gesammten Baukosten erhöht sich um den entsprechenden

Theil des Werthes der zu der Verstärkung verwendeten Grundfläche. Verlangt der Eigenthümer des Grundstücks, auf dem die Verstärkung angebracht worden ist, die Ersatzleistung, so ist er verpflichtet, dem Eigenthümer des andern Grundstücks das Eigenthum an der zu der Mauer verwendeten Grundfläche seines Grundstücks soweit zu übertragen, daß die neue Grenzlinie durch die Mitte der verstärkten Mauer geht; die Vorschriften über den Kauf finden Anwendung.

Dieser Art. 23 trifft Bestimmungen für den Geltungsbereich des Rheinischen Rechts über die Erhöhung und Verbreiterung von Scheidemauern, welche zwischen den Grundstücken zweier Eigenthümer in der Weise auf der Scheidelinie stehen, daß der Länge nach die eine Hälfte zum einen, die andere Hälfte zum andern Grundstück gehört. Ueber diese Frage trifft Bestimmung der code civil in seinen Artikeln 658—660. Wenn auch diese Bestimmungen nach Art. 89 Nr. 2 dieses Ausführungsgesetzes (ebenso wie der ganze übrige erste Abschnitt des 2ten Kapitels des code civil, welcher in den Art. 653—673 von den gemeinschaftlichen Mauern und Gräben handelt) formell aufgehoben werden, so sind sie doch durch die §§ 1—3 dieses Art. 23 ihrem Wesen nach gemäß Art. 124 des Einf. Ges. z. B. G. B., als Beschränkungen des Eigenthums zu Gunsten des Nachbarn, aufrecht erhalten. Nach den Vorschriften des code werden die Nachbarn als Miteigenthümer der Scheidemauern bezeichnet. Aber dennoch wird die Grundstücksparzelle, auf welcher die Mauer steht, grundbuchrechtlich nicht als besondere Parzelle behandelt. Nach B. G. B. §§ 921 und 922 wird diese Gemeinschaftlichkeit nicht als Miteigenthum bezeichnet, sondern als eine gemeinschaftliche Berechtigung zur Benutzung der Mauer und steht das Eigenthum an der Mauer bis zur geometrischen Grenze jedem Nachbar als Sondereigenthum zu. Gemäß Art. 181 Abs. 1 des Einf. Ges. z. B. G. B. konnte der Rechtsbegriff des code civil nicht aufrecht erhalten werden, sondern müssen die Bestimmungen über die Scheidemauer aufgebaut werden auf der Grundlage der gemeinschaftlichen Berechtigung zur Benutzung aus §§ 921 und 922 cit. Deshalb sind die Art. 658—660 des code in die §§ 1—3 des Art. 22 umgearbeitet. — In der K. ist von der Regierung deklaratorisch bemerkt; die §§ 921, und 922 B. G. B. fänden auch Anwendung auf die bereits am 1. 1. 1900 bestehenden Mauern.

Zu § 1 Abs. 1 ist in der K. von der Regierung in Betreff der Worte „wenn ihm nachgewiesen wird", erklärt, der Nachweis, daß die Mauer nicht gefährdet sei, sollte nicht durchaus im Prozeßwege geführt werden, sondern jede Art des Nachweises solle statthaft sein z. B. durch Gutachten eines Maurermeisters. — „Nach der Vorlage könne der Nachbar desjenigen, der die Mauer erhöhen wolle, der Erhöhung widersprechen, bis ihm der Nachweis der genügenden Stärke der Mauer erbracht sei. Er brauche daher die Prozeßkosten nicht zu tragen, wenn er auf Duldung der Erhöhung verklagt werde und der in Frage stehende Nachweis erst im Prozesse erbracht werde

(C. P. O. § 93)". Ob letzteres richtig ist betreffs des § 93 muß doch wohl bestritten werden. Beklagter kann vielleicht die Abweisung der Klage beantragen, wenn der Nachweis ihm noch nicht erbracht war, läßt er sich aber auf den Prozeß ein, wird über die Tragfähigkeit der Mauer Beweis erhoben, dann ist für die Anwendbarkeit des § 93 cit. keine Stelle mehr, wenn Bekl. nicht sofort, d. h. im ersten Verhandlungstermin den Anspruch anerkannt hat, sondern erst nach kontradiktorischer Verhandlung das Anerkenntniß abgiebt.

Zu § 2 Abs. 2. Die Einigung der Eigenthümer, (welche, da sie im Wesentlichen nur die Baukosten betrifft, einer besonderen Form nicht bedarf) ist nothwendig und namentlich ein einseitiger Verzicht nicht genügend, „weil von dem Erlöschen des Verbietungsrechts an der Nachbar auch den Mehraufwand mitzutragen hat, den die Unterhaltung der Mauer in Folge der Erhöhung verursacht." B. In der K. ist auf eine Anfrage „regierungsseitig anerkannt, daß das Verbietungsrecht wie der mit diesem verbundene Anspruch auf den entsprechenden Baukosten-Ersatz dinglicher Natur mit dem Eigenthum der Liegenschaft verknüpft sei," von welcher aus die Mauer erhöht sei."

Artikel 24.

Hat im bisherigen Geltungsbereiche des Rheinischen Rechtes der Eigenthümer eines Grundstücks vor dem Inkrafttreten des Bürgerlichen Gesetzbuchs auf Grund des Artikel 663 des Rheinischen Bürgerlichen Gesetzbuchs von seinem Nachbar verlangt, daß er zur Errichtung einer Scheidemauer beitrage, so bleiben für das Recht und die Pflicht zur Errichtung der Mauer die bisherigeu Vorschriften maßgebend.

Der Art. 663 des code civil ist zwar nach Art. 89, wie oben zu Art. 23 gesagt ist, aufgehoben. Es erschien jedoch angemessen, eine Uebergangsbestimmung für den Fall zu treffen, wenn vor dem 1. 1. 1900 bereits ein Grundeigenthümer von seinem Nachbar einen Beitrag zur Errichtung einer Scheidemauer verlangt hat. In der K. wurde vom Referenten in Uebereinstimmung mit der Regierungsvertretung bemerkt, „es genüge, daß der Wille des einen Theiles dem anderen Theile erweislich, gleichviel in welcher Form, bekundet worden sei, damit sei die actio nata gegeben, auf diese finde dann das bisherige Recht Anwendung."

Widerrufliches Eigenthum an Grundstücken.

Artikel 25.

Steht im bisherigen Geltungsbereiche des Rheinischen Rechtes dem früheren Eigenthümer eines Grundstücks auf Grund eines Rechtsgeschäfts, durch welches das Grundstück veräußert worden ist, ein Recht zu, vermöge dessen bei dem Eintritt eines bestimmten Umstandes das Eigenthum an dem Grundstücke mit

rückwirkender Kraft an ihn zurückfällt, so verwandelt sich das Rückfallsrecht zu der Zeit, zu welcher das Grundbuch als angelegt anzusehen ist, in einen Anspruch auf Rückübertragung des Eigenthums und Befreiung des Grundstücks von den dem Rückfallberechtigten gegenüber nicht wirksamen Belastungen. Diejenigen, gegen welche sich der Anspruch richtet, sind verpflichtet, die Eintragung einer Vormerkung zur Sicherung des Anspruchs zu bewilligen.

Die vor der im Abs. 1 bezeichneten Zeit erfolgte Eintragung des Rückfallsrechts gilt als Eintragung einer Vormerkung.

Da es im Rheinischen Rechte Fälle giebt, „in denen die rechtsgeschäftliche Uebertragung des Eigenthums, sei es auf die Klage des Veräußerers oder seiner Erben durch Urtheil, sei es unmittelbar kraft Gesetzes, mit rückwirkender Kraft wieder aufgehoben wird" (B.), und alsdann dem Veräußerer der veräußerte Gegenstand frei von allen gegen den Erwerber begründete Lasten zurückzugewähren ist, bedarf es eines Schutzes des Veräußerers Dritten gegenüber. Einen solchen Schutz gewährte der § 7 des Ges. über das Grundbuchwesen ꝛc. im Geltungsgebiete des Rheinischen Rechts, vom 12. 4. 1888 (Ges. S. S. 52) gegen einen Dritten, welcher an einem Grundstücke ein Recht gegen Entgelt erworben hat, nur dann, wenn zur Zeit dieses Erwerbes der Fall der Rückgängigmachung bereits eingetreten und dieses dem Dritten bekannt war. Für den unentgeltlichen Erwerb war diese Vorschrift also nicht gegeben. Nach Art. 189 des Einf. G. zum B. G. B. kommen nach dem Zeitpunkte, in welchem das Grundbuch als angelegt anzusehen ist, lediglich die Bestimmungen des Reichsrechts zur Anwendung, namentlich also auch die des § 892 B. G. B., nach welcher die Beschränkung des Verfügungsrechts dem Erwerber gegenüber nur wirksam ist, wenn sie aus dem Grundbuch ersichtlich oder dem Erwerber bekannt ist. Eine bedingte Eigenthumsübertragung ist nach § 925 Abs. 2 B. G. B. unzulässig. Doch kann nach § 883 B. G. B. durch eine Vormerkung dem Veräußerer Schutz gewährt werden (für entgeltlichen, wie unentgeltlichen Erwerb). Dem entsprechend sind die Bestimmungen des Art. 25 getroffen und soll auch, um nochmalige Eintragung zu vermeiden, nach Abs. 2 das bereits früher eingetragene Rückfallsrecht die Bedeutung einer Vormerkung haben.

Form der Auflassung.

Artikel 26.

Für Grundstücke, die im bisherigen Geltungsbereiche des Rheinischen Rechtes belegen sind, gelten folgende Vorschriften:

§ 1. Die Auflassung sowie die zur Bestellung oder Uebertragung eines Erbbaurechts erforderliche Einigung kann außer vor dem Grundbuchamt auch vor einem anderen Preußischen Amtsgericht oder vor einem Preußischen Notar erklärt werden.

Durch Königliche Verordnung kann bestimmt werden, daß auch die Amtsgerichte oder die Notare anderer Bundesstaaten zuständig sind.

Jeder Theil ist berechtigt, zu verlangen, daß die Auflassung vor dem Grundbuchamt erfolgt.

§ 2. Bei der Auflassung bedarf es der gleichzeitigen Anwesenheit beider Theile nicht, wenn das Grundstück durch ein Amtsgericht oder einen Notar versteigert worden ist und die Auflassung noch in dem Versteigerungstermine stattfindet.

§ 1. Nach § 925 B. G. B. muß die Uebertragung des Eigenthums an einem Grundstücke (Auflassung) und nach § 1015 B. G. B. auch die Bestellung des Erbbaurechts bei gleichzeitiger Anwesenheit beider Theile vor dem Grundbuchamt erklärt werden. Nach Art. 143 Abs. 1 des Einf. G. zum B. G. B. kann durch Landesgesetz in Ansehung der in dem Gebiete des Bundesstaats liegenden Grundstücke bestimmt werden, daß in den Fällen der §§ 925 und 1015 B. G. B. die Einigung der Parteien außer vor dem Grundbuchamt auch vor Gericht, vor einem Notar, vor einer anderen Behörde oder vor einem anderen Beamten erklärt werden kann. Wenn auch nicht verkannt wird, daß die Form der Auflassung beim Grundbuchamt in Bezug auf die Sicherheit der Betheiligten den Vorzug verdient, so hat man doch, entsprechend der bereits im Rheinlande geltenden Vorschrift des § 5 des Ges. vom 12. 4. 1888 (Ges. S. S. 25), im Hinblick auf die besonderen Wünsche und Gepflogenheiten der rheinländischen Bevölkerung, die Vorschrift des Art. 26 § 1 Satz 1 für Grundstücks-Auflassung gegeben und nach § 1015 B. G. B. auch auf das Erbbaurecht ausgedehnt. (Der Vorbehalt der Königlichen Verordgung in Satz 2 gründet sich darauf, daß noch nicht abzusehen ist, ob nicht etwa andere Bundesstaaten durch ihre Gesetzgebung die Preußischen Notare benachtheiligen könnten. Aber für preußische Grundstücke können doch die Notare von andern Bundesstaaten nach § 143 des Einf. G. z. B. G. B. nicht zuständig erklärt werden.) — § 5 Abs. 2 und 3 des Ges. vom 12. 4. 1888 wird ersetzt durch §§ 17, 19 und 40 R. Grundbuch-O. B.

Die Vorschrift des § 2 entspricht dem Art III § 5a des Ges. vom 14. 7. 1893 (Ges. S. S. 185), ist genau gefaßt, wie Abs. 2 § 143 des Einf. G. z. B. G. B. solche Vorschrift zuläßt, und es ist wegen der im Rheinland üblichen gemeinschaftlichen notariellen Versteigerung zahlreicher kleiner Grundstücke als nothwendig erachtet.

Uebertragung des Eigenthums an buchungsfreien Grundstücken.

Artikel 27.

Zur Uebertragung des Eigenthums an einem Grundstücke, das im Grundbuche nicht eingetragen ist und auch nach der Uebertragung nicht eingetragen zu werden braucht, ist die Einigung des Veräußerers und des Erwerbers über den Eintritt der Uebertragung erforderlich. Die Einigung bedarf der gerichtlichen oder notariellen Beurkundung; wird einer der Betheiligten durch eine öffentliche Behörde vertreten, so genügt die Beurkundung durch einen nach Artikel 12 § 2 für die Beurkundung des Veräußerungsvertrags zuständigen Beamten.

Die Uebertragung des Eigenthums kann nicht unter einer Bedingung oder einer Zeitbestimmung erfolgen.

§ 90 der R. Grundbuch=O. Abs. 1 Satz 1 besagt:

„Durch landesherrliche Verordnung kann bestimmt werden, daß die Grundstücke des Fiskus oder gewisser juristischer Personen, die öffentlichen Wege und Gewässer sowie solche Grundstücke, welche einem dem öffentlichen Verkehre dienenden Bahnunternehmen gewidmet sind, nur auf Antrag ein Grundbuchblatt erhalten."

Sofern von dieser Ermächtigung Gebrauch gemacht wird, so müßte doch bei Uebertragung solcher Grundstücke Auflassung und Eintragung im Grundbuche erfolgen. Wenn nun der Erwerber gleichfalls vom Buchungszwange befreit ist, so könnte er nach § 90 Abs. 2 der R. Grundbuch=O. wieder Ausscheidung des Grundstücks aus dem Grundbuche beantragen. Um diese zwecklose Formalität zu vermeiden, wird nun auf Grund des Art. 127 des Einf. G. z. B. G. B. eine landesgesetzliche Vorschrift über die Uebertragung des Eigenthums an solchen Grundstücken dahin erlassen, daß die Einigung des Veräußerers und Erwerbers in gerichtlicher und notarieller Beurkundung erforderlich sein soll. In der K. ist entsprechend der zu Art. 12 § 2 vorgenommenen Aenderung des Gesetzes auch noch die Beurkundung durch den daselbst bezeichneten Beamten als genügend bezeichnet.

In Abs. 2 wird die Vorschrift des § 925 Abs. 2 B. G. B. auch für diese Uebertragungen in Anwendung gebracht.

Eine entsprechende Vorschrift für die Begründung einer Dienstbarkeit gemäß § 128 Einf. G. z. B. G. B. zu erlassen, ist in der K. abgelehnt. Für die Aufhebung von Dienstbarkeiten, die zu der Zeit, zu welcher das Grundbuch als angelegt anzusehen ist, bestehen, bleiben die bisherigen Gesetze maßgebend, so lange die Dienstbarkeit nicht ins Grundbuch eingetragen ist (Einf. G. z. B. G. B. Art. 189 Abs. 3). B

Besitzschutz bei Grunddienstbarkeiten.

Artikel 28.

Für den Schutz der Ausübung einer Grunddienstbarkeit gelten, auch bevor das Grundbuch für das Grundstück als angelegt anzusehen ist, wenn die Grunddienstbarkeit in einem über das Grundstück geführten gerichtlichen Buche eingetragen ist, die Vorschriften des § 1029 des Bürgerlichen Gesetzbuchs, anderenfalls die Vorschriften des Artikel 191 Abs. 2 des Einführungsgesetzes zum Bürgerlichen Gesetzbuche.

Der Artikel 191 des Einf. G. z. B. G. B. trifft Bestimmungen hinsichtlich des Besitzschutzes von Grunddienstbarkeiten im Abs. 1 für die Zeit bis das Grundbuch des belasteten Grundstücks als angelegt anzusehen ist, und in Abs. 2 für die spätere Zeit. Für die Zeit des Abs. 1 sollen die bisherigen Gesetze weiter gelten; für die spätere Zeit enthält Abs. 2 nur Bestimmungen über die nicht eingetragenen Grunddienstbarkeiten, während die eingetragenen ihren Schutz in § 1029 B. G. B. finden. Nun hat der Art. 28 diese Unterscheidung der beiden Zeitabschnitte aufgehoben und führt bereits für die Zeit vor Anlegung des Grundbuchs die Vorschriften des § 1029 B. G. B. für die eingetragenen, die des Art. 191 Abs. 2 für die nicht eingetragenen ein. Diese Bestimmungen des Art. 28 sind erlassen, weil unter Anwendung des § 87 der R. Grundbuch-O. das Grundbuch in allen Theilen Preußens (mit Ausnahme der Gebiete des Gemeinen und Rheinischen Rechts, für welche die Anlegung der Grundbücher erst nach dem 1. 1. 1900 zum Abschluß gelangt) mit dem Inkrafttreten der B. G. B. als angelegt angesehen werden soll.

Wiederkaufsrecht bei Rentengütern.

Artikel 29.

§ 1. Ein Grundstück, welches gegen Uebernahme einer festen Geldrente zu Eigenthum übertragen ist (Rentengut), kann zu Gunsten des Veräußerers in der Weise belastet werden, daß dieser dem Eigenthümer gegenüber zum Wiederkaufe berechtigt ist.

Das Wiederkaufsrecht kann auch zu Gunsten des jeweiligen Eigenthümers eines Grundstücks des Veräußerers bestellt werden.

§ 2. Ein Bruchtheil eines Rentenguts kann mit dem Wiederkaufsrechte nur belastet werden, wenn er in dem Antheil eines Miteigenthümers besteht.

§ 3. Das Wiederkaufsrecht beschränkt sich auf die Fälle, daß der Eigenthümer das Rentengut verkauft oder sich durch einen sonstigen Vertrag zur Uebertragung des Eigenthums verpflichtet oder daß das Rentengut im Wege der Zwangsversteigerung veräußert wird; es kann auch für die Fälle bestellt werden, daß der Eigenthümer stirbt oder eine im Rentengutsvertrage festgesetzte Verpflichtung nicht erfüllt.

§ 4. Das Wiederkaufsrecht erstreckt sich auf das zur Zeit der Ausübung vorhandene Zubehör.

§ 5. Das Rechtsverhältniß zwischen dem Berechtigten und dem Verpflichteten bestimmt sich nach den Vorschriften des § 497 Abs. 1 und der §§ 498 bis 502 des Bürgerlichen Gesetzbuchs.

Dritten gegenüber hat das Wiederkaufsrecht die Wirkung

einer Vormerkung zur Sicherung des durch die Ausübung des Rechtes entstehenden Anspruchs auf Uebertragung des Eigenthums.

§ 6. Das Wiederkaufsrecht kann nur bis zum Ablaufe von drei Monaten nach dem Zeitpunkt ausgeübt werden, in welchem der Berechtigte von dem Eintritte des zum Wiederkaufe berechtigenden Falles Kenntniß erhält. Ist für die Ausübung eine Frist bestimmt, so tritt diese an die Stelle der gesetzlichen Frist.

§ 7. Gelangt das Rentengut in das Eigenthum eines Dritten, so kann dieser die Zustimmung zur Eintragung des Berechtigten als Eigenthümer und die Herausgabe des Rentenguts verweigern, bis ihm der Wiederkaufspreis soweit ausgezahlt wird, als er oder sein Rechtsvorgänger für den Erwerb des Rentenguts Aufwendungen gemacht hat. Erlangt der Berechtigte die Eintragung als Eigenthümer, so kann der bisherige Eigenthümer von ihm die Erstattung der für den Erwerb des Rentenguts gemachten Aufwendungen bis zur Höhe des Wiederkaufspreises gegen Herausgabe des Rentenguts fordern.

§ 8. Soweit der Berechtigte nach § 7 den Dritten zu entschädigen hat, wird er von der Verpflichtung zur Zahlung des aus dem Wiederkaufe geschuldeten Kaufpreises frei.

§ 9. Verliert der neue Eigenthümer in Folge der Geltendmachung des Wiederkaufsrechts das Eigenthum, so wird er, soweit die für den Erwerb des Rentenguts von ihm geschuldete Gegenleistung noch nicht berichtigt ist, von seiner Verpflichtung frei; die für den Erwerb bereits gemachten Aufwendungen kann er soweit zurückfordern, als sie durch den an ihn gezahlten Wiederkaufspreis nicht gedeckt sind.

§ 10. Ein zu Gunsten des jeweiligen Eigenthümers eines Grundstücks bestehendes Wiederkaufsrecht kann nicht von dem Eigenthum an diesem Grundstücke getrennt werden.

Ein zu Gunsten einer bestimmten Person bestehendes Wiederkaufsrecht kann nicht mit dem Eigenthum an einem Grundstücke verbunden werden.

§ 11. Ist der Berechtigte unbekannt, so kann er im Wege des Aufgebotsverfahrens mit seinem Rechte ausgeschlossen werden, wenn die im § 1170 des Bürgerlichen Gesetzbuchs für die Ausschließung eines Hypothekengläubigers bestimmten Voraussetzungen vorliegen. Mit der Erlassung des Ausschlußurtheils erlischt das Wiederkaufsrecht.

Auf ein Wiederkaufsrecht, das zu Gunsten des jeweiligen Eigenthümers eines Grundstücks besteht, finden diese Vorschriften keine Anwendung.

Im Art. 29 ist ein dingliches Wiederkaufsrecht für den Errichter eines Rentenguts zur Sicherheit dafür, daß dieses Gut auch dem bei der Errichtung beabsichtigten Colonisationszwecken erhalten werde, gegeben, namentlich für den Staat (aber auch für Private, wenn sie ein Interesse an dem späteren Schicksale des Rentengutes nehmen). Das B. G. B. kennt ein Wiederkaufsrecht nur mit obligatorischer, nicht mit dinglicher Wirkung, so daß eine Sicherung gegen Dritte nur etwa durch eine Vormerkung nach § 883 erreicht werden könnte. Es ist deshalb gemäß der Befungniß des Art. 62 des Einf. G. z. B. G. B. für Rentengüter der dingliche Charakter des Wiederkaufsrechts, welches schon nach § 12 des Eigenthumserwerbs-Ges. vom 5. 5. 1872 einzutragen war, beibehalten. Die Vorschriften dieses Art. 29 sind mit einigen Modkfiiationen den Vorschriften der §§ 1094—1104 des B. G. B. über das dingliche Vorkaufsrecht nachgebildet. Solche Modificationen finden sich in den §§ 3, 5, 6 und 9 dieses Art. So ist in § 3 als Grund, in welchem das Wiederkaufsrecht durch Vertrag festgesetzt werden kann, der Tod des Eigenthümers oder die Verletzung vertragsmäßiger Verpflichtungen aufgeführt. In der K. ist dem Verkauf aus freier Hand auch der Zwangsverkauf gleichgestellt. Nach § 5 sind die obligatorischen Bestimmungen des B. G. B. über den Wiederkauf als anwendbar erklärt, jedoch mit der Maßgabe, daß nicht zur Anwendung kommen a) § 497 Abs. 2, weil das Rentengut nicht für eine bestimmte Geldsumme, sondern für eine Rente verkauft wird (also der Vertrag über die Festsetzung des Wiederkaufpreises Bestimmung zu treffen hat), und b) § 503, weil die Frist von 30 Jahren kürzer als die Amortisationsperiode des Ges. vom 7. 7. 1891 § 3 Abs. 2 (Ges. S. S. 279) sein würde, und die Zwecke, welche zur Errichtung geführt haben, auch diese Periode noch überdauern können. Denn das Wiederkaufsrecht ist an sich auch nicht mit der Tilgung der Rente beseitigt. K. — Die Bestimmung des § 6 ist zu Gunsten des Verpflichteten eingeführt. Die Kenntnißnahme ist nicht auf die Mitteilung durch den Berechtigten oder Verpflichteten beschränkt. B. — Eine vertragsmäßige Verlängerung oder Verkürzung der Frist des § 6 ist zulässig. K.

Beschränkung der Reallasten.

Artikel 30.

Im linksrheinischen Theile der Rheinprovinz, im Kreise Herzogthum Lauenburg und auf der Insel Helgoland treten folgende Vorschriften in Kraft:

Mit Ausnahme fester Geldrenten können beständige Abgaben und Leistungen einem Grundstücke als Reallasten nicht auferlegt werden.

Eine neu auferlegte Geldrente ist der Eigenthümer nach vorgängiger sechsmonatiger Kündigung mit dem zwanzigfachen Betrag abzulösen berechtigt, sofern nicht ein Anderes bestimmt ist. Es kann jedoch vertragsmäßig die Kündigung nur während eines bestimmten Zeitraums, welcher dreißig Jahre nicht übersteigen darf, ausgeschlossen und ein höherer Ablösungsbetrag als der fünfundzwanzigfache Betrag der Rente nicht festgesetzt werden.

Vertragsmäßige Bestimmungen, welche diesen Vorschriften zuwiderlaufen, sind unwirksam, unbeschadet der Rechtsverbindlichkeit des sonstigen Inhalts eines solchen Vertrags.

Die Vorschriften über Rentengüter bleiben unberührt.

In diesem Art. wird gemäß Artikel 115 des Einf. G. z. B. G. B. die Bestimmung des § 91 Abs. 2—4 des Ablösungs-Ges. vom 2. 3. 1850 (Ges. S. S. 77) auf den linksrheinischen Teil der Rheinprovinz (wo die Bildung der Reallasten durch die franz. Gesetzgebung ganz ausgeschlossen war) und das Herzogthum Lauenburg sowie die Insel Helgoland (wo die Bestellung von Reallasten durch Vorschriften nicht beschränkt war) ausgedehnt. Der letzte Abs. des Art. 30 hat nur deklaratorische Bedeutung zur Beseitigung eines Zweifels. B. — In der K. ist zum Abs. 2 festgestellt, daß ein Vertrag nur insoweit unwirksam sei, als er längere Fristen enthält, dagegen die Vereinbarung kürzerer Fristen zulässig sei.

Vertheilung von Reallasten.

Artikel 31.

Die Vorschriften, nach welchen im Falle der Theilung eines mit einer Reallast belasteten Grundstücks die Reallast auf die einzelnen Theile des Grundstücks vertheilt wird, bleiben in Kraft. Die Vertheilung ist bei der Auseinandersetzungsbehörde zu beantragen.

Nach Artikel 113 des Einf. G. z. B. G. B. bleibt § 93 des Ablösungs-G. vom 2. 3. 1850 betreffs die Ablösung von Reallasten bei Zerstückelung von Grundstücken in Kraft und kann hiernach unter Umständen eine Vertheilung der Renten auf die Theilstücke erfolgen. Auf diese Bestimmung des § 93 verweist § 66 der P. Grundbuch-O. vom 5. 5. 1872. In dem Ges. vom 28. 5. 1873 über das Grundbuchwesen der Provinz Hannover (Ges. S. S. 253) wird wieder auf § 66 cit. hingewiesen. Da § 66 aber formell mit der Grundbuch-O. für Preußen aufgehoben wird, so ist im Artikel 31 eine entsprechende Vorschrift über das Fortbestehen der Vorschriften wegen der Vertheilung und der Behörde aufgenommen.

Kündigungsrecht bei Hypotheken und Grundschulden.

Artikel 32.

§ 1. Bei Hypothekenforderungen, Grundschulden und Rentenschulden kann das Kündigungsrecht des Eigenthümers nur soweit ausgeschlossen werden, daß der Eigenthümer nach zwanzig

Jahren unter Einhaltung einer sechsmonatigen Frist kündigen kann.

§ 2. Kapitalien, die zur Zeit des Inkrafttretens des Bürgerlichen Gesetzbuchs auf einem Grundstück oder einer Gerechtigkeit angelegt sind und bisher seitens des Schuldners unkündbar oder erst nach einer längeren als einer zwanzigjährigen Frist kündbar waren, können nach dem Ablaufe von zwanzig Jahren seit dem Inkrafttreten des Bürgerlichen Gesetzbuchs unter Einhaltung einer sechsmonatigen Frist gekündigt werden, sofern nicht nach den bisherigen Gesetzen die Kündbarkeit schon vorher eintritt.

Nach § 1202 Abs. 2 B. G. B., welcher das Kündigungsrecht des Eigenthümers bei Rentenschulden nur soweit beschränken läßt, daß er nach 30 Jahren unter Einhaltung der 6monatlichen Kündigungsfrist kündigen kann, und nach Art. 117 des Einf. G. z. B. G. B., welcher landesgesetzlich noch weitere zeitliche Beschränkungen des Kündigungsausschlusses für Hypotheken und Grundschulden, sowie betreffs der Frist des § 1202 Abs. 2 zuläßt, hat die K. zunächst im § 1 für ganz Preußen die künftig vertragsmäßig zulässige Zeitgrenze der Unkündbarkeit auf 20 Jahr herabgesetzt. Sodann ist im § 2 allgemein, (auch in den Landestheilen, in welchen bisher solche gesetzliche Zeitschranken nicht vorhanden waren) entsprechend der Vorschrift des § 92 des Ablösungsgesetzes vom 2. 3. 1850 für bereits vor dem 1. 1. 1900 unkündbaren angelegten Kapitalien die sechsmonatliche Kündigung nach 20 Jahren für zulässig erklärt. Es finden sich dann auch im Art. 89 unter den Nummern 15, 22, 27, 28 und 31 die hiernach aufgehobenen Bestimmungen aufgeführt.

Bestehende Hypotheken.

Artikel 33.

§ 1. Eine zu der Zeit, zu welcher das Grundbuch als angelegt anzusehen ist, bestehende Hypothek gilt von dieser Zeit an als eine Hypothek, für welche die Ertheilung des Hypothekenbriefs nicht ausgeschlossen ist, wenn über sie nach den geltenden Vorschriften ein Hypothekenbrief gebildet oder zu bilden ist. Ein vor der bezeichneten Zeit gebildeter Hypothekenbrief gilt als Hypothekenbrief im Sinne der Reichsgesetze.

Die Vorschriften des Abs. 1 finden auf Kautionshypotheken keine Anwendung.

§ 2. Im ursprünglichen Geltungsbereiche der Grundbuchordnung vom 5. Mai 1872 sowie in Ostfriesland und Harlingerland, in der Niedergrafschaft Lingen und in den ehemals Münsterschen Ortschaften der Provinz Hannover steht ein vor dem Inkrafttreten der Grundbuchordnung gebildetes Hypotheken-Instrument einem später gebildeten Hypothekenbriefe gleich.

In den übrigen Landestheilen erfolgt die nach den geltenden Vorschriften zulässige Ertheilung eines Hypothekenbriefs kostenfrei, wenn sie vor der Zeit, zu welcher das Grundbuch als angelegt anzusehen ist, beantragt wird. Ist wegen Unterlassung des Antrags die Ertheilung eines Briefes ausgeschlossen, so werden im Falle nachträglicher Aufhebung der Ausschließung für die Eintragung der Aufhebung sowie für die gerichtliche Beurkundung oder Beglaubigung der Eintragungsbewilligung und für die Ertheilung des Briefes Kosten nicht erhoben, wenn die Eintragung innerhalb eines Jahres nach dem Inkrafttreten des Bürgerlichen Gesetzbuchs beantragt wird.

§ 3. Im bisherigen Geltungsbereiche des Gesetzes über das Grundbuchwesen in dem Bezirke des Appellationsgerichts zu Cassel ꝛc. vom 29. Mai 1873 (Gesetz-Samml. S. 273) gelten für die vor dem 1. Juli 1874 errichteten und nicht in Hypotheken des Preußischen Rechtes umgewandelten Hypotheken folgende Vorschriften:

1. Bis zu der Zeit, zu welcher das Grundbuch als angelegt anzusehen ist, wird bei der Hypothek auf Antrag eines Gläubigers, dem eine ihr gleich- oder nachstehende Hypothek oder Grundschuld zusteht, ein Widerspruch gegen das Bestehen der Hypothek kostenfrei eingetragen. Zur Eintragung genügt der Antrag des Gläubigers.
2. Soweit zu der unter Nr. 1 bezeichneten Zeit die Hypothek noch besteht, gilt sie von dieser Zeit an als Sicherungshypothek, auch wenn der Betrag der gesicherten Forderung bestimmt ist.
3. Auf die Hypothek finden in Ansehung der Ausschließung des unbekannten Gläubigers im Wege des Aufgebotsverfahrens die Vorschriften des § 1170 des Bürgerlichen Gesetzbuchs auch insoweit Anwendung, als die Hypothek zu der unter Nr. 1 bezeichneten Zeit nicht mehr besteht. Ein Gläubiger, dem zu dieser Zeit eine der Hypothek gleich- oder nachstehende Hypothek oder Grundschuld zusteht, kann nach der Erlassung des Ausschlußurtheils die Löschung der Hypothek in gleicher Weise verlangen, wie wenn zur Sicherung des Rechtes auf Löschung eine Vormerkung im Grundbuch eingetragen wäre.

   Wird das Aufgebotsverfahren vor dem Ablaufe von zwei Jahren nach der bezeichneten Zeit beantragt, so werden für das Verfahren und für die Löschung der Hypothek Gebühren nicht erhoben.

4. Soll die Hypothek nach § 1186 des Bürgerlichen Gesetzbuchs in eine gewöhnliche Hypothek umgewandelt werden, so werden für die Eintragung der Umwandlung sowie für die gerichtliche Beurkundung oder Beglaubigung der Eintragungsbewilligung und für die Ertheilung eines Hypothekenbriefs Gebühren nicht erhoben, wenn die Umwandlung innerhalb eines Jahres nach der unter Nr. 1 bezeichneten Zeit beantragt wird.

§ 4. Die nach den Vorschriften des Rheinischen Bürgerlichen Gesetzbuchs begründeten Privilegien und Hypotheken, die zu der Zeit, zu welcher das Grundbuch als angelegt anzusehen ist, nicht durch Einschreibung im Hypothekenregister oder durch Eintragung im Grundbuche wirksam geworden sind, verwandeln sich in Ansprüche auf Bestellung einer Sicherungshypothek, soweit nicht im Artikel 56 § 9 ein Anderes bestimmt ist. Gerichtliche Hypotheken dieser Art erlöschen, unbeschadet der dem Gläubiger auf Grund eines vollstreckbaren Titels nach den reichsgesetzlichen Vorschriften zustehenden Befugnisse.

Privilegien und Hypotheken an Nießbrauchsrechten verwandeln sich, wenn sie zu der im Abs. 1 bezeichneten Zeit wirksam geworden sind, in Pfandrechte an dem Nießbrauch, anderenfalls in Ansprüche auf Bestellung eines Pfandrechts; die Vorschriften des Abs. 1 finden entsprechende Anwendung.

Art. 33 handelt von den bereits vor der Zeit, zu welcher das Grundbuch als angelegt anzusehen ist, bestehenden Hypotheten und gründet sich auf die Bestimmungen der Art. 192 und 193 des Einf. G. z. B. G. B. Das B. G. B. unterscheidet drei Arten von Hypotheken: die Briefhypothek, welche der Gläubiger nach § 1117 erst mit dem Besitze des Hypothekenbriefes erwirbt, die Buchhypothek, bei welcher durch Vereinbarung zwischen Gläubiger und Eigenthümer die Ertheilung eines Briefs nach § 1116 ausgeschlossen wird, und die Sicherungshypothek, für welche nach § 1185 gesetzlich die Ertheilung eines Hypothekenbriefs unterbleiben muß.

Nach Art. 192 cit. sollen nun die gedachten älteren Hypotheken als Buchhypotheken und, falls der Forderungsbetrag nicht bestimmt ist, als Sicherungshypotheken gelten. Doch gestattet Art. 193 der Landesgesetzgebung Ausnahmen zu treffen betreffs der Qualifizirung der Sicherheitshypotheken und sodann dahin, daß eine über das Pfandrecht ertheilte Urkunde als Hypothekenbrief gelten soll. Hiernach bestimmt zunächst § 1 Abs. 1, daß die älteren nach der Grundbuchordnung von 1872 gebildeten Hypothekenbriefe der reichsrechtlichen des B. G. B. gleichstehen sollen. Sodann aber will § 2 auch die im Geltungsbereiche der alten Hypothekenordnung von 1783 vor Einführung der Grundbuchordnung von 1872 gebildeten Hypothekinstrumente der reichsrechtlichen Hypothekenbriefe gleichstellen. (Die im Abs. 1 des § 2 bezeichneten Landestheile waren auch hier zu nennen, weil in denselben die Hypothekenordnung von 1783 gegolten hat.)

In den übrigen Rechtsgebieten aber sollen die alten Hypothekenurkunden in neue Hypothekenbriefe umgewandelt werden dürfen. Der Gläubiger hat zu diesem Zwecke die alten Hypothekenurkunden (im Rheinlande die mit dem Einschreibungsvermerke versehenen Schuldurkunden) einzureichen und Ausfertigung von Hypothekenbriefen zu beantragen. Um diesen Anträgen förderlich zu sein, sind die Kostenfreiheitsbestimmungen des Abs. 2 § 2 hinzugefügt. (Satz 2 ist Zusatz der K. und will für die Landestheile, in welchen das Grundbuch bereits am 1. 1. 1900 als angelegt anzusehen ist, die Frist zur kostenfreien Stellung des Antrages noch auf 1 Jahr ausdehnen.)

Für den Bezirk des Oberlandesgerichts Cassel sind im § 3 besondere Bestimmungen getroffen, weil dort nach § 42 des Gesetzes vom 29. 5. 1873 (Ges. S. S. 273) für die vor dem 1. 7. 1874 errichteten Hypotheken noch die accessorische Natur des gemeinrechtlichen Pfandrechts ungeschmälert beibehalten und somit das Pfandrecht von dem Schicksal der Forderung abhängig ist. Das Pfandrecht geht unter mit der Tilgung der Forderung, selbst wenn es im Grundbuch nicht gelöscht ist, und es besteht fort, so lange die Forderung besteht, selbst wenn es gelöscht ist. Damit nun nicht die älteren Hypotheken gemäß Art. 192 Einf. Ges. z. B. G. B. in gewöhnliche Hypotheken umgeschrieben werden können, hat der Entwurf vorgeschlagen, daß eine Hypothek, welche noch nicht gemäß § 43 jenes Gesetzes von 1873 zu der Zeit, zu welcher das Grundbuch als angelegt anzusehen ist, umgewandelt sei, in eine Sicherungshypothek umgewandelt werde, selbst wenn der Forderungsbetrag bestimmt sei. In der K. wurde jedoch die jetzige Fassung des § 3 in Vorschlag gebracht zur Sicherung der gleich- und nachstehenden Gläubiger. In dieser auch von der Regierung genehmigten Fassung wird der Gedanke des Entwurfs in Nr. 2 wiedergegeben, aber noch ferner in Nr. 1 dem gleich- oder nachstehenden Gläubiger ein Widerspruchsrecht verliehen, und in Nr. 3 und 4 Erleichterungen für das Aufgebot der älteren Hypotheken und für die Umschreibung in gewöhnliche Hypotheken gewährt. P. Hierbei wurde in der K. ein Einverständniß zwischen der K. und Staatsregierung noch dahin festgestellt:

1. „Wird auf Grund des Ausschlußurtheils die Löschung beantragt, so kann von Vorlegung der Schuldurkunde abgesehen werden, und der Grundbuchrichter kann aus ihrem Fehlen keinen Grund zur Ablehnung des Antrages entnehmen.
2. Mit Rücksicht auf die Bedeutung, die der Schuldurkunde nach dem bisherigen Recht innewohnte, ist der Gläubiger stets als „unbekannt“ anzusehen, und es sind die Voraussetzungen des Aufgebots nach § 1170 vorhanden, wenn die Schuldurkunde abhanden gekommen ist und deshalb nicht vorgelegt werden kann. Das Letztere ist bei der Berathung des § 1170 in der Reichstagskommission ausdrücklich festgestellt worden“. B.

Die Bestimmungen des § 4 für das Rheinische Recht betreffen die Privilegien und gesetzlichen Hypotheken (§§ 11 und 12 des Ges. vom 12. 4. 1888). Wenn diese schon durch Einschreibung oder Eintragung weitere Wirksamkeit erlangt haben, so sollen sie den Hypotheken des neuen Rechts gleichstehen, andernfalls nur einen Anspruch auf Sicherheitshypothek gewähren. Wegen der gesetzl. Hypothek der Ehefrau trifft Art. 56, § 9 Bestimmung.

Die Bestimmung des Abs. 2 § 4 ist deshalb nothwendig geworden, weil nach Art. 2118 des code civil der Nießbrauch an einem Grundstücke Gegenstand einer Hypothek sein kann, diese Vorschrift aber (ex argum. des Art. 196 Einf. G. z. B. G. B.) landesgesetzlich nicht aufrecht erhalten werden kann.

Die B. weist noch darauf hin, daß in Nassau und Helgoland Urkunden, welche den Hypothekenbriefen gleichgestellt werden können, bisher nicht bekannt seien; es bleibt deshalb hier bei der Regel des Satz 1 Art. 192 des Einf. Ges. z. B. G. B.

Bestehende Grundschulden.

Artikel 34.

Wird im Falle der Blankoabtretung einer Grundschuld die durch einen Namen ausgefüllte Abtretungserklärung vor dem Inkrafttreten des Bürgerlichen Gesetzbuchs behufs Sicherstellung der Zeit der Ausfüllung einem Amtsgerichte vorgelegt, so hat das Gericht die Bescheinigung auf der Urkunde gebühren- und stempelfrei zu ertheilen.

Von der Befugniß des Art. 195 Abs. 2 des Einf. G. z. B. G. B. ist kein Gebrauch gemacht, weil das Recht der Grundschuld im B. G. B. wesentlich dem der Preußischen Grundbuchordnung entspricht. Es kennt jedoch das B. G. B. nach § 1192 und 1154 keine Blankoabtretung der Grundschuld (§ 55 des Eigenthumserwerbsges.). Deshalb erschien es angemessen, eine erleichternde Uebergangsbestimmung über die Abtretung von Grundschulden zu erlassen, welche nach Art. 90 Abs. 2 bereits mit der Verkündung dieses Ausf. Ges. in Kraft getreten ist.

Uebertragung von Vorschriften auf Rentenschulden.

Artikel 35.

Die neben dem Bürgerlichen Gesetzbuch in Kraft bleibenden Vorschriften, die sich auf Hypotheken und Grundschulden beziehen, finden auf Rentenschulden entsprechende Anwendung.

Nachdem durch § 1199 B. G. B. als neue Form für die Zwecke des Grundkredits die Rentenschuld eingeführt ist, sollen für die noch neben dem B. G. B. in Kraft bleibenden Gesetze, wie z. B. das Enteignungsgesetz vom 11. 6. 1874 (Ges. S. S. 221), das Rentengüterges. vom 27. 6. 1890 (Ges. S. S. 209), die in dem B. G. B. enthaltenen Bestimmungen über Hypotheken und Grundschulden auch für Rentenschulden gelten.

Auseinandersetzungen.

Artikel 36.

In dem vormaligen Herzogthume Nassau tritt das Gesetz, betreffend die Berichtigung des Grundsteuerkatasters und der Grundbücher bei Auseinandersetzungen vor Bestätigung des Rezesses, vom 26. Juni 1875 (Gesetz-Samml. S. 325) mit dem Zeitpunkt, in welchem das Grundbuch für einen Bezirk als angelegt anzusehen ist, für den Bezirk in Kraft.

Bei Güterkonsolidationen und Auseinandersetzungen finden die Vorschriften des §. 25 Abs. 2 der Verordnung, betreffend die Ablösung der Servituten rc. für das vormalige Kurfürstenthum Hessen, vom 13. Mai 1867 (Gesetz-Samml. S. 716) entsprechende Anwendung.

Die Ges. vom 26. 6. 1875 (Ges. S. S. 325) und vom 19. 8. 1895 (Ges. S. S. 481) sind im Herzogthum Nassau noch nicht eingeführt. Das erstere soll (wie in anderen Landestheilen) auch in Nassau eingeführt werden, da aber der Tag des Inkrafttretens nach § 82 Abs. 2 der R. Grundbuch-O. nicht über den Tag, an welchem das Grundbuch als angelegt anzusehen ist, hinausgeschoben werden durfte, so ist im Abs. 1 demgemäß Bestimmung getroffen.

Die Bestimmung des Abs. 2 entspricht dem § 9 des Ges. vom 19. 8. 1895.

Bergrecht.

Artikel 37.

Das Allgemeine Berggesetz vom 24. Juni 1865 (Gesetz-Samml. S. 705) wird dahin geändert:

I. An die Stelle des § 50 tritt folgende Vorschrift:

Das Bergwerkseigenthum wird durch die Verleihung begründet sowie durch Konsolidation, Theilung von Grubenfeldern oder Austausch von Feldestheilen erworben.

Für das Bergwerkseigenthum gelten die sich auf Grundstücke beziehenden Vorschriften des Bürgerlichen Gesetzbuchs, soweit nicht aus diesem Gesetze sich ein Anderes ergiebt.

Mit der gleichen Beschränkung finden die für den Erwerb des Eigenthums und die Ansprüche aus dem Eigenthum an Grundstücken geltenden Vorschriften auf das Bergwerkseigenthum entsprechende Anwendung.

II. Die §§ 52, 53 werden gestrichen.

III. Der § 60 Abs. 3 erhält folgende Fassung:

Der Hülfsbau gilt als Bestandtheil des berechtigten Bergwerks oder, wenn die Eigenthümer mehrerer Bergwerke sich zur gemeinschaftlichen Anlage eines Hülfsbaues vereinigt und keine anderweitige Vereinbarung getroffen haben, als Bestandtheil der berechtigten Bergwerke. Er bedarf, wenn der Hülfsbauberechtigte den Besitz erlangt hat, zur Wirksamkeit gegenüber dem öffentlichen Glauben des Grundbuchs nicht der Eintragung in das Grundbuch.

IV. Im § 85a Abs. 4 werden

1. im Satz 1 die Worte „der Vater oder Vormund“ ersetzt durch die Worte:
   „der gesetzliche Vertreter“,
2. im Satz 2 die Worte: „des Vaters oder Vormundes“ ersetzt durch die Worte:
   „des gesetzlichen Vertreters“.

V. Im § 85b werden

1. im Satz 4 die Worte: „an den Vater oder Vormund, sofern diese es verlangen“ ersetzt durch die Worte:
   „an den gesetzlichen Vertreter, sofern dieser es verlangt“,
2. im Satz 5 die Worte: „an die Mutter“ ersetzt durch die Worte:
   „an die zur gesetzlichen Vertretung nicht berechtigte Mutter“.

VI. Im § 85c treten an die Stelle des Satz 2 folgende Vorschriften:

Die Ausstellung erfolgt auf Antrag oder mit Zustimmung des gesetzlichen Vertreters; ist die Erklärung des gesetzlichen Vertreters nicht zu beschaffen oder verweigert er die Zustimmung ohne genügenden Grund und zum Nachtheile des Arbeiters, so kann die Gemeindebehörde die Zustimmung ergänzen.

VII. Im § 85e Abs. 1 werden die Worte: „seines Vaters oder Vormundes“ ersetzt durch die Worte:
„seines gesetzlichen Vertreters“.

VIII. Im § 85h werden die Worte: „des Minderjährigen, seines Vaters oder Vormundes“ ersetzt durch die Worte:
„des Minderjährigen oder seines gesetzlichen Vertreters“.

IX. Der § 101 Abs. 3 erhält folgende Fassung:

Die Kuxe sind untheilbar. Sie gehören zum beweglichen Vermögen.

X. Der § 128 erhält folgende Fassung:

Soweit der gegenwärtige Titel nichts Anderes bestimmt, sind die durch die Bestellung eines Repräsentanten oder Grubenvorstandes entstehenden Rechtsverhältnisse nach den allgemeinen Vorschriften über die Vollmacht und den Auftrag zu beurtheilen.

XI. Der § 148 erhält folgenden neuen Absatz:

Den Hypotheken-, Grundschuld- und Rentenschuldgläubigern wird eine besondere Entschädigung nicht gewährt.

XII. Der § 228 Abs. 2 wird gestrichen.

XIII. An die Stelle des § 231 treten folgende Vorschriften:

Für die Kuxe gelten die sich auf Grundstücke beziehenden Vorschriften des Bürgerlichen Gesetzbuchs, soweit nicht ein Anderes bestimmt ist.

Die für den Erwerb des Eigenthums und die Ansprüche aus dem Eigenthum an Grundstücken geltenden Vorschriften finden auf die Kuxe entsprechende Anwendung.

XIV. Im § 235a Abs. 1 werden die Worte: „die Eigenschaft der beweglichen Sachen haben" ersetzt durch die Worte: „zum beweglichen Vermögen gehören".

XV. Der § 240 Abs. 3 erhält folgende Fassung:

Der Beschluß ist gerichtlich und notariell aufzunehmen.

Nach Art. 67 des Einf. G. z. B. G. B. bleibt das landesgesetzliche Bergrecht, also auch das Pr. Berggesetz vom 24. 6. 1865 (Ges. S. S. 705), unberührt.

Zu I wird das Bergwerkseigenthum rechtlich genau so behandelt wie das Erbbaurecht des B. G. B. und sollen deshalb der Abs. 1 dem Abs. 1 des § 1017 B. G. B., der Abs. 2 dem Abs. 2 des § 1017 genau entsprechen. Zu „den sich auf Grundstücke beziehenden Vorschriften" gehören daher (ebenso wenig wie im Abs. 1 des § 1017) nicht die auf das Eigenthum an Grundstücken bezüglichen Bestimmungen, was aus der (dem Abs. 2 des § 1017 entsprechenden) Fassung des Abs. 2 ersichtlich ist. Es sind daher unanwendbar insbesondere die Vorschriften über den Inhalt des Grundeigenthums (§§ 905—918 B. G. B.) und es wird die Bestimmung des § 890 B. G. B. durch die Vorschriften der §§ 41 ff. des Berggesetzes ersetzt. B.

Während § 50 des Bergges. nur das durch Verleihungsurkunde begründete Bergwerkseigenthum erwähnt, ist gemäß des (nach Art. 89 Nr. 27 aufgehobenen) § 68 des Eigenthumserwerbsges. vom 5. 5. 1872 in Abs. 1 auch das durch Konsolidation u. s. w. begründete miterwähnt, und zwar handelt es sich überall um (bestätigtes) originär erworbenes Eigenthum. K. (Vgl. auch P.) Nach Abs. 2 kommen als Erwerbsarten in Betracht die Tabularersitzung des § 900 und die Auflassung des § 925 B. G. B., nicht aber die Erwerbsarten der §§ 927, 928 B. G. B. (vgl. dazu § 161 ff des Berggesetzes).

Zu § 52 Abs. 1 des Berggef. wird durch die Vorschriften der C. P. O. namentlich § 932 ersetzt, Abs. 2 ist gegenstandslos, weil das B. G. B. die Anfechtung wegen Verletzung über die Hälfte nicht kennt.

Zu § 53 bemerkt die B.: „Künftig wird sich die Führung der Grundbücher nach der Reichs-Grundbuchordnung und den dazu ergehenden Ausführungsvorschriften, die Zwangsvollstreckung nach der Civilprozeßordnung, dem Reichsgesetz über die Zwangsversteigerung und die

Zwangsverwaltung und den zugehörigen Ausführungsvorschriften bestimmen. Auch hier bleiben die bisherigen Gesetze bis zu der Zeit, zu welcher das Grundbuch als angelegt anzusehen ist, maßgebend."

Zu III ist der § 60 Abs. 3 in der Fassung dahin geändert, daß an Stelle des Wortes „Zubehör" (welcher Begriff nach § 97 B. G. B. auf bewegliche Sachen beschränkt ist) das Wort „Bestandtheil" gesetzt ist. Satz 2 entspricht dem § 68 des Eigenthumserwerbsgesetzes.

Zu IV—VIII sind die Vorschriften des Berggeſ. zu § 85a bis h, welche den §§ 107—114 der Gewerbeordnung in der Fassung des Ges. vom 1. 6. 1891 nachgebildet sind, entsprechend den Bestimmungen des Art. 36 II—VII des Ausf. Ges. zum B. G. B. abgeändert (da die gesetzliche Vertretung Minderjähriger, namentlich durch die elterliche Gewalt der Mutter, im B. G. B. neu geregelt ist).

Zu IX und XIV ist die bisherige Fassung der §§ 101 und 235a, wonach die neuen Kuxe „die Eigenschaft beweglicher Sachen haben" dahin geändert, daß sie „zum beweglichen Vermögen gehören", weil das B. G. B. nur körperliche Sachen nach § 90 als Sachen ansieht und auf die Kuxe in den nicht durch das Berggesetz besonders geregelten Beziehungen (vergl. insbesondere die §§ 105, 108) nicht die für bewegliche Sachen geltenden Vorschriften Anwendung finden sollen. Es soll z. B. für Bestellung des Nießbrauchs nicht § 1032, sondern § 1069 B. G. B. anwendbar sein.

Zu X rechtfertigt sich die Abänderung des § 128 dadurch, daß die Vorschriften über den „Vollmachtsantrag" des bisherigen Rechts, im B. G. B. ersetzt sind durch solche über „Vollmacht" und „Auftrag".

Nr. XI ist in der 2. Lesung des Plenum eingeschoben (Sitzung vom 26. 6. 1898. Prot. S. 2565).

Zu XII und XIII entspricht die Abänderung der §§ 228 u. 231 der neuen Fassung des § 50. Durch die Worte „soweit nicht ein Anderes bestimmt ist" im § 231 soll z. B. die Anwendung des § 890 B. G. B. ausgeschlossen werden. P.

Zu XV ist für 240 die Wahl der gerichtlichen Form gestattet, weil in den linksrheinischen Landestheilen nach dem P. Gesetz über die freiwillige Gerichtsbarkeit die Amtsgerichte den Notaren in der Beurkundungsbefugniß gleichgestellt werden.

Artikel 38.

In dem Gesetze, betreffend die Rechtsverhältnisse des Stein- und Braunkohlen-Bergbaues in den Landestheilen, in welchen das Kurfürstlich Sächsische Mandat vom 19. August 1743 Gesetzeskraft hat, vom 22. Februar 1869 (Gesetz-Samml. S. 401) treten an die Stelle der §§ 2 bis 8 folgende Vorschriften:

§ 2. Das Recht zum Stein- oder Braunkohlen-Bergbau kann von dem Eigenthum an dem Grundstück, in welchem die Stein- oder Braunkohlen anstehen, abgetrennt und als selbständige Gerechtigkeit für den Grundeigenthümer oder für einen Dritten bestellt werden.

§ 3. Zur Bestellung einer selbständigen Kohlenabbau-Gerechtigkeit für den Grundeigenthümer ist dessen Erklärung gegenüber dem Grundbuchamte, daß die Gerechtigkeit für ihn in das Grundbuch eingetragen werden soll, und die Eintragung erforderlich; die Vorschrift des § 878 des Bürgerlichen Gesetzbuchs findet Anwendung.

Zur Bestellung der selbständigen Kohlenabbau-Gerechtigkeit für einen Dritten ist die Einigung des Grundeigenthümers und des Erwerbers über die Bestellung der Gerechtigkeit und die Eintragung im Grundbuch erforderlich; die Einigung muß bei gleichzeitiger Anwesenheit beider Theile vor dem Grundbuchamt erklärt werden.

§ 4. Die Eintragung der selbständigen Gerechtigkeit in das Grundbuch soll nur erfolgen, wenn dem Grundbuchamt ein Situationsriß vorgelegt wird; auf den Situationsriß finden die Vorschriften des § 17 des Allgemeinen Berggesetzes vom 24. Juni 1865, mit Ausschluß der Bestimmung über die Angabe des Fundpunktes, Anwendung.

§ 5. Für die nach § 1 bestehenden und die später vom Grundeigenthum abgetrennten Kohlenabbau-Gerechtigkeiten gelten die sich auf Grundstücke beziehenden Vorschriften des Bürgerlichen Gesetzbuchs.

Die für den Erwerb des Eigenthums und die Ansprüche aus dem Eigenthum an Grundstücken geltenden Vorschriften finden entsprechende Anwendung.

§ 6. Die Vorschriften über die Ertheilung von Unschädlichkeitszeugnissen finden mit der Maßgabe Anwendung, daß das Zeugniß auch dann ertheilt werden darf, wenn die vorhandenen Eintragungen im Grundbuche nach Abtrennung der Kohlenabbau-Gerechtigkeit noch innerhalb der ersten zwei Drittel des Werthes ländlicher oder der ersten Hälfte des Werthes städtischer Grundstücke versichert sind.

§ 7. Eine Kohlenabbau-Gerechtigkeit kann nur dann einer anderen als Bestandtheil zugeschrieben oder mit ihr vereinigt werden, wenn die Gerechtigkeiten mit ihren Feldern an einander grenzen und zu einem einheitlichen Baue zusammengefaßt sind und wenn außerdem die auf den einzelnen Gerechtigkeiten haftenden Belastungen auf Grund einer die Rangordnung regelnden Einigung mit den Berechtigten auf das aus den Gerechtigkeiten gebildete Ganze übertragen werden.

§ 8. Ist ein Kohlenfeld vollständig abgebaut, so kann die Kohlenabbau-Gerechtigkeit auf Antrag eines betheiligten Grundeigenthümers oder desjenigen, welchen ein Recht an dem Grundstücke zusteht, im Grundbuche gelöscht werden.

Zur Begründung des Antrages ist ein Zeugniß der Bergbehörde darüber beizubringen, daß das Kohlenfeld gänzlich abgebaut ist und daß auf dem Felde Gebäude oder sonstige zur Grube gehörende unbewegliche Bestandtheile nicht mehr vorhanden sind. Vor der Ertheilung des Zeugnisses sind diejenigen, welchen ein Recht an der Gerechtigkeit zusteht, zu hören.

Auf Grund des Zeugnisses schließt das Grundbuchamt das für die Gerechtigkeit angelegte Blatt und löscht die auf diesem eingetragenen Rechte. Zur Löschung einer Hypothek, Grundschuld oder Rentenschuld ist die Vorlegung des Briefes nicht erforderlich; das Grundbuchamt hat den Besitzer des Briefes zur Vorlegung anzuhalten, um nachträglich die Löschung auf dem Briefe zu vermerken.

§ 2 entspricht dem § 2 Abs. 1 des bish. Ges. vom 22. 2. 1869.

§ 3 Abs. 1 ist dem § 1196 B. G. B. und Abs. 2 den §§ 873 und 1015 B. G. B. nachgebildet.

§ 4 ist nur instruktionell (gegenüber dem obligatorisch gefaßten Abs. 3 § 2 des bish. Ges.)

§ 5 ändert die §§ 3 und 4 des bish. Ges. ab. Vgl. hierzu Art. 26 des P. Einf.-Ges. zur Grundbuchordnung.

§ 6 entspricht dem bish. Ges. § 6 Abs. 4.

§ 7 bringt den § 7 des bish. Ges. in Einklang mit §§ 4 und 5 der Reichs-Grundbuchordnung, sowie den §§ 890 und 1131 B. G. B.

§ 8 entspricht im Wesentlichen dem § 8 des bish. Ges.

Artikel 39.

Ist in dem Herzogthum Schlesien und der Grafschaft Glatz in Ansehung einer im Grundbuch eingetragenen Berechtigung zur Gewinnung von Eisenerzen der Berechtigte unbekannt, so kann er im Wege des Aufgebotsverfahrens mit seinem Rechte ausgeschlossen werden, wenn die im § 1170 des Bürgerlichen Gesetzbuchs für die Ausschließung eines Hypothekengläubigers bestimmten Voraussetzungen vorliegen. Mit der Erlassung des Ausschußurtheils erlischt das Recht.

Dieser Art. ist in der K. dem Gesetz eingefügt und will für die Eisenerzbergbaugerechtigkeiten das Ges. vom 8. 4. 1894 (Ges. S. S. 41) unter Anwendung des § 1170 B. G. B. das Aufgebot unbekannter Berechtigter für zulässig erklären. (Es handelt sich um alte Eintragungen, bei denen die Berechtigten oft schon verstorben oder verschollen sind.)

Selbständige Gerechtigkeiten.

Artikel 40.

Für Gerechtigkeiten, die nach den bisherigen Gesetzen in Ansehung der Eintragung in die gerichtlichen Bücher und der Verpfändung den Grundstücken gleichstehen (selbständige Gerechtigkeiten), gelten die sich auf Grundstücke beziehenden Vorschriften des Bürgerlichen Gesetzbuchs, wenn die Gerechtigkeit ein Grundbuchblatt erhalten hat.

Unter der gleichen Voraussetzung finden die für den Erwerb des Eigenthums und die Ansprüche aus dem Eigenthum an Grundstücken geltenden Vorschriften auf eine solche Gerechtigkeit entsprechende Anwendung.

Die besonderen Vorschriften über die selbständigen Kohlenabbau-Gerechtigkeiten in den vormals Königlich Sächsischen Landestheilen werden durch die Bestimmungen dieses Artikels nicht berührt.

Art. 40 giebt geltendes Recht (§ 69 des Eigenthumserwerbsgesetzes) wieder. Nach § 864 C. P. O. unterliegen der Zwangsvollstreckung in das unbewegliche Vermögen nur solche Berechtigungen, für welche die sich auf Grundstücke beziehenden Vorschriften gelten.

Die Bestimmungen über das Eigenthum von Grundstücken können, da das B. G. B. Eigenthum an Rechten nicht kennt, auch nicht auf die selbständigen Gerechtigkeiten übertragen werden. Dagegen sollen z. B. anwendbar sein die Bestimmungen, die sich auf Belastung von Grundstücken beziehen und die auf Grundstücke bezüglichen Vorschriften des Obligationenrechts. Der Sinn des Art. 39 § 1 soll also sein, daß alle Bestimmungen, die sich auf Grundstücke beziehen, mit Ausnahme derjenigen, welche sich auf das Eigenthum von Grundstücken beziehen, nach Abs. 1 für selbständige Gerechtigkeiten gelten. Dagegen sollen von den auf das Eigenthum an Grundstücken bezüglichen Vorschriften nach Abs. 2 als selbständige Gerechtigkeiten nur diejenigen in Betracht kommen, welche nach Tit. 2 Abschnitt 3 des III. Buches des B. G. B. für den Erwerb des Eigenthums und nach Tit. 4 daselbst für die Ansprüche aus dem Eigenthum an Grundstücken gelten. P.

Pfandleihgewerbe.

Artikel 41.

Das Gesetz, betreffend das Pfandleihgewerbe, vom 17. März 1881 (Gesetz-Samml. S. 265) wird dahin geändert:

I. Der § 3 Abs. 2, 3 und der § 9 Abs. 2 werden gestrichen.

II. An die Stelle des § 10 treten folgende Vorschriften:

§ 10. Der Verkauf des Pfandes ist im Wege öffentlicher Versteigerung zu bewirken.

Der Pfandleiher kann bei der Versteigerung mitbieten. Erhält er den Zuschlag, so ist der Kaufpreis als von ihm empfangen anzusehen.

§ 10a. Hat das Pfand einen Börsen- oder Marktpreis, so kann der Pfandleiher den Verkauf aus freier Hand durch einen zu solchen Verkäufen öffentlich ermächtigten Handelsmäkler oder durch eine zur öffentlichen Versteigerung befugte Person zum laufenden Preise bewirken.

§ 10b. Gold- und Silbersachen dürfen nicht unter dem Gold- oder Silberwerthe zugeschlagen werden.

Wird ein genügendes Gebot nicht abgegeben, so kann der Verkauf durch eine zur öffentlichen Versteigerung befugte Person aus freier Hand zu einem den Gold- oder Silberwerth erreichenden Preise erfolgen.

Nach Art. 94 des Einf. G. z. B. G. B. sind die landesgesetzlichen Vorschriften, welche den Geschäftsbetrieb der gewerblichen Pfandleiher und der Pfandleihanstalten betreffen, unberührt gelassen, also auch das Ges. betreffend das Pfandleihgewerbe vom 17. 3. 1881 (Ges. S. S. 265).

Die Bestimmung zu I beseitigt den § 3 Abs. 2 und 3 dieses Gesetzes, weil die betreffenden Bestimmungen dem Art. 3 des Wuchergesetzes vom 24. 5. 1880 (R. G. Bl. S. 109) nachgebildet sind und dieser wieder durch Art. 47 des Einf. G. z. B. G. B. beseitigt ist, indem künftig die privatrechtlichen Folgen des verbotenen Wuchers nach den allgemeinen Vorschriften des B. G. B. sich bestimmen sollen.

§ 9 Abs. 2 des Ges. von 1881 ist aufgehoben, weil für den Pfandverkauf nach §§ 1233 ff. B. G. B. besondere Vorschriften nicht erforderlich sind.

Zu II wird § 10 des Ges. dem B. G. B. entsprechend umgestaltet: in der neuen Fassung entsprechen

§ 10 Abs. 1 dem § 1235 Abs. 1 (§ 383 Abs. 3),
§ 10 Abs. 2 dem § 1239 Abs. 1,
§ 10a dem § 1235 Abs. 2 (§ 1221),
§ 10b dem § 1240 B. G. B.

Eheschließung.

Artikel 42.

Die Vorschriften, nach welchen für Staatsbeamte und Geistliche zur Eingehung einer Ehe eine besondere Erlaubniß erforderlich ist, werden aufgehoben.

Nach § 1315 Abs. 1 B. G. B. dürfen Landesbeamte, für welche nach den Landesgesetzen zur Eingehung einer Ehe eine besondere Erlaubniß erforderlich ist, nicht ohne die vorgeschriebene Erlaubniß eine Ehe eingehen. Die nach Anh. § 70 zum § 146 Th. II Tit. 1 A. L. R. ursprünglich für die Königlichen Civilbeamten vor dem Aufgebote beizubringende Erlaubniß des ihnen vorgesetzten Chefs, welche durch Kab. O. vom 9. 7. 1839 (J. M. Bl. S. 302) auf die bei der Wittwen-Verpflegungsanstalt receptionsfähigen Civilbeamten eingeschränkt war, sollte wegen der inzwischen eingeführten staatlichen Wittwenversorgung nach Beschluß des P. Staatsministeriums vom 3. 11. 1896 durch die Verpflichtung zur Anzeige einer erfolgten Eheschließung ersetzt werden. Nunmehr wird, „um eine vollkommen klare Rechtslage herzustellen", die gesetzliche Bestimmung auch formell gesetzlich aufgehoben.

(Die reichsgesetzliche Vorschrift des § 40 des Reichs-Militärgesetzes vom 2. 5. 1874 (R. G. Bl. S. 45) für Militärbeamte und Militärpfarrer bleibt unberührt.)

Artikel 43.

§ 1. Wollen Ausländer oder Ausländerinnen in Preußen eine Ehe eingehen, so haben sie ein Zeugniß der zuständigen Behörde des Staates, dem sie angehören, darüber beizubringen, daß der Behörde ein nach den Gesetzen dieses Staates bestehendes Ehehinderniß nicht bekannt geworden ist.

§ 2. Ausländer haben außerdem ein Zeugniß der zuständigen Behörde des Staates, dem sie angehören, darüber beizubringen, daß sie nach den Gesetzen dieses Staates ihre Staatsangehörigkeit nicht durch die Eheschließung verlieren, sondern auf ihre Ehefrau und ihre ehelichen oder durch die nachfolgende Ehe legitimirten Kinder übertragen.

§ 3. Die nach den §§ 1, 2 erforderlichen Zeugnisse müssen von einem Konsul oder Gesandten des Reichs mit der Bescheinigung versehen sein, daß die das Zeugniß ausstellende Behörde für die Ausstellung zuständig ist.

Diese Vorschrift findet auf solche Zeugnisse keine Anwendung, welche nach den Bestimmungen der Staatsverträge über die Beglaubigung der von öffentlichen Behörden ausgestellten Urkunden keiner Beglaubigung bedürfen.

§ 4. Von der Vorschrift des § 1 kann der Justizminister im einzelnen Falle, von der Vorschrift der § 2 kann der Minister des Innern im einzelnen Falle oder für die Angehörigen eines ausländischen Staates im Allgemeinen Befreiung bewilligen.

§ 5. Die für die Eheschließung von Ausländern bisher geltenden landesgesetzlichen Vorschriften werden aufgehoben.

§ 6. Will ein Angehöriger der rechtsrheinischen Gebietstheile des Königreichs Bayern in Preußen eine Ehe eingehen, so hat er das nach den Vorschriften der Bayerischen Gesetze erforderliche Verehelichungszeugniß beizubringen.

§ 1315 Abs. 2 B. G. B. besagt:

„Ausländer, für die nach den Landesgesetzen zur Eingehung einer Ehe eine Erlaubniß oder ein Zeugniß erforderlich ist, dürfen nicht ohne die vorgeschriebene Erlaubniß oder ohne dieses Zeugniß eine Ehe eingehen".

In den älteren Provinzen Preußens bestand über diese Frage das Ges. vom 13. 3. 1854 (Ges. S. S. 123); für die später erworbenen Provinzen blieben die in denselben geltenden Gesetze in Kraft.

Durch Art. 43 werden nun Bestimmungen für die ganze Monarchie erlassen und die alten Gesetze aufgehoben (§ 5).

Unter Ausländern (Ausländerinnen) im Sinne dieses Art. der §§ 1—5 werden nur Nichtdeutsche verstanden, wie in der K. konstatirt ist.

Zu § 3 Abs. 2 wird von den Bescheinigungen des Abs. 1 abgesehen, soweit es sich bei den in Rede stehenden Zeugnissen ausländischer Behörden um solche Urkunden handelt, welche nach den mit einzelnen Staaten, wie Belgien und Oesterreich-Ungarn, geschlossenen Verträgen, sofern sie gewisse Unterschriften tragen, für den Gebrauch in Preußen oder im Deutschen Reiche einer weiteren Beglaubigung nicht bedürfen. (Min. Bl. f. d. inn. Verw. 1851 S. 280; R. G. Bl. 1881 S. 4, 253). B.

§ 6 ist durch die K. in das Gesetz gebracht und beruht auf einem andern Grunde, wie die vorangehenden Paragraphen. Die Angehörigen der rechtsrheinischen Theile des Königreich Bayerns sind nicht Ausländer im Sinne der §§ 1—6. Es handelt sich um ein in dem Bündnißvertrage vom 23. 11. 1870 vorbehaltenes Recht Bayerns, wonach Angehörige jener Gebietstheile zur Eheschließung in Preußen des in Bayern vorgeschriebenen Attestes der zuständigen Distriktsverwaltungsbehörde bedürfen. (Mit Recht sagt der Herrenhausbericht zu Art. 43, daß § 6, „welcher Reichsrecht wiederhole, zwar überflüssig, aber andrerseits unschädlich sei.")

Güterstand bestehender Ehen.

Artikel 44.

Für den Güterstand der zur Zeit des Inkrafttretens des Bürgerlichen Gesetzbuchs bestehenden Ehen treten, wenn die Ehegatten zu der bezeichneten Zeit in Preußen ihren Wohnsitz haben, von dieser Zeit an nach Maßgabe der Artikel 45 bis 64 an die Stelle der bisherigen Gesetze die Vorschriften des Bürgerlichen Gesetzbuchs.

Vorbemerkung: Das B. G. B. führt für die nach dem 31. 12. 1899 geschlossenen Ehen als alleiniges gesetzliches Güterrecht ein den Güterstand der Verwaltung und Nutznießung des Mannes (§§ 1373 bis 1425), und für besondere Fälle die an Stelle dieses Güterstandes eintretende Gütertrennung (§§ 1426—1431). Daneben läßt das

B. G. B. zu, daß vertragsmäßig die Güterstände der allgemeinen Gütergemeinschaft (§§ 1437—1518), der Errungenschaftsgemeinschaft (§§ 1519—1548) oder der Fahrnißgemeinschaft (§§ 1549—1557) eingeführt werden können.

Für die bis zum 1. 1. 1900 geschlossenen Ehen bestimmt Art. 200 des Einf. G. z. B. G. B., daß die bisherigen Gesetze maßgebend bleiben sollen, insbesondere auch die Vorschriften über die erbrechtlichen Wirkungen des Güterstandes. Die Bestimmung des Art. 200 kann aber nach § 218 dieses Ges. durch Landesgesetz geändert werden, und demgemäß sucht das P. Ausführungsgesetz „die güterrechtlichen Vorschriften des Reichsrechts alsbald soweit thunlich auch für die bestehenden Ehen zur Geltung zu bringen". B.

Das Ausf.-Ges. will daher, während bisher über 60 gesetzlich geordnete Güterrechte in Preußen bestanden, alle diese in eins der 4 Systeme des B. G. B. überleiten, so daß *grundsätzlich* (entgegen der Regel des Art. 200 des Einf.-Ges.) auch für die älteren Ehen das neue Recht zur Anwendung kommen soll (Art. 44), jedoch unter Beschränkungen, wie sie in dem Art. 45 ff. ausgesprochen sind. Von diesem Grundsatze wird nur für Westfalen in Art. 48 eine Ausnahme gemacht, indem dort das Gesetz vom 16. 4. 1860 (Ges. S. S. 165), wenn auch mit Einschränkungen, aufrecht erhalten bleibt.

Im Kommissionsbericht wird hierzu ferner ausgeführt:*)

„Von der Ueberleitung werden ergriffen

1. die in Preußen am 1. Januar 1900 bestehenden Ehen

a) *preußischen* Rechts, sei es, daß sie ihm kraft Begründung des ersten Wohnsitzes in Preußen oder in einem anderen Bundesstaat, in dem das gleiche Güterrechtssystem gilt, angehören, sei es, daß der Güterstand durch Vertrag eingeführt ist; in beiden Fällen vollzieht sich die Ueberleitung nach den allgemeinen Vorschriften dieses Gesetzes, Artikel 45—60;

b) *außerpreußischen, aber deutschen* Rechts; alsdann sind die Bestimmungen des Artikel 61 der Vorlage maßgebend.

2. die Ehen, die später nach Preußen verlegt werden, von dem Zeitpunkt der Verlegung an, falls sie einer der Kategorien 1a oder b unterfallen.

Dagegen werden *nicht* übergeleitet die Rechtsverhältnisse

1. derjenigen am 1. Januar 1900 in Preußen bestehenden Ehen,

a) die nach einem System ausländischen Rechts;

b) die nach einem älteren, im übrigen *nicht* mehr geltenden Systeme preußischen Rechts leben, somit im Absterben begriffen sind;

2. die im Auslande, auch im nichtpreußischen deutschen Auslande bestehenden Ehen preußischen Rechts.

*) Anmerkung. Soweit in dem Bericht (K.) oder der Begründung (B.) auf andere Artikel Bezug genommen ist, so ist bei wörtlicher Wiedergabe des Textes die Bezeichnung der Zahlen entsprechend der definitiven Gestaltung des Gesetzes abgeändert.

3. die Ehen vertraglich geordneten Güterstandes, wenn der Vertragsgüterstand keiner der gesetzlich geltenden ist.

Ein ferneres Prinzip der Vorlage ist es (Art. 63), daß auch da, wo die Ueberleitungsbestimmungen Platz gegriffen haben, bei jeder späteren Verlegung des Wohnsitzes innerhalb Preußens, die Ehe nach außen hin als unter dem gesetzlichen Güterrecht des Bürgerlichen Gesetzbuchs stehend gilt, falls nicht ein Anderes in das, von dem früheren verschiedene Güterrechtsregister des neuen Wohnorts eingetragen wird.

Auch für die von der Ueberleitung ausgeschlossenen Ehen ausländischen Rechts bestimmt die Vorlage, daß ihr Güterstand nur unter Beobachtung der Vorschriften des Bürgerlichen Gesetzbuchs aufgehoben oder umgeändert werden kann (Art. 62).

Einer Eintragung in das Güterrechtsregister bedarf es vorerst nur, wenn die Ehegatten statt des nach dem Entwurf maßgebenden, ein anderes System wählen wollen (Art. 59 § 9 Abs. 2), und Gleiches gilt, wenn die Abänderung des nach dem Entwurf Platz greifenden Güterrechts nur nach einzelnen Richtungen hin beabsichtigt wird. Dabei kann auch der bisherige gesetzliche Güterstand aufrecht erhalten werden, jedoch gemäß § 1433 des Bürgerlichen Gesetzbuchs nur in der Weise, daß er im Einzelnen vertraglich festgelegt wird."

„Soweit die bisherigen Güterstände erbrechtliche Wirkungen haben, will der Entwurf durchweg dem überlebenden Ehegatten die Befugniß geben (Art. 46 § 2; 50 § 2; 51 § 4, 6; 52 § 2; 53 § 5; 54 § 4; 55 § 3) statt ihrer das Erbrecht aus § 1931 des B. G. B. zu wählen."

Wohl zu beachten ist, daß nicht allein in den einzelnen Artikeln das dort abgehandelte eheliche Güterstandsrecht geregelt wird, sondern daß auch im Art. 59 allgemeine Vorschriften aufgeführt sind, welche für die Art. 45—58 noch gemeinsam in Betracht kommen.

Artikel 45.

§ 1. Besteht für eine Ehe der gesetzliche Güterstand nach dem Allgemeinen Landrechte Theil II Titel 1 Abschnitt 5, so treten an die Stelle der bisherigen Gesetze die Vorschriften des Bürgerlichen Gesetzbuchs über das gesetzliche Güterrecht.

Ist für eine Ehe die Verwaltung und der Nießbrauch des Mannes nach den Bestimmungen des Allgemeinen Landrechts Theil II Titel 1 §§ 980 bis 983, 999 ausgeschlossen, so treten an die Stelle der bisherigen Gesetze die für die Gütertrennung geltenden Vorschriften der §§ 1427 bis 1430 des Bürgerlichen Gesetzbuchs.

§ 2. Die Vorschriften über die Befugniß des überlebenden Ehegatten zur Uebernahme eines in die Landgüterrolle eingetragenen Landguts bleiben unberührt.

Das Gleiche gilt von den besonderen Vorschriften des Ostpreußischen Provinzialrechts über die erbrechtlichen Wirkungen des Güterstandes.

„Die Verwaltungsgemeinschaft des Allgemeinen Landrechts bildet das gesetzliche Güterrecht in den Provinzen Schlesien und Sachsen mit Ausnahme einiger kleiner Bezirke des Märkischen Provinzialrechts, in den Theilen der Provinz Brandenburg, in denen nicht das letztgenannte Recht gilt, und in den landrechtlichen Theilen von Hannover, ferner für die Ehen der Eximirten in Altvor- und Hinterpommern, mit Ausnahme der dazu gehörigen Bezirke des Märkischen Provinzialrechts, für Ehen Adeliger in den Gebieten des Westpreußischen und des Ostpreußischen Provinzialrechts, nach letzterem mit gewissen Besonderheiten, endlich für die vor dem 1. Januar 1861 geschlossenen Ehen, deren erster Ehewohnsitz in bestimmten Theilen der Provinz Westfalen und der Rheinprovinz gelegen war." B.

Im § 1 Abs. 1 wird durchweg das gesetzliche Güterrecht des B. G. B. nach §§ 1373—1425, Verwaltung und Nutznießung des Ehemanns, eingeführt. Abs. 2 hebt den Fall hervor, wenn eine Minderjährige ohne die erforderliche Einwilligung der Mutter oder des Vormundes heirathet (§ 999 Th. II Tit. 1 A. L. R.). In diesem Falle sollen entsprechend der Vorschrift der §§ 1364 und 1426 B. G. B. die Vorschriften des B. G. B. über Gütertrennung zur Anwendung kommen.

Besonders weit wird in die Rechte des Ehemanns durch den § 1377 des B. G. B. eingegriffen, wonach der Mann zur mündelsicheren Anlage von Geldern künftig verpflichtet wird. Doch bleibt dabei zu berücksichtigen, daß durch Vereinbarung der Eheleute auch dem Manne eine freie Verfügung gestattet werden kann.

(Erbrechtliche Wirkungen des Güterstandes sind mit der Verwaltungsgemeinschaft weder nach A. L. R. noch nach B. G. B. verbunden. B.)

Im Abs. 1 des § 2 werden für den überlebenden Ehegatten die Befugnisse der Landgüterordnungen für Brandenburg vom 10. 7. 1883 (Ges. S. S. 111) § 17 und für Schlesien § 10 Abs. 3 vom 24. 4. 1884 (Ges. S. S. 121) aufrecht erhalten.

Abs. 2 betrifft das Wahlrecht, welches nach dem Ostpreußischen Provinzialrecht (Zusatz 96 §§ 1—17) bei adeligen Ehen dem überlebenden Ehegatten zusteht. An Stelle der Wahl der Erbfolge aus §§ 621 bis 633 Th. II Tit. 1 A. L. R. Art. tritt aber künftig die der Erbfolge des B. G. B. B.

Wegen der vor dem 1. 1. 1900 gemachten Schulden der Frau findet nach Art. 59 § 3 das bisherige Recht Anwendung, und zwar wegen der vorehelichen der § 338 Th. II Tit. 1 A. L. R., wegen der in der Ehe gemachten Schulden die §§ 320, 329, 332, 337 daselbst.

Artikel 46.

§ 1. Besteht für eine Ehe der gesetzliche Güterstand nach Märkischem Provinzialrechte, so treten an die Stelle der bisherigen Gesetze die Vorschriften des Bürgerlichen Gesetzbuchs über das gesetzliche Güterrecht.

Die Vorschrift des Artikel 45 § 1 Abs. 2 findet Anwendung.

§ 2. Die nach den bisherigen Gesetzen dem überlebenden Ehegatten an dem Vermögen des verstorbenen Ehegatten zustehenden Rechte sind erbrechtliche Wirkungen des Güterstandes. Die bisherigen Gesetze bleiben für sie mit den in den §§ 3 bis 5 bestimmten Aenderungen maßgebend.

§ 3. Bei der gesetzlichen Erbfolge kann der überlebende Gatte bis zum Ablaufe der im Bürgerlichen Gesetzbuche vorgeschriebenen Ausschlagungsfrist statt der Rechte, die ihm nach den bisherigen Gesetzen zustehen, die Erbfolge nach dem Bürgerlichen Gesetzbuche wählen.

Die Wahl erfolgt durch Erklärung gegenüber dem Nachlaßgerichte; die Erklärung ist in öffentlich beglaubigter Form abzugeben.

§ 4. Das Nachlaßgericht hat dem überlebenden Ehegatten auf Antrag eines Miterben eine Frist zur Erklärung darüber zu bestimmen, ob er die statutarische Portion oder die Rücknahme des eigenen Vermögens wähle.

Die Frist soll mindestens einen Monat, höchstens drei Monate betragen. Sie beginnt mit der Zustellung des Beschlusses, durch den sie bestimmt wird. Sie endigt nicht vor dem Ablaufe der Ausschlagungsfrist.

Die Wahl ist nach Maßgabe des § 3 Abs. 2 zu erklären. Erklärt sich der Ehegatte nicht vor dem Ablaufe der Frist, so geht das Wahlrecht auf die Miterben über. Der Ehegatte ist auf diese Folge in dem Beschlusse hinzuweisen.

Die Fristbestimmung ist unwirksam, wenn der Ehegatte die im § 3 bezeichnete Erklärung rechtzeitig abgiebt.

§ 5. Soweit der überlebende Ehegatte die ihm nach den bisherigen Gesetzen zustehenden Rechte auch gegenüber einer von dem verstorbenen Ehegatten getroffenen Verfügung von Todeswegen geltend machen kann, finden die Vorschriften des § 4 Abs. 1 bis 3 entsprechende Anwendung.

Die Verwaltungsgemeinschaft des Märkischen Provinzialrechts gilt im größten Theile der Provinz Brandenburg und in kleineren Bezirken der Provinzen Westpreußen, Pommern, Posen, Schlesien und Sachsen als gesetzlicher Güterstand.

In § 1 werden entsprechend dem Art. 45 § 1 in diesem Gebiete für die am 1. 1. 1900 bereits bestehenden Ehen die Vorschriften des B. G. B. eingeführt, aber nur für das Verhältniß der lebenden Eheleute unter einander.

In den §§ 2—5 werden für die aus dem ehelichen Güterstande herzuleitenden Rechte eines überlebenden Ehegatten die bisherigen Gesetzvorschriften zwar grundsätzlich aufrecht erhalten, aber mit einigen abändernden Bestimmungen.

§ 2 Satz 1 hat seine jetzige Fassung in der K. erhalten und soll deklaratorisch etwaige Zweifel beseitigen, ob die in der Joachimica von 1527 festgesetzte Halbtheilung des Gesammtvermögens eine rein erbrechtliche Bestimmung ist (für welche allein die Vorschriften des B. G. B. zur Anwendung kommen müßten) oder eine Vorschrift „über die erbrechtlichen Wirkungen des Güterstandes" im Sinne des Art. 200 des Einf. G. z. B. G. B. (welche nach Art. 218 das. abgeändert werden kann). Das Ausf.-Ges. erachtet die letztere Auffassung (entsprechend der Praxis des Kammergerichts und der Ansicht von Scholz, Korn und Crome) für die richtige und findet in dieser Bestimmung der Joachimica eine „sogenannte Gütergemeinschaft von Todeswegen." (Die Befugniß zu solcher gesetzlichen Deklaration wurde in der K. dahin begründet, daß das Reichsrecht auf die Rechtsverhältnisse, die bei seinem Inkrafttreten bestehen, nur nach Maßgabe derjenigen Bestimmungen Anwendung finden, die vom 1. 1. 1900 gültig sind. Die Landesgesetzgebung habe also bis dahin freie Hand, auch die rechtliche Natur solcher Rechtsverhältnisse zu bestimmen und sei demnach befugt, mit bindender Kraft auszusprechen, ob nach dem einen oder dem anderen Rechtssystem das Erbrecht der Ehegatten unter einander erbrechtlichen oder güterrechtlichen Ursprungs sei.)

Dagegen bestimmt sich nach B. G. B. „der Erwerb, die Annahme und Ausschlagung der Erbschaft sowie die Haftung gegenüber dem Nachlaßgläubiger; damit erledigt sich die Streitfrage, ob der Ehegatte die Rechtswohlthat des Inventars, abgesehen von dem Verzicht auf dieselbe, nur durch Urtheil auf die Klage eines Gläubigers oder auch durch Versäumung der gesetzlichen Inventarfrist verliert." B.

In den §§ 3 und 4 wird der Fall der gesetzlichen Erbfolge behandelt und wird davon ausgegangen, daß „aufrecht erhalten bleiben die bisherigen Vorschriften über das Recht des Ehegatten, so lange er nicht den Nachlaßgläubigern unbeschränkt haftet, den Miterben gegenüber auch noch nach dem Ablaufe der gesetzlichen Ausschlagungsfrist zwischen der statutarischen Portion und der Rücknahme des eigenen Vermögens zu wählen, über die Bildung der Theilungsmasse, insbesondere die gegenseitige Ausgleichungspflicht zwischen dem überlebenden Ehegatten und den Kindern des Verstorbenen sowie dem observanzmäßigen Voraus, sowie über die Befugniß der Miterben, sich die Einwerfung des Vermögens des überlebenden Ehegatten zu erbitten." B. Weil jedoch das stutarische Erbrecht nur im Interesse des überlebenden Ehegatten beibehalten werden soll, so ist demselben das Wahlrecht zwischen der Erbfolge nach altem oder nach neuem Rechte im § 3 gegeben. Für die nach der Joachimica den Ueberlebenden zustehende Wahl soll nach § 4 nicht mehr der Prozeßrichter, sondern der Nachlaßrichter die Frist bestimmen (und zwar ohne sachliche Prüfung. B). Der § 4 Abs. 1—3 kommt jedoch nicht zur Anwendung, wenn der Ueberlebende das Erbrecht nach dem B. G. B. vor dem Ablauf der Ausschlagungsfrist wählt (Abs. 4). K.

§ 5 betrifft die testamentarische Erbfolge, in Betreff deren nach märkischem Rechte dem überlebenden Ehegatten das Recht zusteht (selbst bei wechselseitigem Testamente) ohne Rücksicht auf das Testament das statutarische Wahlrecht auszuüben. (Vgl. § 1948 Abs. 1 B. G. B.)

Auch für diesen Fall soll ein eingesetzter Miterbe nach § 4 die Fristsetzung beantragen können.

Bei Erbverträgen zwischen Ehegatten fällt das statutarische Erbrecht fort. Es findet daher kein Güterstandsrecht Anwendung. (Vgl. aber Art. 214 des Einf. G. z. B. G. B.)

Ueber den Ausschluß des Erbrechts bei erhobener Scheidungsklage (nach § 1933 B. G. B.) und über die jetzt in Betracht kommenden Enterbungsgründe (nach § 2335 B. G. B.), vergl. Art. 59 § 7.

Artikel 47.

§ 1. Besteht für eine Ehe der gesetzliche Güterstand der allgemeinen Gütergemeinschaft nach dem Allgemeinen Landrechte, so treten an die Stelle der bisherigen Gesetze die Vorschriften des Bürgerlichen Gesetzbuchs über die allgemeine Gütergemeinschaft.

Tritt für die Ehe nach den Bestimmungen des Allgemeinen Landrechts Theil II Titel 18 §§ 782 ff. der bezeichnete Güterstand erst zu einer späteren Zeit ein, so gilt die Vorschrift des Abs. 1 von dieser Zeit an.

§ 2. Die Vorschriften des Allgemeinen Landrechts Theil II Titel 1 §§ 379, 386, 392 bis 395, 420 bleiben mit folgenden Maßgaben in Kraft:

1. Auf die im § 379 bezeichneten Verfügungen finden die Vorschriften Anwendung, welche für die in den §§ 1444, 1445 des Bürgerlichen Gesetzbuchs bezeichneten Rechtsgeschäfte gelten.
2. Wird die Gütergemeinschaft auf Grund des § 420 aufgehoben, so gilt für die Zukunft Gütertrennung.

§ 3. Die Vorschriften über die Befugniß des überlebenden Ehegatten zur Uebernahme eines in die Landgüterrolle eingetragenen Landguts oder eines Anerbenguts bleiben unberührt.

§ 4. Fortgesetzte Gütergemeinschaft tritt nur ein, wenn sie durch Ehevertrag vereinbart ist.

§ 1. „Die allgemeine Gütergemeinschaft des Allgemeinen Landrechts gilt als gesetzliches Güterrecht für alle Ehen in der Provinz Posen und in einigen zu dieser gehörig gewesenen Orten der Provinz Brandenburg sowie für die nach dem 1. Oktober 1865 geschlossenen Ehen in den Pommerschen Kreisen Lauenburg und Bütow und den früher zu Westpreußen gehörig gewesenen Orten der Kreise Belgard, Dramburg und Neustettin, ferner für nicht adelige Ehen im Geltungsgebiete des Westpreußischen und des Ostpreußischen Provinzialrechts, nach letzterem mit einigen Besonderheiten." B. An Stelle dieser Gütergemeinschaft wird nun für die vor dem 1. 1. 1900 geschlossenen Ehen die Gütergemeinschaft des B. G. B. eingeführt.

In Abs. 2 ist der Fall gedacht, daß eine Ehe *während des Bestehens der Vormundschaft* eines Ehegatten geschlossen ist: in diesem Falle bleibt die Gütergemeinschaft bis nach erfolgter Aufhebung der Vormundschaft ausgesetzt (§ 782 Th. II Tit. 18 A. L. R.). Dann soll die Gütergemeinschaft spätestens eintreten, wenn die Ehefrau nicht binnen 3 Monaten nach Volljährigkeit, der Mann nicht im Dechargetermin die Ausschließung der Gütergemeinschaft wählt. Hat der großjährige Gatte aber die Wahl der Gütergemeinschaft schon vor dem Ablauf dieser Frist erklärt, so tritt nach § 790 l. c. die Gütergemeinschaft schon mit der Erklärung ein. Nach dem Ausf.-Ges. soll nun auch der hiernach bestimmte Zeitpunkt maßgebend dafür sein, daß die Gütergemeinschaft des B. G. B. eintritt. Nach dem Allgemeinen Landrecht erstrecken sich aber, wenn die Gütergemeinschaft für den Volljährigen auf diese Weise eingeführt ist, die Wirkungen auf den Anfang der Ehe zurück (§§ 790, 791, 794 l. c.). Daß dies auch durch § 1 des Ausf. G. hat bestimmt werden sollen, ist weder in der Begründung ausgesprochen, noch in der K. erörtert, muß aber nach dem Allegat der §§ 782 ff. angenommen werden, Aber für die Vergangenheit vor dem 1. 1. 1900 wird die Gütergemeinschaft nach den Grundsätzen des A. L. R. zu beurtheilen sein.

Die im § 2 in Kraft erhaltenen Bestimmungen des Th. II Tit. 1 sind:

a) § 379, nach welchem Kapitalien, die auf den Namen der Frau, ihres Erblassers oder Geschenkgebers oder auf den Namen beider Eheleute geschrieben sind, der Mann ohne Bewilligung der Frau nicht aufkündigen oder einziehen darf. Der Verstoß gegen diese Vorschrift soll künftig (wie in den Fällen der §§ **1444, 1445** B. G. B.) die Frau nach § **1468** B. G. B. zur Klage auf Aufhebung der Gütergemeinschaft berechtigen. —

b) § 386, nach welchem Grundstücke und Gerechtigkeiten, welche die Frau in die Gemeinschaft gebracht hat, wegen einseitiger Schulden des Mannes, die derselbe bei erfolgender Auseinandersetzung nauf seinen Theil sich anrechnen lassen müßte, nur alsdann angegriffen werden können, wenn das übrige gemeinschaftliche Vermögen zu deren Bezahlung nicht hinreicht. —

c) Die §§ 392—395, nach welchen, wenn ein Ehegatte mehr Schulden als Vermögen in die Gemeinschaft gebracht hat, der Andere innerhalb zweier Jahre nach vollzogener Ehe auf die Absonderung des Vermögens antragen kann, und die Gläubiger wegen der vorehelichen Schulden sich nur an das abgesonderte Vermögen des eigentlichen Schuldners halten können.

d) § 420, nach welchem auf den einseitigen Antrag des einen Ehegatten die Aufhebung der Gemeinschaft im Falle der §§ 392, 410 erfolgen kann. Der hier angeführte § 410 bestimmt, daß wenn der verschuldete Ehegatte kein eigenthümliches Vermögen in die Ehe eingebracht hat, der Andere binnen zwei Jahren nach eingegangener Gemeinschaft auf die Absonderung des Erwerbes, jedoch nur in Ansehung der Zukunft, antragen kann. Da nun in den beiden Fällen der §§ 392 und 410 die Aufhebung der Gütergemeinschaft nach § 420 verlangt werden kann, so bestimmt für diese Fälle das Ausf.-Ges., daß dann (entsprechend dem § 1470 B. G. B.) Gütertrennung (nach §§ 1426 bis 1431 B. G. B.) eintreten soll. Da jedoch der § 420 nur Anwendung findet auf Ehen, die vor dem 1. 1. 1900 geschlossen sind und nur binnen 2 Jahren nach der Eheschließung anwendbar ist, so hat er vom 1. 1. 1902 keine Bedeutung mehr.

§ 3. Die Vorschrift entspricht der Bestimmung des Art. 45 § 2 hinsichtlich der in der Landgüterrolle eingetragenen Grundstücke, dehnt aber die Bestimmung auf die Befugniß des überlebenden Ehegatten hinsichtlich des Anerbenguts aus (§ 30 des Ges. vom 8. 6. 1896 Ges. S. S. 124).

§ 4. Das B. G. B. führt bei beerbter Ehe in § 1483 die fortgesetzte Gütergemeinschaft gesetzlich ein, welche nur unter besonderen Umständen durch letztwillige Verfügung (nach § 1509) ausgeschlossen werden kann. Dieses „den Anschauungen und Gewohnheiten der Bevölkerung fremde Institut" hat das Ausf. G. den bestehenden Ehen kraft Gesetzes nicht aufdrängen wollen. In der K. ist konstatirt, daß unter den Eheverträgen des § 4 nur künftige gemeint sind. „Sollten ältere derartige Verträge existiren, so sind sie aus sich selbst zu interpretiren, und es ist nicht ohne Weiteres die neurechtliche fortgesetzte Gütergemeinschaft als in ihnen gewollt zu substituiren."

Wegen der vor dem 1. 1. 1900 gemachten Schulden der Frau bewendet es bei dem bisher geltenden Rechte (§§ 389, 329, 337 Th.II Tit.1 1 A. L. R.) nach Art. 59 § 3.

Daß die Vermögensregulirung für den Fall der Ehescheidung sich auch nach B. G. B. (§ 1478) richtet, ergiebt sich schon aus § 1, wurde in der K. aber auch noch besonders bestätigt. P.

Ueber den Schutz gutgläubiger Dritter vgl. Art. 59 § 9 Abs. 1, wonach die §§ 422, 426 und 428 ff. Th.II Tit.1 A. L. R. in Kraft bleiben (nicht aber die §§ 352 und 353 das.), so lange nicht die Folgen des Art. 63 eintreten.

Artikel 48.

§ 1. Für eine Ehe, für welche der gesetzliche Güterstand der allgemeinen Gütergemeinschaft nach dem Gesetze, betreffend das eheliche Güterrecht in der Provinz Westfalen und in den Kreisen Rees, Essen und Duisburg, vom 16. April 1860 (Gesetz-Samml. S. 165) besteht, bleiben die Vorschriften des genannten Gesetzes mit den in den §§ 2 bis 7 bestimmten Aenderungen in Kraft.

§ 2. Soweit für die Ehe bisher die Vorschriften des Allgemeinen Landrechts über die allgemeine Gütergemeinschaft gelten, treten an deren Stelle nach Maßgabe des Artikel 47 §§ 1 bis 3 die Vorschriften des Bürgerlichen Gesetzbuchs.

Die Bestimmungen, welche für die im § 1446 des Bürgerlichen Gesetzbuchs bezeichneten Rechtsgeschäfte gelten, finden auf

Verfügungen Anwendung, zu welchen der Mann der Zustimmung der Frau bedarf.

§ 3. An die Stelle des § 4 des Gesetzes vom 16. April 1860 treten folgende Vorschriften:

Das Verwaltungs- und Verfügungsrecht des Mannes ruht und wird durch die Frau ausgeübt:

1. wenn der Mann entmündigt ist; die Befugniß kann der Frau von dem Vormundschaftsgerichte schon vor dem Eintritte der Wirksamkeit der Entmündiguug übertragen werden;
2. wenn dic Voraussetzungen vorliegen, unter welchen der Mann nach § 1910 des Bürgerlichen Gesetzbuchs zur Besorgung seiner Vermögensangelegenheiten einen Pfleger erhalten kann oder für den Mann ein Abwesenheitspfleger zu bestellen ist. Die Befugniß der Frau beginnt erst, wenn sie ihr von dem Vormundschaftsgericht auf ihren Antrag ertheilt wird.

§ 4. An die Stelle des § 7 Abs. 5 des Gesetzes vom 16. April 1860 tritt folgende Vorschrift:

Bei der Auseinandersetzung zwischen dem überlebenden Ehegatten und den Erben des Verstorbenen finden die die Schlichtung betreffenden Bestimmungen des § 17 mit Ausnahme der den Kindern in den Fällen des § 14 Nr. 2 bis 8 beigelegten Befugniß gleichfalls Anwendung.

§ 5. An die Selle des § 12 Abs. 1 des Gesetzes vom 16. April 1860 tritt folgende Vorschrift:

Auf die Haftung der überlebenden Ehefrau gegenüber denjenigen Gläubigern der bisherigen Gemeinschaft, welchen sie nicht aus besonderen Gründen persönlich haftet, finden die für die Haftung des Erben für die Nachlaßverbindlichkeiten geltenden Vorschriften des Bürgerlichen Gesetzbuchs entsprechende Anwendung; an die Stelle des Nachlasses tritt das bei dem Tode des Mannes vorhanden gewesene gemeinschaftliche Vermögen.

§ 6. An die Stelle der §§ 14, 15 des Gesetzes vom 16. April 1860 treten folgende Vorschriften:

§ 14.

Ein antheilsberechtigter Abkömmlung kann gegen den überlebenden Ehegatten auf Schichtung klagen:

1. wenn der überlebende Ehegatte eine neue Ehe eingeht;
2. wenn der überlebende Gatte entmündigt ist;

3. wenn für den überlebenden Ehegatten ein Abwesenheitspfleger bestellt ist;
4. wenn der überlebende Ehegatte die elterliche Gewalt über den Abkömmling verwirkt hat oder, falls sie ihm zugestanden hätte, verwirkt haben würde;
5. wenn der überlebende Ehegatte ein Rechtsgeschäft, welches der Zustimmung der übrigen Antheilsberechtigten bedarf, ohne Zustimmung des Abkömmlings vorgenommen hat und für die Zukunft eine erhebliche Gefährdung des Abkömmlinges zu besorgen ist;
6. wenn der überlebende Ehegatte das gemeinschaftliche Vermögen in der Absicht, den Abkömmling zu benachtheiligen, vermindert hat;
7. wenn der überlebende Ehegatte seine Verpflichtung, dem Abkömmling Unterhalt zu gewähren, verletzt hat und für die Zukunft eine erhebliche Gefährdung des Unterhalts zu besorgen ist;
8. wenn der überlebende Ehegatte das gemeinschaftliche Vermögen durch Verschwendung erheblich gefährdet;
9. wenn der verstorbene Ehegatte die Schichtung letztwillig angeordnet hat.

In den Fällen des Abs. 1 Nr. 1 bis 3, 5, 6, 8, 9 steht das Klagerecht auch dem hinterlassenen Ehegatten eines antheilsberechtigten Abkömmlinges zu, wenn er nach § 16 an die Stelle des Abkömmlinges tritt.

§. 15.

Bei der Schichtung wird der den Antheilsberechtigten gemäß § 7 gebührende Antheil an dem in die fortgesetzte Gütergemeinschaft gefallenen Vermögen festgesetzt:

1. im Falle des § 14 Nr. 1 nach dem Vermögensstande zur Zeit der Wiederverheirathung, sofern nicht die Schichtung vorher stattfindet;
2. im Falle des § 14 Nr. 2 nach dem Vermögensstande bei dem Eintritte der Wirksamkeit der Entmündigung;
3. im Falle des § 14 Nr. 9 nach dem Vermögensstande bei dem Tode des verstorbenen Ehegatten;
4. in den übrigen Fällen nach dem Vermögensstande zur Zeit der Schichtung.

Wird jedoch die Verpflichtung zur Schichtung durch Urtheil ausgesprochen, so erfolgt die Schichtung auf Verlangen der Antheilsberechtigten nach dem Vermögensstande zur Zeit der Erhebung der Klage auf Schichtung.

Jedes Kind muß bei der Schichtung sowohl dem überlebenden Ehegatten als auch den Geschwistern gegenüber das Vorempfangene nach den für die Ausgleichung unter Abkömmlingen geltenden Vorschriften zur Ausgleichung bringen.

§ 7. An die Stelle des § 17 Abs. 2 des Gesetzes vom 16. April 1860 tritt folgende Vorschrift:

In den Fällen des § 14 Abs. 1 Nr. 2 bis 8 geht die dem überlebenden Ehegatten beigelegte Befugniß auf die Kinder der aufgelösten Ehe über.

§ 8. Der § 10 Abs. 4 Satz 2 und der § 17 Abs. 4 des Gesetzes vom 16. April 1860 werden gestrichen.

Art. 48 trifft Bestimmungen des ehelichen Güterrechts in dem Gebiete, in welchem für die seit 1. 1. 1861 geschlossenen Ehen das Ges. vom 16. 4. 1860 (Ges. S. S. 165) Geltung hat, d. h. „in der Provinz Westfalen mit Ausschluß der Theile des vormaligen Herzogthums Westfalen, in denen bis dahin gemeines Dotalrecht bestanden hat, sowie in den Kreisen Rees, Essen (Land), Essen (Stadt), Duisburg, Ruhrort und Mühlheim a. d. Ruhr." B. Nach diesem Gesetze wird in den gedachten Gebieten die Gütergemeinschaft des Allgemeinen Landrechts mit gewissen Modifikationen eingeführt. In Betreff dieses Gesetzes macht Art. 48 eine Ausnahme von der Regel des Art. 44: während im Art. 44 grundsätzlich das B. G. B. in Geltung treten soll, soweit nicht das Ausf. Ges. Ausnahmevorschriften mit Rücksicht auf das alte Recht aufstellt, wird im Art. 48 grundsätzlich das Ges. von 1860 aufrecht erhalten, soweit nicht mit Rücksicht auf das neue Recht Ausnahmevorschriften eingeführt werden.

Im § 2 Abs. 1 wird ausgesprochen, daß in allen Fällen, in denen Mangels Spezialbestimmung, gemäß § 1 des Ges. von 1860 das Allgemeine Landrecht zur Anwendung kommen müßte, künftig in Konsequenz der Vorschriften des Art. 47 Ausf. Ges. das Allgemeine Landrecht durch das B. G. B. mit den Modifikationen des Art. 47 ersetzt werden soll. So treten auch an Stelle der im § 19 Abs. 2 und § 20 des Ges. von 1860 angezogenen Vorschriften des Landrechts die Vorschriften der §§ 1680, 1620 ff. B. G. B. (Einf. Ges. z. B. G. B. Art. 4).

Die Bestimmungen, welche nach Abs. 2 § 2 Anwendungen finden sollen, sind in den §§ 1447 ff. enthalten, namentlich kann die Frau nach § 1468 Nr. 1 auf Aufhebung der Gütergemeinschaft klagen. (Zu Gunsten des Mannes findet § 1469 B. G. B. Anwendung. B.) Die Abänderungen, welche § 3 enthält (betreffend den § 4 des Ges. von 1860), sind nothwendig geworden durch die Aenderungen des B. G. B. hinsichtlich der Vormundschaft und Pflegschaft, indem das neue Recht wegen Verurtheilung zu Zuchthausstrafe keine Vormundschaft und im Falle der Abwesenheit nur eine Pflegschaft (nach § 1911 B. G. B.) einleitet, ferner aber auch wegen Geistesschwäche oder Trunksucht eine Entmündigung (nach § 6 B. G. B.) und wegen körperlicher Gebrechen eine Pflegschaft (nach § 1910 B. G. B.) zuläßt.

Die Bestimmung des § 4 über die Abänderung des § 7 Abs. 5

des Ges. von 1860 ist lediglich eine Konsequenz der im § 14 dieses Gesetzes vorgenommenen Vermehrung der Klagegründe.

In § 5 ist der § 12 Abs. 1 des Ges. von 1860 entsprechend dem § 1489 Abs. 2 B. G. B. umgebildet, weil das B. G. B. nicht eine gesetzliche, sondern nur eine auf Antrag eines Nachlaßgläubigers vom Nachlaßgerichte zu bestimmende Frist zur Einreichung des Inventars kennt (§ 1994 B. G. B.).

Die im § 6 vorgenommenen Aenderungen der §§ 14 und 15 des Ges. von 1860 haben folgende Bedeutung:

a) zu § 14 ist der erste Satz im Eingang (Recht zu klagen) dem Eingang des § 1495 B. G. B. redaktionell angepaßt; sodann geben die Nummern 1—4 und 9 der neuen Fassung zum Theil das bisherige Recht wieder, zum Theil gestalten sie es ebenso um, wie den § 4 des Ges. von 1860; ferner werden unter den Nummern 5—8 der neuen Fassung die Klagegründe aus § 1495 Nr. 1—4 B. G. B. neu hinzugefügt; endlich ist im letzten Absatze der neuen Fassung das Klagerecht auch dem hinterlassenen Ehegatten eines antheilsberechtigten Abkömmlings gewährt (wenn dieser Ehegatte nach § 16 des Ges. von 1860 an die Stelle des Abkömmlings tritt). b) Zu § 15 wurde bisher der Antheil der Kinder „nach demjenigen Zustande des Vermögens festgesetzt, in welchem sich dasselbe zur Zeit der Schichtung, beziehungsweise des Todes des Letztlebenden, befindet." In der neuen Fassung wird nun der für die Berechnung maßgebende Zeitpunkt, je nach dem Grunde, welcher zur Schichtung geführt hat, verschieden bestimmt.

Abs. 2 der neuen Fassung entspricht dem § 1479 B. G. B. und Abs. 3 dem Inhalte nach dem bisherigen Gesetze von 1860.

§ 7 des Art. 48 nimmt in § 17 Abs. 2 des Ges. von 1860 die Aenderung vor, welche durch die neue Fassung des § 14 erforderlich geworden ist.

§ 8, welcher an 2 Stellen den Hinweis auf das Ges. vom. 4. 6. 1856 (Ges. S. S. 550) beseitigt und die Nummer 20 des Art. 89 des Ausf. G., welcher das Ges. von 1856 überhaupt aufhebt, beruhen auf Beschluß der K., weil die Vorschriften des Ges. von 1856 „veraltet und deshalb ungerecht seien."

Artikel 49.

§ 1. Besteht für eine Ehe der gesetzliche Güterstand des gemeinen Dotalrechts, so treten an die Stelle der bisherigen Gesetze die Vorschriften des Bürgerlichen Gesetzbuchs über das gesetzliche Güterrecht.

§ 2. Das Vermögen, welches als Heirathsgut bestellt oder von der Frau der Verwaltung des Mannes ohne Vorbehalt überlassen ist, wird eingebrachtes Gut, das sonstige Vermögen der Frau wird Vorbehaltsgut der Frau.

Die Ansprüche Dritter auf Herausgabe des Heirathsguts bleiben unberührt.

§ 3. Bestimmt sich der Güterstand einer Ehe bisher nach

dem im Lande Wursten geltenden Rechte, so tritt mit der Geburt eines Kindes allgemeine Gütergemeinschaft nach den Vorschriften des Bürgerlichen Gesetzbuchs ein.

Die Vorschriften des Artikel 51 § 2 Abs. 2 und des Artikel 52 § 2 finden Anwendung.

„Das gemeine Dotalrecht ist das gesetzliche Güterrecht für alle Ehen in den Theilen des vormaligen Herzogthums Westfalen, für welche es durch das Gesetz vom 16. April 1860 aufrecht erhalten ist, im Kreise Herzogthum Lauenburg mit Ausnahme der Stadt Mölln, in den gemeinrechtlichen Theilen der Provinz Hannover, mit Ausschluß der Bezirke, für die ein anderes Güterrecht besteht (Neubauer, das in Deutschland geltende eheliche Güterrecht, 2. Aufl. S. 53 f.) und in einzelnen kleinen Gebietstheilen des vormaligen Kurfürstenthums Hessen (Neubauer S. 85), ferner für die Ehen der Eximirten in Neuvorpommern und Rügen, für Ehen der sogenannten Schriftsässigen in Althessen, d. h. den vormals Kurhessischen Provinzen Nieder- und Oberhessen, dem ehemaligen Fürstenthume Hersfeld und der ehemaligen Herrschaft Schmalkalden, für adelige Ehen in der vormaligen Grafschaft Schaumburg (Kreis Rinteln) und für jüdische Ehen in Hechingen; für die letzteren wird jedoch regelmäßig durch Ehevertrag ein anderes Güterrecht eingeführt." B. (Auch in der Altstadt Celle — und in der ganzen Stadt Celle überhaupt — gilt, wie in der K. festgestellt ist, das gemeine Dotalrecht).

In diesen Gebieten soll nach § 1 das gesetzliche Güterrecht des B. G. B. eingeführt werden. Da mit dem gemeinen Dotalrechte erbrechtliche Wirkungen des Güterstandes nicht verbunden sind, kommt auch Art. 200 Einf. Ges. z. B. G. B. nicht zur Anwendung.

Nach § 2 soll der Frau, falls sie nach bisherigem Rechte befugt war, die Ueberlassung ihres Vermögens an den Mann frei zu widerrufen, diese Befugniß in soweit gewahrt bleiben, als sie bis zum 1. 1. 1900 sich die Verwaltung bezüglich ihres eigenen Vermögens (oder einzelner Stücke) vorbehalten und hierdurch zum Vorbehaltsgut machen darf. Eine bestimmte Form ist für diese Vorbehalterklärung nicht vorgeschrieben; aber der Frau liegt erforderlichen Falls der Beweis des gemachten Vorbehalts ob. (Da das Gesetz aber erst so spät publizirt ist, wird wohl die kurze Zeit bis zum 1. 1. 1900 zu solchem Vorbehalte wenig benutzt werden).

Abs. 2 des § 2 betrifft den Fall, wenn der Anspruch auf Herausgabe des Heirathsguts nicht der Frau oder deren Erben, sondern einem Dritten zusteht.

Zu § 3: Im Lande Wursten im Norden der Provinz Hannover (einschließlich des Kirchspiels Altenwalde) galt bisher Dotalrecht nur bis zur Geburt eines Kindes; mit dieser tritt allgemeine Gütergemeinschaft ein. Künftig gilt bis zur Geburt eines Kindes das gesetzliche Güterrecht des B. G. B., von da ab die allgemeine Gütergemeinschaft des B. G. B.

Artikel 50.

§ 1. Besteht für eine Ehe der gesetzliche Güterstand nach dem in der Provinz Schleswig-Holstein geltenden Sächsischen oder Lübischen, nach dem im vormals Schauenburgischen Antheile Holsteins geltenden Rechte, nach den in Otterndorf, in Stade mit Brunshausen oder in Buxtehude geltenden Vorschriften oder nach der Schauenburgischen Polizeiverordnung von 1615, so treten an die Stelle der bisherigen Gesetze die Vorschriften des Bürgerlichen Gesetzbuchs über das gesetzliche Güterrecht.

§ 2. Die Vorschriften des Artikel 46 §§ 2, 3 finden entsprechende Anwendung. Das Gleiche gilt, wenn bisher das im vormals Schauenburgischen Antheile Holsteins geltende Recht maßgebend ist, von den Vorschriften des Artikel 46 §§ 4, 5,

§ 3. Die Vorschrift des Artikel 46 § 3 findet auch Anwendung, wenn eine Ehe mit dem gesetzlichen Güterstande der Neumünsterschen Kirchspielgebräuche vor dem Ablaufe der für den Eintritt der Gütergemeinschaft maßgebenden Frist durch den Tod eines der Ehegatten aufgelöst wird.

In den Provinzen Schleswig-Holstein und Hannover sowie in dem Kreise Rintelen der Provinz Hessen-Nassau gilt bisher als gesetzliches Güterrecht Verwaltungsgemeinschaft, und zwar 1) nach dem Sachsenspiegel (mit Modifikationen) in einem großen Theile Holsteins,

2) nach Lübischem Rechte in den Holsteinschen Städten außer Altona (soweit sie nicht erst nach der Einverleibung städtische Verfassung erhalten haben), ferner in den Schleswig'schen Städten Tondern und Burg, sowie in Mölln,

3) nach besonderen Verordnungen in dem vormals Schauenburgischen Antheile Holsteins, insbesondere in der Stadt Altona,

4) nach besonderen Statuten und Gewohnheitsrechten in der Stadt Otterndorf und der Stadt Stade (nebst Brunshausen und Buxtehude),

5) nach der Schaumburgischen Polizeiverordnung von 1615 in der vormaligen Grafschaft Schaumburg im Kreise Rintelen. B.

Nach § 1 sollen in allen diesen Gebieten künftig die Vorschriften des B. G. B. über das gesetzliche Güterrecht gelten.

Nach § 2 werden aber die erbrechtlichen Wirkungen des Güterstandes nach den bisherigen Gesetzen bestimmt nach Maßgabe des Art. 46 §§ 2 und 3, für ,den vormals Schauenburgischen Antheil Holsteins auch des Art. 46 §§ 4 und 5. Namentlich hat also auch hier der überlebende Ehegatte die Befugniß zu wählen zwischen der Erbfolge aus dem bisherigen Rechte und aus dem des B. G. B.

Aus dem beibehaltenen alten Rechte ist besonders Folgendes zu erwähnen:

1. Nach Sächsischem Rechte (Verordnung vom 15. 6. 1742 und Deklaration vom 11. 1. 1745) erhält der Wittwer (**salva legitima** für die Eltern und Kinder) die gesammten Mobilien der Frau nebst $^1/_4$ vom übrigen Nachlasse, die Wittwe, wenn Leibeserben hinterlassen sind, $^1/_4$, sonst $^1/_3$ des Nachlasses. (Für die Wittwen der Schleswig-Holsteinischen Ritterschaft und des angesessenen Adels bestehen besondere Vorschriften aus der Haubenbandsgerechtigkeit).

2. Nach Lübischem Rechte erhält der überlebende Ehegatte bei unbeerbter Ehe die Hälfte, bei beerbter Ehe — in den Städten verschieden — bald die Hälfte des Nachlasses, bald einen Kindestheil.

3. Nach Schauenburg-Holsteinschem Rechte hat der Ueberlebende die Wahl zwischen der schuldenfreien Hälfte der Gesammtmasse oder der Herausziehung seines Vermögens (in Altona mit Besonderheit für die Wittwe in beerbten Ehen).

In der ganzen Provinz Schleswig-Holstein kann der überlebende Ehegatte die Erbtheilung mit den Kindern aussetzen bis zur Wiederverheirathung oder bis zur Aufforderung seitens des mündig gewordenen Abkömmlings und der verheiratheten Tochter. „Der Vater hat dabei im größten Theile der Provinz, insbesondere in den hier fraglichen Rechtsgebieten, das Recht, durch seine auf Verlangen zu beeidigende Aussage den Antheil der Kinder am mütterlichen Vermögen festzustellen." B. Vgl. Anm. zu Art. 52 § 3 Abs. 3, wonach wegen des Zitats des § 46 Nr. 2 im Art. 50 gefolgert werden muß, daß dieses Recht noch forbesteht. (In der K. ist der Fortbestand auch konstatirt. P.)

4. In der Stadt Otterndorf nimmt bei unbeerbter Ehe der überlebende Ehegatte sein Vermögen aus der Masse heraus und erbt noch aus dem Vermögen des Verstorbenen $^1/_2$, $^1/_3$ oder $^2/_3$ (je nach den Umständen). Bei beerbter Ehe erhält die Wittwe außer einem Voraus $^1/_3$ oder $^1/_2$ des Gesammtguts, dem Wittwer gegenüber erhalten die Abkömmlinge $^1/_3$ seines Vermögens und das gesammte Vermögen der Frau; doch behält in beiden Fällen der überlebende Ehegatte den Nießbrauch und die Verwaltung an dem Vermögen, welches den Abkömmlingen zugefallen ist, bis zu deren Volljährigkeit oder Wiederverheirathung gegen die Verpflichtung der Unterhaltsgewährung.

In den Städten Stade (nebst Brunshausen) und Buxtehude erhält der überlebende Ehegatte, wenn Abkömmlinge aus der Ehe vorhanden gewesen, aber vor Auflösung der Ehe verstorben sind, das ganze Vermögen; bei kinderloser Ehe nimmt er sein Eingebrachtes zurück und erhält die Hälfte aus dem Vermögen des Verstorbenen. Bei beerbter Ehe tritt fortgesetzte Gütergemeinschaft ein. Die Wiederverheirathung hat besondere Rechtsfolgen.

5. Nach Schaumburgischem Recht wird bei unbeerbter Ehe unterschieden, ob sie noch nicht Jahr und Tag gedauert hat (in welchem Falle der Wittwer die Hälfte der Dos und gewisse bewegliche Sachen, die Wittwe eine entsprechende Geldsumme erhält) oder ob die Auflösung der Ehe später erfolgt (in welchem Falle der überlebende Ehegatte den ganzen Nachlaß nach Abzug gewisser Mobilien erhält, aber wenn der Verstorbene bereits voreheliche Kinder hinterläßt, von der Erbschaft ausgeschlossen wird). Bei beerbter Ehe erhält der überlebende Ehegatte den Nießbrauch am Nachlasse, soweit er den Abkömmlingen zufällt. Dieser Nießbrauch bleibt dem Wittwer selbst im Falle der Wiederverheirathung, während die Wittwe in diesem Falle schichten muß.

Auch in Betreff dieses beibehaltenen Rechtes ist dem überlebenden Ehegatten nach § 2 Satz 1 das Recht eingeräumt, an Stelle der

Erbfolge nach altem Rechte die Erbfolge nach dem B. G. B. zu wählen.

Zu § 3. Im Geltungsgebiete der Neumünsterschen Kirchspielgebräuche galt bisher Verwaltungsgemeinschaft nach Sächsischem Rechte für die Ehen, welche noch nicht Jahr und Tag gedauert haben, während mit Ablauf dieser Zeit allgemeine Gütergemeinschaft eintrat. Für solche Ehen soll für die Zeit bis zum Ablauf der gedachten Frist das gesetzliche Güterrecht des B. G. B. nicht eintreten: es soll also für diese bald ablaufende Frist beim alten Rechte verbleiben, jedoch mit der Maßgabe, daß auch bei diesen Ehen, wenn sie vor Ablauf der Frist durch Tod gelöst werden, der überlebende Ehegatte die Wahl hat, ob er nach dem B. G. B. erben will. Dauert die Ehe aber über die Frist hinaus, dann tritt nach Art. 52 § 1 Abs. 2 die allgemeine Gütergemeinschaft des B. G. B. ein.

Wegen der Haftung des Frauenguts für die Schulden des Mannes aus der Zeit bis zum 1. 1. 1900 (Art. 59 § 3) ist in B. Folgendes ausgeführt:

„Bezüglich der Schuldenhaftung weichen die bisherigen Rechte zum Theil darin ab, daß sie eine Haftung des eingebrachten Gutes der Frau für Schulden des Mannes anerkennen. Eine solche Haftung tritt nach Lübischem und nach Holstein-Schauenburgischem Rechte bei beerbter Ehe ein, und zwar haftet die Frau selbst mit ihrem nach der Auflösung der Ehe erworbenen Vermögen, wenn sie sich nicht durch Hingabe des gesammten Ehevermögens davon befreit; nur für die Stadt Altona besteht die Ausnahme, daß die Frau im Falle des Konkurses des Mannes nicht mit dem nachher erworbenen Vermögen für die vorher entstandenen Schulden des Mannes haftet. Nach Lübischem Rechte gilt die Ehe nur, solange ein Kind am Leben ist, als beerbt, sodaß je nach dem Vorhandensein von Kindern auch die Haftung des Frauenguts sich ändert. Im Gebiete des Stader Rechtes wird gewohnheitsrechtlich im Konkurse des Mannes das Eingebrachte der Frau zur Konkursmasse gezogen, auch wenn die Schulden vor der Ehe entstanden sind. Nach Schaumburgischem Rechte haftet das Frauenvermögen — und zwar, wie angenommen wird, subsidiär — nur für solche während der Ehe gemachten Schulden des Mannes, zu welchen entweder die Frau vor Gericht nach Erklärung der weiblichen Rechtswohlthaten ihre Einwilligung zu Protokoll erklärt hat, oder die sich auf ein von den Ehegatten als Kaufleuten oder Handwerkern gemeinschaftlich betriebenes Gewerbe beziehen."

Artikel 51.

§ 1. Für eine Ehe mit dem gesetzlichen Güterstande des in der Provinz Pommern geltenden Lübischen Rechtes treten an die Stelle der bisherigen Gesetze, wenn nach diesen zur Zeit des Inkrafttretens des Bürgerlichen Gesetzbuchs keine Gütergemeinschaft besteht, die Vorschriften des Bürgerlichen Gesetzbuchs über das gesetzliche Güterrecht, anderenfalls die Vorschriften des Bürgerlichen Gesetzbuchs über die allgemeine Gütergemeinschaft.

§ 2. Gilt für die Ehe nach § 1 das gesetzliche Güterrecht des Bürgerlichen Gesetzbuchs, so tritt mit der Geburt eines Kindes, sofern nach den bisherigen Gesetzen Gütergemeinschaft eingetreten sein würde, allgemeine Gütergemeinschaft nach den Vorschriften des Bürgerlichen Gesetzbuchs ein.

Inwieweit das Vermögen der Frau Vorbehaltsgut wird und inwieweit die Verbindlichkeiten der Frau Gesammtgutsverbindlichkeiten werden, bestimmt sich nach den Vorschriften, welche gelten würden, wenn die allgemeine Gütergemeinschaft schon mit dem Inkrafttreten des Bürgerlichen Gesetzbuchs eingetreten wäre.

§ 3. Die Vorschriften der Statuten der Stadt Stolp über die Rechte, welche der Frau im Falle der Unzulänglichkeit des Vermögens der Ehegatten zustehen (§ 58 des Statutarrechts der Städte des Herzothums Alt-Vor- und Hinterpommern), bleiben in Kraft.

§ 4. Wird eine Ehe, für die nach § 1 das gesetzliche Güterrecht des Bürgerlichen Gesetzbuchs gilt, durch den Tod eines der Ehegatten aufgelöst, so finden die Vorschriften des Artikel 46 §§ 2, 3 Anwendung. Sind für den Güterstand der Ehe bisher die für die Städte Anklam und Treptow an der Tollense geltenden Vorschriften maßgebend, so finden, wenn bei dem Tode eines Ehegatten ein gemeinschaftlicher Abkömmling vorhanden ist, auch die Vorschriften des Artikel 46 §§ 4, 5 entsprechende Anwendung.

Wird eine Ehe, für die bisher der gesetzliche Güterstand des in Neuvorpommern und Rügen geltenden Lübischen Rechtes bestanden hat und nach § 1 oder § 2 die allgemeine Gütergemeinschaft des Bürgerlichen Gesetzbuchs eingetreten ist, durch den Tod eines der Ehegatten aufgelöst, so sind für die Theilung des Gesammtguts die bisherigen Gesetze maßgebend. Das Gleiche gilt in Ansehung der Rechte, die einem antheilsberechtigten Abkömmlinge bei dem Eintritte der Volljährigkeit oder im Falle der Verheirathung zustehen.

Soweit nach dem bisherigen Rechte der Ehemann befugt ist, für den Fall, daß die Ehe durch seinen Tod aufgelöst wird, die Fortsetzung der Gütergemeinschaft durch letztwillige Verfügung auszuschließen, bleibt diese Befugniß unberührt.

§ 5. Besteht für eine Ehe der gesetzliche Güterstand der allgemeinen Gütergemeinschaft nach der Bauerordnung vom 16. Mai 1616 oder der Bauerordnung vom 30. Dezember 1764 oder nach den Statuten der Städte Stettin, Pölitz, Pyritz, Alt-Damm oder Garz an der Oder, so treten an die Stelle der bisherigen Gesetze die Vorschriften des Bürgerlichen Gesetzbuchs über die allgemeine Gütergemeinschaft.

§ 6. Im Falle der Auflösung der Ehe durch den Tod eines der Ehegatten finden, wenn für die Ehe bisher die Bauerordnung vom 16. Mai 1616 galt, die Vorschriften des § 4 Abs. 2 Anwendung.

Galt für die Ehe bisher die Bauerordnung vom 30. Dezember 1764 und ist bei dem Tode eines Ehegatten ein gemeinschaftlicher Abkömmling nicht vorhanden, so wird die Gütergemeinschaft zwischen dem überlebenden Ehegatten und den anderen Erben des verstorbenen Ehegatten fortgesetzt. Die Vorschriften der §§ 1483 bis 1518 des Bürgerlichen Gesetzbuchs finden entsprechende Anwendung; an die Stelle der antheilsberechtigten Abkömmlinge treten die anderen Erben.

Galten für die Ehe bisher die Statuten der Städte Stettin oder Pölitz und ist bei dem Tode eines Ehegatten ein gemeinschaftlicher Abkömmling nicht vorhanden, so finden die Vorschriften des Artikel 46 §§ 2, 3 Anwendung.

§ 7. Soweit für die in den §§ 1, 5 bezeichneten Ehen bisher die Vorschriften des Allgemeinen Landrechts Theil II Titel 1 §§ 379, 386, 392 bis 395, 420 und Titel 18 §§ 782 ff. gelten, finden die Vorschriften des Artikel 47 § 1 Abs. 2, § 2 Anwendung.

Im Art. 51 sind die besonderen Güterrechte der Provinz Pommern zusammengefaßt, nämlich das Lübische Recht (§§ 1 bis 4, 7), die Güterrechte der Pommerschen Bauerordnungen vom 16. 5. 1616 und vom 30. 12. 1764 und des Stettiner Rechts (§§ 5—7).

Zu § 1. Das Lübische Recht, theilweise modifizirt durch besondere Statutarrechte, gilt in den meisten Städten des landrechtlichen und gemeinrechtlichen Theiles von Pommern und in den zugehörigen Kämmereidörfern (in wesentlich anderer Gestaltung als in der Provinz Schleswig-Holstein). Nach diesem Recht gilt in der Regel bei unbeerbter Ehe Verwaltungsgemeinschaft, welche bei Geburt eines Kindes in allgemeine Gütergemeinschaft umgewandelt wird. Abweichend von dieser Regel gilt nach den Statuten der Stadt Stolp auch bei unbeerbter Ehe Gütergemeinschaft und nach dem Rechte der Städte Anklam, Treptow a. d. T., Wolgast, Garz und Bergen auch bei beerbter Ehe Verwaltungsgemeinschaft. Im § 1 wird nun die bisher bestandene Verwaltungsgemeinschaft in das gesetzliche Güterrecht des B. G. B. und die bisher bestandene Gütergemeinschaft in die allgemeine Gütergemeinschaft des B. G. B. umgewandelt.

Zu § 2. Durch die Vorschrift des Abs. 1 betreffs der Umwandlung des Güterrechts bei Geburt eines Kindes ist eine Bestimmung darüber nothwendig geworden, inwieweit das während des Bestehens der Verwaltungsgemeinschaft erworbene Vorbehaltsgut der Frau auch nach der Umwandlung Vorbehaltsgut bleibt, und inwieweit die während jener Zeit entstandenen Verbindlichkeiten der Frau Gesammtverbindlichkeiten werden. In beiden Beziehungen soll nun dem Gedanken des bisherigen Rechts entsprechend nach dem in Abs. 2 aufgestellten Grundsatze verfahren werden. — Beseitigt ist die Bestimmung, daß mit dem Aussterben der Nachkommenschaft die Gütergemeinschaft wieder aufhöre.

Im § 3 wird die Bestimmung des Statuts der Stadt Stolp, derzufolge die Frau, wenn das Vermögen beider Eheleute zur Bezahlung der Schulden nicht hinreicht, ohne Unterschied, ob die Ehe beerbt ist oder nicht, den dritten Theil ihres eingebrachten Vermögens zurückfordern kann, aufrecht erhalten.

Im § 4 werden für die erbrechtlichen Wirkungen des Güterrechts auch hier (für das im § 1 gedachte Rechtsgebiet) grundsätzlich die bisherigen Bestimmungen in Kraft gelassen (Art. 46 § 2) mit dem Rechte des überlebenden Ehegatten, die Erbfolge nach B. G. B. zu wählen (Art. 46 § 3). Nach dem bisherigen Rechte ist zu unterscheiden, ob die Eheleute bei Auflösung der Ehe in Verwaltungsgemeinschaft oder in allgemeiner Gütergemeinschaft gelebt hatten.

a) Im Falle der Verwaltungsgemeinschaft nimmt bei unbeerbter Ehe der überlebende Ehegatte das eigene Vermögen zurück und erhält neben Verwandten die Hälfte des Nachlasses, in Ermangelung von Verwandten ist er Alleinerbe. Die Statutarportion ist Pflichttheil. (Besonderheiten noch in den Städten.) Bei beerbter Ehe bleibt der überlebende Ehegatte auch nach dem Rechte der hier in Betracht kommenden 5 Städte in Besitz, Verwaltung und Abnutz des ganzen gemeinschaftlichen Vermögens, so lange er nicht zur anderen Ehe schreitet oder sonst ein gesetzlicher Grund zur Theilung eintritt. In Anklam und Treptow a. d. T. bestehen noch besondere Vorschriften. Im Uebrigen wird das gemeinschaftliche Vermögen zwischen dem Ehegatten und den Kindern nach Hälften getheilt.

b) Im Falle der Gütergemeinschaft findet bei beerbter Ehe fortgesetzte Gütergemeinschaft statt. Im Uebrigen ist zu berücksichtigen, daß für Ehen, in welchen Kinder zwar geboren, aber vor Auflösung der Ehe verstorben waren, der Grundsatz, daß beim Aussterben der Kinder die Gütergemeinschaft fortfallen soll, nicht mehr stattfindet. Sind aber in der Ehe Kinder gar nicht vorhanden gewesen, dann tritt Gütergemeinschaft nur ein nach den Statuten der Stadt Stolp.

Der zweite Satz des Abs. 2 ist durch die K. hinzugefügt, und hierdurch auch als fortdauernd die Bestimmung bezeichnet, nach welcher antheilsberechtigte Abkömmlinge bei Erlangung der Volljährigkeit oder Verheirathung vom überlebenden Elterntheil Abschichtung fordern können.

(Die B. berührt die Frage des Fortbestandes von Vorschriften, nach welchen Kinder durch die Auseinandersetzung von Ansprüchen an den künftigen Nachlaß des überlebenden Ehegatten ausgeschlossen werden sollen. Mit Recht kann dieser Ausschluß des Erbrechts nicht als Ausfluß des Güterstandrechts angesehen werden, da er nur den Nachlaß des überlebenden Ehegatten betreffen würde; es muß daher das B. G. B. allein zur Anwendung gebracht werden).

Wegen der vor dem 1. 1. 1900 in der Ehe entstandenen Schulden des Mannes und der Haftbarkeit der Frau für dieselben s. Art. 59 § 3: Wenn nach Lübischem Rechte die Frau durch Verzicht auf ihren Antheil von der Haftung frei werden kann, so kommt doch jetzt noch § 1480 B. G. B. in Betracht.

Zu § 5. Die Pommersche Bauerordnung von 1616 gilt in Neuvorpommern und Rügen auf dem platten Lande, sowie in den Städten Franzburg und Richtenberg und statuirt für die Ehen (gleichmäßig für beerbte und unbeerbte) die allgemeine Gütergemeinschaft.

Die Pommersche Bauerordnung von 1764 gilt in Altvor- und Hinterpommern auf dem platten Lande (mit Ausnahme einzelner Orte und Bezirke), sowie in den Städten Jakobshagen und Zachan. Auch sie bestimmt als Güterstandsrecht die allgemeine Gütergemeinschaft, regelt aber nur die Rechtsverhältnisse nach dem Tode eines der Ehegatten besonders und läßt im Uebrigen die Vorschriften des Allgemeinen Landrechts gelten.

Ebenso findet allgemeine Gütergemeinschaft statt nach den Statutarrechten der im § 5 bezeichneten Städte, doch bestimmt sich dies Recht im Wesentlichen nach den subsidiären Vorschriften des Allgemeinen Landrechts während des Bestehens der Ehe.

§ 6 regelt die güterrechtlichen Verhältnisse der drei Rechtssysteme des § 5 für den Fall, wenn die Ehe durch den Tod eines Ehegatten aufgelöst wird:

Abs. 1 trifft Bestimmung für das Geltungsgebiet der Bauerordnung von 1616 dahin, daß das bestehende Recht aufrecht erhalten wird nach Maßgabe des § 4 Abs. 2. Es gilt hiernach auch ferner noch das Patent vom 12. 11. 1804, nach welchem der überlebende Ehegatte in allen Fällen sein Vermögen, soweit es nicht zur Bezahlung der Schulden angegriffen werden muß, vorwegnimmt und von dem Nachlasse des Verstorbenen neben Kindern Kindestheil, neben weiteren Verwandten die Hälfte erhält.

Abs. 2 bestimmt für das Geltungsgebiet der Bauerordnung von 1764, nach welcher gleichmäßig fortgesetzte Gütergemeinschaft für beerbte und unbeerbte Ehen eintritt, daß nicht nur entsprechend der Vorschrift des § 1483 B. G. B. für beerbte Ehen, sondern auch für unbeerbte Ehen die fortgesetzte Gütergemeinschaft des B. G. B. stattfinden soll (und zwar in allen Fällen mit dem Ablehnungsrechte des § 1484 und dem hieraus sich ergebenden Rechte, nach § 1482 zu erben).

Nach Abs. 3 soll im Gebiete der Städte Stettin und Pölitz für unbeerbte Ehen es bei dem bestehenden Rechte verbleiben, also auch bei den subsidiären Bestimmungen des Allgemeinen Landrechts. Als besondere Bestimmung des Stettiner Rechts bleibt bestehen, daß der

Wittwer, wenn die Frau vor Eingehung der durch ihren Tod aufgelösten Ehe unverheirathet gewesen ist, den Verwandten der Frau nur die Hälfte des Brautschatzes und desjenigen, was er durch die Frau an erbschaftlichen Vortheilen erhalten hat, nach Abzug bestimmter Verwendungen binnen 4 Wochen herauszugeben hat (Statutarrecht §§ 107, 108). Da die Bestimmungen des B. G. B. aber dem überlebenden Ehegatten im Allgemeinen günstiger sind, so wird der überlebende Ehegatte in anderen Fällen von dem Wahlrechte des § 46 Abs. 3 wohl meistens Gebrauch machen und nach B. G. B. erben wollen. Für beerbte Ehen gilt ausschließlich das Erbrecht des B. G. B.

Zu § 7. Gegenüber den in Altvor- und Hinterpommern geltenden statutarischen Gütergemeinschaften kommen auch die Vorschriften über die Aussetzung der Gütergemeinschaft bei Ehen Minderjähriger (§§ 782 ff. Th. II Tit. 18 A. L. R.) zur Anwendung.

Artikel 52.

§ 1. Besteht für eine Ehe der gesetzliche Güterstand der allgemeinen Gütergemeinschaft nach einem der Rechte, welche in den Provinzen Schleswig-Holstein, Hannover, Hessen-Nassau und in den Hohenzollernschen Landen gelten, so treten an die Stelle der bisherigen Gesetze die Vorschriften des Bürgerlichen Gesetzbuchs über die allgemeine Gütergemeinschaft. Diese Vorschrift findet in der Provinz Hannover keine Anwendung auf Ehen, zu deren Vermögen ein in der Höferolle eingetragener Hof gehört.

Ist für eine Ehe mit dem gesetzlichen Güterstande der Neumünsterschen Kirchspielgebräuche die für den Eintritt der Gütergemeinschaft bisher maßgebende Frist zur Zeit des Inkrafttretens des Bürgerlichen Gesetzbuchs noch nicht abgelaufen, so gilt die Vorschrift des Abs. 1 von dem Ablaufe der Frist an.

Besteht für eine Ehe der gesetzliche Güterstand der allgemeinen Gütergemeinschaft nach einem der Rechte, welche in den hohenzollernschen Landen gelten, so findet die Vorschrift der § 1445 des Bürgerlichen Gesetzbuchs nur insoweit Anwendung, als der Mann nach dem bisherigen Rechte der Einwilligung der Frau zur Verfügung über Grundstücke bedarf. Tritt nach der Auflösung der Ehe fortgesetzte Gütergemeinschaft ein, so findet die Vorschrift des § 1445 keine Anwendung.

§ 2. Wird die Ehe durch den Tod eines der Ehegatten aufgelöst und ist ein gemeinschaftlicher Abkömmling nicht vorhanden, so finden die Vorschriften des Artikel 46 §§ 2, 3 Anwendung.

§ 3. Ist für den Güterstand bisher ein in der Provinz Schleswig-Holstein geltendes Recht maßgebend, so bestimmt sich die Befugniß des Mannes zur Verfügung über ein zu dem Gesammtgute der Gütergemeinschaft oder der fortgesetzten Gütergemeinschaft gehörendes Grundstück nach den bisherigen Gesetzen.

Jeder Ehegatte kann für den Fall, daß die Ehe durch seinen Tod aufgelöst wird, die Fortsetzung der Gütergemeinschaft durch letztwillige Verfügung ausschließen; die Vorschrift des § 1509 des Bürgerlichen Gesetzbuchs findet keine Anwendung.

Für den Fall der fortgesetzten Gütergemeinschaft bleiben die bisherigen Vorschriften über die Rechte, die einem antheilsberechtigten Abkömmlinge bei dem Eintritte der Volljährigkeit oder im Falle der Verheirathung zustehen, sowie über das Recht der väterlichen Aussage in Kraft Das Gleiche gilt von den Vorschriften des Dänischen Rechts und des Nordstrander Landrechts, nach welchen dem überlebenden Ehegatten außer der ihm zufallenden Hälfte noch ein weiterer Bruchtheil des Gesammtgutes gebührt.

§ 4. Sind in einer Ehe, deren Güterstand sich nach Fuldischem oder Würzburgischem Rechte bestimmt, vereinkindschaftete Kinder aus einer früheren Ehe vorhanden, so finden die Vorschriften der §§ 1437 bis 1467, 1473 des Bürgerlichen Gesetzbuchs Anwendung. Wird die Ehe durch den Tod des Ehegatten der früheren Ehe aufgelöst, so gelten nach der Abschichtung der vereinkindschafteten Kinder für das Verhältniß zwischen dem überlebenden Ehegatten und seinen Abkömmlingen die Vorschriften des Bürgerlichen Gesetzbuchs über die fortgesetzte Gütergemeinschaft.

Im Uebrigen bleiben die bisherigen Gesetze, insbesondere in Ansehung der Rechte der vereinkindschafteten Kinder, maßgebend.

§ 5. Bestimmt sich der Güterstand einer Ehe bisher nach dem Hechinger Rechte, so erfolgt nach der Beendigung der Gütergemeinschaft außer den Fällen des § 1478 des Bürgerlichen Gesetzbuchs die Theilung des Gesammtguts nach den bisherigen Gesetzen. Das Gleiche gilt nach der Beendigung der fortgesetzten Gütergemeinschaft; dem überlebenden Ehegatten gebührt nach Maßgabe der bisherigen Gesetze ein Bruchtheil des zugebrachten Vermögens des verstorbenen Ehegatten.

Die Vorschriften des Artikel 46 §§ 2, 3 finden auch in den Fällen des § 1483 Abs. 2, des § 1484 Abs. 3 und des § 1510 des Bürgerlichen Gesetzbuchs Anwendung.

„Was die gemeinrechtlichen Landestheile außer Neuvorpommern und Rügen anlangt, so gilt allgemeine Gütergemeinschaft als gesetzlicher Güterstand

I. in der Provinz Schleswig-Holstein:

1. in dem im südwestlichen Holstein gelegenen Gebiete des Land- und Marschrechts nach Gewohnheitsrecht,
2. im Gebiete des Eiderstedter Landrechts von 1591, d. i. der Landschaft Eiderstedt und den Städten Garding und Tönning,
3. in den Schleswigschen Städten Husum, Friedrichstadt, Schleswig, Eckernförde und Flensburg nach besonderen Stadtrechten,
4. im Gebiete des Dänischen Rechtes nach dem Gesetzbuche Christians V.,
5. im Gebiete der Neumünsterschen Kirchspielgebräuche für Ehen, die Jahr und Tag gedauert haben, während bis dahin Verwaltungsgemeinschaft besteht,
6. im Gebiete des Nordstrander Landrechts für beerbte Ehen, während bis zur Geburt eines Kindes Errungenschaftsgemeinschaft gilt;

II. in der Provinz Hannover:
1. in der Niedergrafschaft Lingen nach dem Lingenschen Landrechte von 1639,
2. in den Kreisen Emsbüren und Meppen und den sogenannten Münsterschen Absplissen nach Gewohnheitsrecht auf der Grundlage der Münsterschen Polizeiordnung von 1592,
3. in der Grafschaft Bentheim nach der Gerichts- und Landesordnung von 1690,
4. in den Städten und Flecken des vormaligen Fürstenthums Osnabrück nach Gewohnheitsrecht,
5. dem Berichte des Oberlandesgerichts Celle zufolge in den Landgemeinden des Amtes Diepholz,
6. in den Städten Lüneburg und Uelzen nach Lüneburger Stadtrecht,
7. in der Stadt Verden nach Verdener Stadtrecht,
8. in der Stadt Hildesheim mit Ausnahme der vormaligen Dom- und Stiftsfreiheit, nach Statutarrecht,
9. im Alten Lande nach Gewohnheitsrecht,
10. im Lande Hadeln nach Hadelnschem Landrechte von 1583,
11. im Lande Wursten nach Gewohnheitsrecht auf der Grundlage des Wurster Landrechts von 1611 für beerbte Ehen;

III. in der Provinz Hessen-Nassau:
1. in den zum vormaligen Fürstbisthume Fulda gehörig gewesenen Gebietstheilen nach Fuldischem Rechte (Thomas, System aller fuldaer Privatrechte Theil II; Gößmann, Lehre von der allgemeinen ehelichen Gütergemeinschaft; Keller in den Kurhessischen Mittheilungen Bd. 3 S. 239 ff.),
2. im Gebiete des vormaligen Fürstbisthums Würzburg nach Würzburger Landrecht (der Fränkischen Landgerichtsordnung von 1618) für Ehen, in welchen ein gemeinschaftlicher Abkömmling vorhanden oder ein Einkindschafts- oder Kondonationsvertrag geschlossen ist, während mangels dieser Voraussetzungen Errungenschaftsgemeinschaft besteht und beim Wegfalle der Voraussetzungen wieder eintritt (Schelhaß, Darstellung des Würzburger Landrechts §§ 35 ff.);

IV. in den Hohenzollernschen Landen, in Sigmaringen ausschließlich nach Gewohnheitsrecht, in Hechingen auf Grund der Fürstlich-Hohenzollernschen Landesordnung von 1698, die selbst auf dem Boden der Errungenschaftsgemeinschaft steht, durch das Gewohnheitsrecht aber wesentlich im Sinne einer, allerdings modifizirten, allgemeinen Gütergemeinschaft ausgebildet ist (Cramer, das hohenzollernsche Güterrecht § 11 S. 79 ff.).“ B.

Zu § 1 Abs. 2 vergl. Art. 50 § 3, in welchem angegeben ist, welches Recht bis zum Ablauf der Frist zur Anwendung kommt.

Abs. 3 ist Zusatz der K., und ist aufgenommen aus dem Grunde, weil in Hohenzollern-Sigmaringen dem Ehemann eine völlige unumschränkte Verfügung über das Grundvermögen (sogar zu etwaiger unentgeltlicher Veräußerung) zustehe. In Hechingen werde dasselbe hergebrachtermaßen dadurch bewirkt, daß die Frau generell auf ihr Mitbestimmungsrecht verzichte und ihre zugebrachten Grundstücke auf den Namen des Mannes eintragen lasse. Nur wenn dies ausnahmsweise nicht geschehen sei, solle der § 1445 Platz greifen. Für die fortgesetzte Gütergemeinschaft solle § 1445 überhaupt nicht gelten, weil die Zustimmung der vielfach auswandernden oder sonst abwesenden Erben schwer zu erlangen sei.

Zu § 2 beläßt es das Gesetz für die unbeerbte Ehe bei dem bisherigen Rechte (jedoch wieder mit der Berechtigung, nach dem B. G. B. das Erbrecht zu wählen). Betreffs des bisherigen Rechts bemerkt die B.:

„Für den Fall der unbeerbten Ehe lassen einige Rechte Konsolidation des gemeinschaftlichen Vermögens in der Person des überlebenden Ehegatten oder Alleinerbrecht des letzteren eintreten, so die Rechte von Bentheim, Lüneburg, Verden, Hildesheim, Fulda, Sigmaringen sowie das Hechinger Recht für Ehen mit bloßem Heirathsgute, d. h. solche, in denen beiderseits nur eine nicht zum erbrechtlichen, vor oder während der Ehe angefallenen Erwerbe gehörige Ausstattung eingebracht ist, während bei Ehen mit Erbgut der Ueberlebende nur die Hälfte des zugebrachten Gutes des Verstorbenen erhält. Nach Osnabrücker Recht wird gleichfalls der Ueberlebende Alleineigenthümer des Gesammtguts, hat aber den nächsten Verwandten des Verstorbenen die sogenannte Rekadenz, d. h. ein Drittel des gesammten von dem Verstorbenen bei Eingehung der Ehe besessenen und in die Ehe gebrachten Vermögens, herauszugeben, sofern nicht der Erblasser das Rekadenzrecht seiner Verwandten rechtsgültig ausgeschlossen hat. Nach anderen Rechten theilt der überlebende Ehegatte das Gesammtgut zur Hälfte mit den Erben des Verstorbenen, so nach sämmtlichen Schleswig-Holsteinschen und einigen Hannoverschen Rechten (Alte Land, Hadeln). Nach Lingenschem Rechte erhält der Ehegatte den lebenslänglichen Nießbrauch an der den Erben des Verstorbenen zufallenden Hälfte des Gesammtvermögens. Nach dem Rechte des Landes Wursten erhält der Wittwer die Hälfte des Eingebrachten der Frau und das übrige gemeinschaftliche Vermögen, die Wittwe ihr Eingebrachtes und die Hälfte des übrigen Vermögens. Nach Münsterschem Rechte endlich behält der

Ueberlebende sein Eingebrachtes und die Hälfte der Errungenschaft und hat den lebenslänglichen Nießbrauch an dem Eingebrachten des Verstorbenen und der anderen Hälfte der Errungenschaft."

Bei beerbter Ehe tritt nach Vorschrift des § 1483 B. G. B. fortgesetzte Gütergemeinschaft ein.

Zu § 2 wurde in der K. davon ausgegangen, daß auch die in diesen Rechtsgebieten vorkommende Konsolidation der Güterverhältnisse zu den erbrechtlichen Wirkungen des Güterstandes gehörten.

Zu § 3 ist die Bestimmung des Abs. 1 über das Verfügungsrecht des Mannes in der K. eingefügt (ähnlich wie dies im Abs. 3 des § 1 für Hohenzollern geschehen ist), indem in den Gebieten der schleswig-holsteinschen allgemeinen Gütergemeinschaft und Errungenschaftsgemeinschaft bisher dem Manne die Befugniß zugestanden habe, ohne Zustimmung der Frau über Gesammtgrundstücke zu verfügen.

Abs. 2 giebt dem Ehegatten das Recht der letztwilligen Verfügung über den Ausschluß der fortgesetzten Gütergemeinschaft im Gegensatz zu § 1509 B. G. B. ganz unbedingt.

Abs. 3 ist ein Zusatz der K. Der Satz 1 entspricht zunächst der ebenfalls eingeschobenen Bestimmung des Art. 51 § 4 Abs. 2 Satz 2, hält aber auch noch ferner ausdrücklich aufrecht das „Recht der väterlichen Aussage" (vgl. oben Anm. Nr. 3 zu Art. 50 § 2). Diese letztere Bestimmung findet aber keine Anwendung auf die Fälle des § 1495 B. G. B. Dagegen ist sie verwendbar auf die gemäß Art. 50, 53 und 55 übergeleiteten Güterständen der Herzogthümer (was daraus folgt, daß in dem Art. 50 § 2, 53 § 6 und 55 § 3 der Art. 46 § 2 für anwendbar erklärt ist).

§ 4 regelt das Verhältniß der Einkindschaft für den Güterstand des Fuldischen und Würzburger Rechts. Die Einkindschaft ist dem B. G. B. fremd; die aus ihr folgenden Wirkungen fallen hinsichtlich des Elternrechts künftig nach Art. 203 des Einf. G. z. B. G. B. fort. Für vereinkindschaftete Kinder entstehen unentziehbare Rechte auf die demnächstige Theilung, welche unter Einbeziehung des eingebrachten Stiefelterntheils und des ganzen Erwerbs aus der ferneren Ehe erfolgen muß. Im Abs. 1 werden daher die Klagen auf Aufhebung der Gütergemeinschaft (nach §§ 1468—1472 B. G. B.), sowie die Vorschriften über die Auseinandersetzung bei solcher Aufhebung (nach §§ 1474 ff. B. G. B.) ausgeschlossen. Da der Einkindschaftsvertrag mindestens als Erbvertrag anzusehen ist, bleibt der den vereinkindschafteten Kindern ausbedungene Voraus unberührt; im Uebrigen sind sie als gemeinschaftliche Kinder der vertragschließenden Eheleute in vermögensrechtlicher Beziehung anzusehen. Zum Abs. 2 wurde seitens der Regierung bemerkt, daß die Grundtheilung sich nach dem alten Rechte vollziehe. P.

§ 5 hält entgegen der Vorschrift des § 1476 Abs. 1 des B. G. B. für den Fall der Beendigung der Gütergemeinschaft die besonderen Bestimmungen des Hechinger Rechts über die Theilung des Gesammtguts aufrecht. Diese Theilung erfolgt in der Weise: von dem reinen durch Abzug der darauf haftenden Schulden zu ermittelndem Gesammtgute wird zunächst das von jedem Ehegatten bei oder nach Eingehung der Ehe zugebrachte Vermögen (nach dem Werthe zur Zeit des Einbringens) unter Berücksichtigung der darauf ruhenden Sonderschulden ausgeschieden und erst der verbleibende Aktiv- oder Passivüberschuß nach Hälften vertheilt. Es macht hierbei keinen Unterschied, ob die Zubringung von Vermögen vor oder nach dem 1. 1. 1900 erfolgt ist (nach Beschluß der K.). Diese Theilungsgrundsätze sollen aber nicht gelten im Falle der Ehescheidung, wegen alleinigen Verschuldens oder wegen Geisteskrankheit eines Ehegatten, indem für diese Fälle die Vorschriften des § 1478 B. G. B. zur Anwendung kommen sollen. In Abs. 2 ist die im § 2 hinsichtlich unbeerbter Ehen getroffene Bestimmung für das Geltungsgebiet des Hechinger Rechts auf gewisse Fälle beerbter Ehen von der K. ausgedehnt.

Hinsichtlich der Haftung für Schulden aus der Zeit vor dem 1. 1. 1900 (Art. 59 Nr. 3) ist aus der B. Folgendes zu entnehmen:

„In der Regelung der Schuldenhaftung stimmt das Bürgerliche Gesetzbuch mit der Mehrzahl der geltenden Rechte überein. Im Einzelnen bestehen Verschiedenheiten. Das Gesammtgut haftet für voreheliche Schulden der Ehegatten nach Münsterischem Rechte gar nicht, nach Würzburgischem nur subsidiär nach dem Sondergut; es haftet nach Osnabrücker und Münsterschem Rechte nicht für die vom Manne einseitig eingegangenen Bürgschaftsschulden, nach Fuldischem und Würzburgischem Rechte nur subsidiär für Deliktschulden beider Ehegatten. Eine persönliche Haftung des Mannes für solche Verbindlichkeiten der Frau, für welche das Gesammtgut haftet, wird nur nach einzelnen Rechten angenommen, so für das Hildesheimer und das Fuldische Recht und bezüglich der vorehelichen Schulden der Frau für das Dänische Recht. Andererseits haftet die Frau für Eheschulden des Mannes theils unbedingt (Osnabrück, Verden, Fulda), theils mit der Rechtswohlthat der Entschlagung (Lüneburg, Hildesheim). Nach Würzburgischem Rechte endlich haftet jeder Ehegatte für die durch das gemeinschaftliche Vermögen nicht gedeckten Schulden zur Hälfte persönlich. Bezüglich der vor der Ueberleitung entstandenen Schulden kann und muß es bei den bisherigen Grundsätzen sein Bewenden behalten."

Auch hier kann, wie bei der Gütergemeinschaft des Lübischen Rechts (Art. 51 § 4 Anmerk.) die Frau sich von der Haftung für die Schulden des Mannes durch Ausschlagung ihres Antheils befreien. Es finden hierauf ebenfalls Art. 59 § 3 und § 1480 B. G. B. Anwendung.

Artikel 53.

§ 1. **Besteht für eine Ehe der gesetzliche Güterstand der Errungenschaftsgemeinschaft nach einem der Rechte, welche in dem zum Oberlandesgerichtsbezirke Frankfurt a. M. gehörenden Theile der Rheinprovinz oder in den Provinzen Schleswig-Holstein und Hessen-Nassau gelten, so treten, unbeschadet der Vorschriften des Artikel 54, an die Stelle der bisherigen Gesetze**

die Vorschriften des Bürgerlichen Gesetzbuches über die Errungenschaftsgemeinschaft.

§ 2. Das errungenschaftliche Vermögen der Ehegatten wird Gesammtgut, auch soweit es nach den bisherigen Gesetzen nicht gemeinschaftliches Vermögen der Ehegatten ist.

§ 3. Ist für den Güterstand bisher ein in der Provinz Schleswig-Holstein geltendes Recht maßgebend, so bestimmt sich die Befugniß des Mannes zur Verfügung über ein zum Gesammtgute gehörendes Grundstück, das er während der Ehe erworben hat, nach den bisherigen Gesetzen.

§ 4. Bestimmt sich der Güterstand bisher nach dem Würzburgischen Rechte, so tritt mit der Geburt eines Kindes allgemeine Gütergemeinschaft nach den Vorschriften des Bürgerlichen Gesetzbuchs ein. Die Vorschriften des Artikel 51 § 2 Abs. 2 und des Artikel 52 § 2 finden Anwendung.

Das Gleiche gilt für eine Ehe, deren Güterstand sich bisher nach dem Nordstrander Landrechte bestimmt. In diesem Falle findet auch die Vorschrift des Artikel 52 § 3 Anwendung.

§. 5. Die Vorschriften des Mainzer Landrechts, nach welchen bei der Auseinandersetzung der Mann zu zwei Dritteln, die Frau zu einem Drittel an dem Ueberschusse des Gesammtguts Theil nimmt, bleiben in Kraft.

Das Gleiche gilt, soweit im Geltungsbereiche der Nassau-Katzenelnbogenschen Landesordnung eine Theilung nach diesem Maßstabe gewohnheitsrechtlich hergebracht ist.

6. Die Vorschriften des Artikel 46 §§ 2, 3 finden Anwendung.

„Die Errungenschaftsgemeinschaft bildet das gesetzliche Güterrecht außer nach einigen älteren Westfälischen Statutarrechten, die der Entwurf von der Ueberleitung ausschließt,

I. in einigen Bezirken des gemeinrechtlichen Theiles der Rheinprovinz, nämlich:

1. in der früheren Grafschaft Wied nach der durch Gewohnheit eingeführten und abgeänderten Nassau-Katzenelnbogenschen Landesordnung von 1616,
2. in den vier Hachenburgischen Kirchspielen des Kreises Altenkirchen nach dem Hachenburger Statut aus unbekannter Zeit und nach Gewohnheitsrecht,
3. im Stadtbezirke Bendorf nach Bendorfer Stadtrecht (Gewohnheitsrecht),
4. in der Stadt Wetzlar nach dem Mainzer Landrechte von 1755 und der Verordnung vom 6. August 1799,
5. im übrigen Kreise Wetzlar nach dem Solmser Landrechte von 1571;

II. in folgenden Bezirken der Provinz Schleswig-Holstein:
1. in den Kreisen Norder- und Süderdithmarschen nach dem Dithmarschen Landrechte, landesherrlich publizirt 1567,
2. auf der Insel Fehmarn mit Ausnahme der Stadt Burg nach dem Fehmarnschen Landrechte von 1563,
3. im Gebiete des Nordstrander Landrechts (Statut von 1572) für uubeerbte Ehen, d. h. solche, in denen nicht ein Kind geboren ist und bis zur Taufe gelebt hat;

III. in den vormals Kurhessischen Bezirken der Provinz Hannover, nämlich den Aemtern Uchte und Freudenberg, der Vogtei Auburg und den sog. Hessischen Enklaven, d. h. einzelnen im Landgerichtsbezirke Göttingen gelegenen Ortschaften, nach Althessischem Rechte;

IV. in folgenden Theilen der Provinz Hessen-Nassau:
1. im Gebiete des vormaligen Herzogthums Nassau auf Grund des durch das Amtsorganisationsedikt vom 4. Juni 1816 und die Verordnung vom 5. Juni 1816 allgemein eingeführten Titels 28 der Solmser Landesordnung in Verbindung mit abändernden und ergänzenden Verordnungen und Gesetzen sowie Gewohnheitsrecht und Praxis,
2. im Gebiete der vormaligen freien Stadt Frankfurt nach der Reformation von 1578 und 1611 sowie späteren Verordnungen und Gesetzen,
3. in den vormals Großherzoglich Hessischen Gemeinden Rödelheim und Niederursel (Hessischer Antheil) sowie dem Landgräflich Hessischen Amte Homburg v. d. H. nach dem Solmser Landrechte von 1571,
4. im vormaligen Kurfürstenzum Hessen und zwar:
   in Althessen [s. oben S. 67] nach der Prozeßordnung von 1745 für Ehen der Amtssässigen, ferner in der vormaligen Provinz Hanau, von welcher ein kleiner Bezirk, der des Amtes Bornheimerberg (früherer Amtsgerichtsbezirk Bockenheim), zum Oberlandesgerichtsbezirke Frankfurt, die übrigen Theile zum Oberlandesgerichtsbezirke Cassel gehören, nach Solmser Landrecht von 1571, welches für das Gebiet des früheren Fürstenthums Isenburg-Birstein bezüglich des Erbrechts durch die Isenburgische Verordnung vom 18. November 1769 modifizirt ist, endlich in den früher Kurmainzischen Ortschaften nach dem Mainzer Landrechte von 1755,
5. in dem früher Großherzoglich Hessischen Hinterlandkreise nach dem Landrechte der oberen Grafschaft Katzenelnbogen und der Darmstädtischen Verordnung vom 2. März 1795,
6. in den früher Bayerischen Gebietstheilen des Kreises Gersfeld nach Würzburgischem Rechte (Fränkischer Landgerichtsordnung von 1618) für unbeerbte Ehen.“ B.

In den Art. 53 und 54 werden diese Güterrechte behandelt und zwar sollen in Art. 53 die meisten derselben übergeleitet werden in die Errungenschaftsgemeinschaft des B. G. B., während die wenigen übrigen, nämlich die oben zu III und IV Nummer 4 gedachten Güterrechte des

Althessischen, Solmser unnd Mainzer Rechts in das gesetzliche Güterrecht des B. G. B. nach Art. 53 übergehen sollen.

§ 2 des Art. 54 entspricht dem § 1519 B. G. B. und ist nur Consequenz des § 1. Es wird das Prinzip der nur rechnungsmäßigen Feststellung der Errungenschaft (Errungenschaft des Zugewinstes) beseitigt. K. Sondergut des Mannes ist nach § 1526 Abs. 2 ausgeschlossen (aber nach Art. 59 § 5 Vertrag hierüber zulässig).

§ 3 ist Zusatz der K. entsprechend dem Art. 52 § 3 Abs. 1. Daß dem Ehemann das bisherige Verfügungsrecht auch in Bezug auf die zur fortgesetzten Gütergemeinschaft gehörigen Grundstücke zustehe, ausdrücklich auszusprechen, wurde hierbei nicht für nothwendig erachtet, da das bezügliche Recht durch Anführung der Art. 46 § 2 (unten im § 6) gewahrt werde. (Dies Citat befindet sich zwar auch in Art. 52 § 2, betrifft dort aber nur unbeerbte Ehen).

Zu § 4 vgl. Art. 49 § 3 und Art. 51 § 2.

Zu § 5 Abs. 2 bemerkt die B., daß dieses Theilungsverhältniß gewohnheitsrechtlich hergebracht sei in der früheren Wied-Runkelschen Herrschaft Dierdorf, „wenn auch anscheinend nur bei der Beendigung der Gemeinschaft durch den Tod eines Ehegatten." Es bleibt also die Controverse unentschieden.

In § 6 ist ein Satz durch die K. gestrichen, welcher besagte: „Im Sinne dieser Vorschriften sind die Rechte, welche nach den im Gebiete der vormals freien Stadt Frankfurt geltenden Gesetzen dem überlebenden Ehegatten an dem Nachlasse des verstorbenen zustehen, als erbrechtliche Wirkung des Güterstandes anzusehen." Es sollte hiernach also nur betreffs des controversen Frankfurter Rechts eine Deklaration ausgesprochen werden. Diese Deklaration wollte auch die K. aufrecht erhalten, strich aber den Satz, da dieselbe schon durch das Citat des Art. 46 § 2 ausgesprochen werde.

In der K. wurde die Zulässigkeit solcher Deklaration in Zweifel gezogen. Fraglich kann es allerdings sein, ob eine Bestimmung, welche Ausfluß des Erbrechts ist, durch Landesgesetz zu einer Bestimmung des ehelichen Güterstandsrechts gemacht werden kann. Vgl. Art. 200 und 213 Einf. Ges. z. B. G. B.

Wegen der erbrechtlichen Wirkungen des Güterstandes soll auch in diesen Rechtsgebieten das bisherige Recht anwendbar bleiben und dem überlebenden Ehegatten das Wahlrecht eingeräumt werden, ob er nach bisherigem Rechte oder nach B. G. B. erben will.

Die B. bemerkt hierzu:

„Im Falle der Auflösung der Ehe durch den Tod eines der Ehegatten treten nach dem Bürgerlichen Gesetzbuche nicht besondere Nachwirkungen der Errungenschaftsgemeinschaft ein, sondern der verstorbene Ehegatte wird nach den allgemeinen Vorschriften beerbt. Nur wenige der hier in Betracht kommenden Rechte stehen theilweise auf demselben Standpunkte, so für unbeerbte Ehen das Hachenburger, das Mainzer und das Nordstrander Recht. Dagegen fallen im Uebrigen nach allen Statuten dem überlebenden Ehegatten mehr oder weniger ausgedehnte Rechte am Nachlasse des verstorbenen zu. Nach Dithmarschem und

Fehmarnschem Landrecht erhält die Frau bei unbeerbter Ehe, außer in Süderdithmarschen, die Hälfte des Bauguts, d. h. der beweglichen Sachen des Mannes, nach ersterem Rechte ferner die sogen. Widerlage; bei beerbter Ehe erhält der Mann die ganze Errungenschaft, die Frau nur die Hälfte; beide können aber die Gemeinschaft bis zur Wiederverheirathung fortsetzen. Fortsetzung der Gütergemeinschaft tritt bei beerbter Ehe auch nach Hachenburger Recht ein; mit der Wiederverheirathung geht sie in eine zeitlich begrenzte Leibzucht über. Die Leibzucht am Nachlasse des verstorbenen Ehegatten ohne ein Eigenthumserbrecht (statutarische Portion) gewähren dem überlebenden Ehegatten bei unbeerbter und bei beerbter Ehe das Nassauische Recht, das Solmser Recht im Kreise Wetzlar, in Homburg und in den Großherzoglich Hessischen Gebietstheilen sowie das Bendorfer Stadtrecht, nur bei beerbten Ehen das Mainzer Landrecht. Neben der Leibzucht gewähren dem Ueberlebenden ein Eigenthumserbrecht in Bezug auf die Mobilien die Nassau-Katzenelnbogensche Landesordnung bei unbeerbter Ehe auf die ganze, bei beerbter Ehe auf die halbe Fahrniß des Verstorbenen, das Solmser Recht in den vormals Kurhessischen Gebietstheilen in beiden Fällen auf die halbe Fahrniß, das Ober-Katzenelnbogener Landrecht bei unbeerbter Ehe auf die sämmtlichen, bei beerbter Ehe auf die errungenen Mobilien. Nach dem Frankfurter Rechte erstreckt sich die dem Ueberlebenden neben der Leibzucht gebührende statutarische Portion bei unbeerbter Ehe auf das ganze Vermögen des Verstorbenen mit Ausnahme der von diesem eingebrachten Immobilien, bei beerbter Ehe auf die Hälfte der eingebrachten Mobilien. Die drei letztgenannten Rechte verbinden mit dem Mobiliarerbrecht eine erweiterte Schuldenhaftung, der sich der Ueberlebende jedoch durch rechtzeitigen Verzicht auf die statutarische Portion entziehen kann. Nach Würzburgischem Rechte endlich erhält der Ueberlebende bei unbeerbter Ehe einen Voraus in Mobilien und ein Viertel des Vermögens des Verstorbenen ohne Beisitz am übrigen Vermögen. Die rechtliche Stellung des Leibzüchters und die Gründe der Beendigung der Leibzucht sind sehr verschieden bestimmt. Leibzucht und statutarisches Erbrecht sind regelmäßig durch einseitige Verfügung nicht entziehbar; doch ist letzteres für einige Rechte nicht unbestritten, so für das Solmser Landrecht außer in Nassau und Kurhessen, und für die Nassau-Katzenelnbogensche Landesordnung."

Mit Rücksicht auf Art. 59 § 3 sei auch hier die Frage erwähnt, wie bisher in diesem Rechtsgebiete die Schuldenhaftung der Eheleute geregelt wurde. Hierzu giebt die B. folgende Auskunft:

„Bezüglich der Schuldenhaftung weisen die geltenden Rechte die größte Mannigfaltigkeit und in sich zahlreiche Lücken und Zweifel auf. Regelmäßig wird nicht nur im Verhältnisse der Ehegatten zu einander, sondern auch im Verhältnisse zu den Gläubigern zwischen Eheschulden und Sonderschulden unterschieden. Wegen der Eheschulden kann sich der Gläubiger außer an den Ehegatten, der ihm persönlich haftet, immer an das Gesammtgut halten. Eine persönliche Haftung des anderen Ehegatten mit seinem Sondergut ist in einigen Rechten verneint (so im Dithmarschen Recht, in der Hessen=Darmstädtischen Verordnung von 1795, der Nassau=Katzenelnbogenschen Landesordnung und dem Frankfurter Rechte). Nach anderen Rechten haften beide Ehegatten nach Verhältniß ihres Antheils am Gesammtgute für die Eheschulden persönlich (Würzburger, Mainzer, Nassauisches, Sayn=Hachenburger, Vendorfer, Nordstrander, Solmser Recht im Kreise Wetzlar sowie in den früher Großherzoglich Hessischen Gebietstheilen); nach Nassauischem Rechte haftet der Mann subsidiär für das Ganze. Nach dem Solmser Rechte in Kurhessen haftet der Mann in erster Linie allein persönlich, die Frau nur subsidiär zur Hälfte für die mit ihrer Einwilligung eingegangenen Schulden. Im Falle des Betriebs eines Gewerbes, an welchem die Frau sich öffentlich betheiligt, haften die Ehegatten für die Gewerbsschulden nach Frankfurter, Würzburger und Mainzer Rechte solidarisch, nach Wetzlarer Recht jedoch nur subsidiär.

Für die Sonderschulden eines Ehegatten haftet zum Theil nur sein Sondergut. Bisweilen haftet dagegen für die Sonderschulden des Mannes auch das Gesammtgut, und zwar bald für die vorehelichen und die ehelichen ganz (Schleswig=Holsteinsche Rechte, Nassau=Katzenelnbogensche L. O., Solmser Recht in den Großherzoglich Hessischen Gebietstheilen) oder nur subsidiär in Höhe des Antheils des Mannes (Vendorfer Stadtrecht), bald nur für die ehelichen Schulden, unter Ausschluß der Delikts= und Spielschulden (Mainzer Landrecht) oder doch der ersteren (Sayn=Hachenburger Recht); nach dem Solmser Rechte im Kreise Wetzlar haftet für die ehelichen Sonderschulden des Mannes nur dessen Antheil an der Errungenschaft, während bezüglich der vorehelichen Schulden die Haftung streitig ist. Für die vorehelichen Sonderschulden der Frau haftet das Gesammtgut nach dem Solmser Rechte im Kreise Wetzlar und in den Großherzoglich Hessischen Gebietstheilen in gleicher Weise wie für die Sonderschulden des Mannes; nach anderen Rechten haftet für solche Schulden der Frau theils das ganze Gesammtgut (Nassau=Katzenelnbogensche L. O.), theils subsidiär der Antheil der Frau (Vendorfer Stadtrecht). Nach Nassauischem Rechte (Exekutionsordnung vom 16. Juli 1851 §§. 24 bis 26; Bertram, Nassauisches Familienrecht §. 192) können die Gläubiger des Mannes oder der Frau in Folge der ausschließlichen Befugniß des Mannes zur Vertretung des Ehevermögens auch wegen der Sonderschulden, mit Ausnahme der während der Ehe von der Frau ohne Zustimmung des Mannes eingegangenen Schulden, Befriedigung aus dem gesammten Ehevermögen, außer den zum Sondergute des anderen Ehegatten gehörenden Immobilien, verlangen. Zu verwandten Ergebnissen ist die Rechtsprechung für das Frankfurter, das Solmser Recht in den vormals Kurhessischen Gebietstheilen und in Homburg sowie für das Gebiet der Hessen=Darmstädtischen Verordnung von 1795 gelangt."

Artikel 54.

§ 1. Besteht für eine Ehe der gesetzliche Güterstand der Errungenschaftsgemeinschaft nach Althessischem oder dem in den vormals Kurhessischen Gebietstheilen des Oberlandesgerichts-

bezirkes Cassel geltenden Solmser oder Mainzer Rechte, so treten an die Stelle der bisherigen Gesetze die Vorschriften des Bürgerlichen Gesetzbuchs über das gesetzliche Güterrecht.

§ 2. Das Vermögen, welches die Ehefrau vor dem Inkrafttreten des Bürgerlichen Gesetzbuchs während der Ehe erworben hat, wird eingebrachtes Gut.

§ 3. Endigt die Verwaltung und Nutznießung des Mannes auf andere Weise als durch Vertrag, so kann jeder Ehegatte von dem anderen nach Maßgabe der bisherigen Gesetze Ausgleichung des Ehegewinns verlangen, wie wenn die im § 1 bestimmte Aenderung des Güterstandes nicht eingetreten wäre. Der Anspruch ist nicht übertragbar. Er verjährt in einem Jahre; die Vorschrift des § 204 Satz 1 des Bürgerlichen Gesetzbuchs findet keine Anwendung.

§ 4. Bestimmt sich der Güterstand bisher nach dem Solmser oder dem Mainzer Rechte, so finden die Vorschriften des Artikel 46 §§ 2, 3 Anwendung.

Ueber die im § 1 aufgeführten Rechte s. oben die Anmerkung zu Art. 53 im Eingange. Es handelt sich um Rechtsgebiete, in welchen die Errungenschaftsgemeinschaft in besonders hohem Grade die Gestaltung einer Gemeinschaft des Zugewinnstes angenommen hat. K.

Zu § 3. Die Errungenschaftsgemeinschaft endigt außer den Fällen der Auflösung der Ehe nur durch Ehevertrag. Auch nach Beendigung der Ehe werden die Errungenschaftsgegenstände nicht gemeinschaftlich; vielmehr wird lediglich durch Berechnung ermittelt, ob sich nach Ersatz des beiderseitigen Sonderguts und Berichtigung der der Gemeinschaft zur Last fallenden Schulden eine Errungenschaft ergiebt, und der Ehegatte, dem nach dem Werthe der ihm gehörigen errungenschaftlichen Gegenstände mehr als der ihm gebührende Antheil der Errungenschaft zugefallen ist, hat dem andern Ehegatten Ausgleichung in Gelde zu gewähren. Der Gewinn gebührt nach Althessischem und Solmser Rechte jedem Ehegatten zur Hälfte, nach Mainzer Rechte dem Manne zu $^2/_3$, der Frau zu $^1/_3$. Dazu erhält der überlebende Ehegatte nach Solmser Rechte als statutarische Portion die Hälfte der Fahrniß des verstorbenen und den lebenslänglichen Beisitz am übrigen Nachlasse, nach Mainzer Rechte bei beerbter Ehe den Beisitz am gesammten Nachlasse, nach Althessischem Rechte aber Nichts.

Durch die Bestimmung, daß der Anspruch nicht übertragbar sei, wird er nach § 821 C. P. O. der Pfändung entzogen.

Wegen der Schuldenhaftung der Eheleute führt die B. aus:

„Die Schulden der Ehegatten scheiden sich in Eheschulden, d. h. die von den Ehegatten gemeinsam oder von einem mit Zustimmung des anderen oder von einem zu gemeinsamen ehelichen Zwecken eingegangenen, und Sonderschulden, d. h. alle übrigen Schulden, insbesondere die vorehelichen. Für Eheschulden haftet persönlich nach

Althessischem und Solmser Rechte in erster Linie nur der Mann; soweit sein Verfügungsrecht über die errungenschaftlichen Gegenstände der Frau reicht, können die Gläubiger auch aus diesen Befriedigung verlangen. Die Frau haftet nur für die mit ihrem Wissen und Willen eingegangenen Eheschulden subsidiär zur Hälfte; auch von dieser Haftung wird sie nach Althessischem Rechte frei, wenn sie, solange das Vermögen des Mannes noch zur Zahlung seiner Schulden hinreicht, in bestimmter Form auf ihren Antheil am ehelichen Erwerbe verzichtet. Nach Mainzer Rechte haftet für die Eheschulden jeder Ehegatte nach Verhältniß seines Antheils an der Errungenschaft persönlich. Für Sonderschulden haftet persönlich nur der Schuldner. Wegen Sonderschulden des Mannes können sich jedoch die Gläubiger in gleichem Umfange wie wegen der Eheschulden auch an die zum Vermögen der Frau gehörenden Errungenschaftsgegenstände halten. Wegen der Sonderschulden der Frau können die Gläubiger, soweit es sich um voreheliche oder während der Ehe nicht in Folge einer willkürlichen Verfügung entstandene Schulden handelt, in Ermangelung genügenden Vorbehaltsguts der Frau von dem Manne Befriedigung aus dem in seiner Verwaltung befindlichen Sondergute der Frau verlangen; andere Sonderschulden der Frau sind während der Dauer des Güterstandes nicht gegen den Willen des Mannes in das seiner Verwaltung unterliegende Sondergut der Frau vollstreckbar. Im Verhältnisse der Ehegatten zu einander fallen die Sonderschulden jedes Ehegatten ihm, die Eheschulden der Errungenschaftsmasse zur Last. Zur Tragung eines Theiles der Einbuße ist die Frau nach Althessischem und Solmser Rechte dem Mannne gegenüber nicht verpflichtet."

Artikel 55.

§ 1. Besteht für eine Ehe der gesetzliche Güterstand der Gemeinschaft des beweglichen Vermögens und der Errungenschaft nach einem der Rechte, welche in den zum Oberlandesgerichtsbezirke Frankfurt a. M. gehörenden Theilen der Rheinprovinz oder in der Provinz Schleswig-Holstein gelten, so treten an die Stelle der bisherigen Gesetze die Vorschriften des Bürgerlichen Gesetzbuchs über die Fahrnißgemeinschaft.

Tritt für eine Ehe, für welche die Vorschriften des Jütischen Low maßgebend sind, der bezeichnete Güterstand erst zu einer späteren Zeit ein, so gilt die Vorschrift des Abs. 1 von dieser Zeit an.

§ 2. Bei dem Güterstande der Kur-Cölnischen Rechtsordnung oder des Kur-Trierschen Landrechts bleiben statt des § 1551 Abs. 2, bei dem Güterstande des Jütischen Low bleiben statt der §§ 1551, 1554 des Bürgerlichen Gesetzbuchs die bisherigen Gesetze für den Umfang des eingebrachten Gutes maßgebend.

§ 3. Die Vorschriften des Artikel 46 §§ 2, 3 und des Artikel 53 § 3 finden Anwendung.

„Die Gemeinschaft des beweglichen Vermögens und der Errungenschaft findet sich als gesetzliches Güterrecht, abgesehen vom Geltungsbereiche des Rheinisch-Französischen Rechtes,

1. in einigen Bezirken des gemeinrechtlichen Theiles der Rheinprovinz nämlich:
   a) in der vormaligen Grafschaft Sayn-Altenkirchen nach dem im sogenannten Lamprechtschen Statute von 1743 aufgezeichneten Gewohnheitsrecht,
   b) im Geltungsgebiete der Kur-Cölnischen Rechtsordnung von 1663 (mit Erläuterungen von 1767),
   c) im Geltungsgebiete des Kur-Trierschen Landrechts von 1668 und 1714 (1713),
2. im vormaligen Herzogthume Schleswig, mit Ausnahme der Bezirke mit besonderen Statutarrechten sowie auf der Insel Helgoland nach dem Jütischem Low von 1240." B.

Für die Ehen aus diesen Rechtsgebieten soll die Fahrnißgemeinschaft aus §§ 1549 ff. B. G. B. nach § 1 eingeführt werden; jedoch wird für das Geltungsgebiet des Jütischen Low diese Wirkung hinausgeschoben, entsprechend dem dort geltenden Rechte, wenn ein Mann ohne eigenes Vermögen oder Geschäft mit seiner Frau im elterlichen Hause lebt.

Die Bestimmung des § 2 ist deshalb getroffen, weil nach der Kur-Cölnischen Rechtsordnung Tit. 8 §§ 3, 5, 7, 8 und dem Kur-Trierschen Landrechte Tit. 7 §§ 2 ff. der Umfang des unbeweglichen Vermögens erheblich weiter bemessen ist als im § 1551 Abs. 2 B. G. B. und weil nach Jütischem Low die Gemeinschaft sich auf alles bewegliche Vermögen und die Häuser der Ehegatten aus der Zeit der Eheschließung, auf allen Erwerb während der Ehe (ausgenommen der Erwerb von Todeswegen) und, wenn beide Ehegatten etwas erben, auf das bewegliche ererbte Gut erstreckt, auch bei Verkauf von Erbland der nicht zum Wiederankauf von Land verwendete Erlös ebenfalls Gemeingut wird (abweichend vom § 1554 B. G. B.).

Nach § 3 verbleibt es (abgesehen von dem Rechte, die Erbschaft nach den Bestimmungen des B. G. B. zu wählen) auch hier bei den erbrechtlichen Wirkungen des bisherigen Güterstandsrechts. Die B. besagt hierzu:

„Im Falle der Beendigung der Gemeinschaft durch den Tod eines der Ehegatten gewähren die drei Rheinischen Statuten dem überlebenden Ehegatten bei unbeerbter und beerbter Ehe die Leibzucht; jedoch tritt nach dem Sayn-Altenkirchener Rechte bei beerbter Ehe zunächst fortgesetzte Gütergemeinschaft und erst mit der Wiederverheirathung des Ueberlebenden eine beschränkte Leibzucht ein. Daneben erhält der Ueberlebende nach dem letztgenannten Statute bei unbeerbter Ehe, nach Kurcölnischem Rechte in allen Fällen die ganze Fahrniß des Verstorbenen, nach Kurtrierschem Rechte bei unbeerbter Ehe je nach der Verwandtschaftsnähe der Erben drei Viertel der Fahrhabe oder diese ganz, bei beerbter Ehe Kindestheil; nach dem Kurcölnischen Rechte fällt dagegen bei beerbter Ehe auch die dem Ueberlebenden gehörige

Hälfte der Immobiliarerrungenschaft den Kindern eigenthümlich zu. Nach Jütischem Low nimmt der Ueberlebende außer seinem Alleingute bei unbeerbter Ehe die Hälfte des Gemeinguts, bei beerbter Ehe der Wittwer das Kaufland sowie besten Kindestheil von dem Gesammtgut und dem Alleingut der Frau, die Wittwe besten Kindestheil vom Gesammtgut. Außerdem kann im letzteren Falle der Ueberlebende die Gütergemeinschaft fortsetzen."

Das Citat des Art. 53 § 3 im § 3 ist in der K. beigefügt und dazu bemerkt, daß im größten Theile des Herzogthums Schleswig nach dem jütischem Low der Ehemann das Recht habe, über alles Grundvermögen frei zu verfügen. Doch ist diese Befugniß nur hinsichtlich des zum Gesammtgut gehörigen Grundvermögens aufrecht erhalten; sie erstreckt sich aber auch auf den Erwerb nach dem 1. 1. 1900.

Wegen der Schuldenhaftung der Eheleute bemerkt die B.:

„Die Schuldenhaftung ist bisher sehr verschieden geregelt. Das Kurtriersche Landrecht läßt seinem Wortlaute nach für die vorehelichen Schulden nur das Illat des Schuldners haften; die Haftung des gemeinschaftlichen Vermögens ist streitig. Nach dem Sayn-Altenkirchener Rechte haftet das Gesammtgut für die vorehelichen Mobiliarschulden und wohl auch für die Zinsen und Lasten der eingebrachten Immobiliarschulden. Die Praxis des Kurcölnischen Rechtes nimmt Haftung des Gesammtguts für alle vorehelichen Schulden und auch für die ererbten, d. h. diejenigen Schulden an, welche auf einer während der Ehe anfallenden Erbschaft lasten; daneben haftet jeder Ehegatte für derartige Schulden des anderen Ehegatten persönlich, und zwar solidarisch. Für alle während der Ehe gemachten Schulden des Mannes, einschließlich der Deliktsschulden, und für die von der Frau innerhalb ihrer Schlüsselgewalt oder mit Zustimmung des Mannes eingegangenen Schulden haftet nach dem Sayn-Altenkirchener Rechte das Gesammtgut und der Schuldner persönlich. Nach Kurtrierschem Rechte haftet für die Eheschulden, d. h. die gemeinschaftlich oder zwar einseitig, aber „zum scheinbaren Nutzen und Behuf" beider Eheleute eingegangenen Schulden außer dem Gesammtgute jeder Ehegatte subsidiär zur Hälfte, der Mann überdies für die von ihm allein gemachten Schulden bei Insolvenz der Frau aufs Ganze; treiben die Ehegatten „gesammte Parthirung" d. h. offenen Kram, Handel oder Wirthschaft, so haftet subsidiar nach der Errungenschaft jeder Ehegatte für die von dem anderen allein kontrahirten Schulden zur Hälfte, der allein kontrahirende Ehegatte aber auf das Ganze mit seinem Illat. Bei sonstigen Schulden haftet nur der Kontrahent mit seinem Illat. Nach der Praxis des Kurcölnischen Rechtes sind für die Eheschulden, d. h. die gemeinschaftlichen Schulden sowie alle übrigen Schulden des Mannes und die von der Frau innerhalb ihres häuslichen Wirkungskreises oder im Auftrage des Mannes eingegangenen Schulden, neben dem Gesammtgute beide Ehegatten solidarisch persönlich verhaftet. Für das Jütische Low endlich kann als feststehend gelten, daß zu der persönlichen Haftung jedes Ehegatten für seine Verbindlichkeiten die Haftung des Gesammtguts hinzutritt, ohne Unterschied, ob die Schulden vor oder während der Ehe entstanden und ob sie durch Delikt oder andere Umstände begründet sind. Auch hier muß es für die vor der Ueberleitung entstandenen Schulden der Ehegatten bei den jetzigen Haftungsgrundssätzen verbleiben."

Artikel 56.

Für Ehen, deren Güterstand sich nach dem Rheinischen Bürgerlichen Gesetzbuche bestimmt, gelten folgende Vorschriften:

§ 1. Bei der gesetzlichen Gütergemeinschaft treten an die Stelle der bisherigen Gesetze die Vorschriften des Bürgerlichen Gesetzbuchs über die Fahrnißgemeinschaft.

§ 2. Bei der Errungenschaftsgemeinschaft treten an die Stelle der bisherigen Gesetze die Vorschriften des Bürgerlichen Gesetzbuchs über die Errungenschaftsgemeinschaft.

§ 3. Bei der allgemeinen Gütergemeinschaft treten an die Stelle der bisherigen Gesetze die Vorschriften des Bürgerlichen Gesetzbuchs über die allgemeine Gütergemeinschaft.

Fortgesetzte Gütergemeinschaft tritt nur ein, wenn sie durch Ehevertrag vereinbart ist.

§ 4. In den Fällen der §§ 1 bis 3 bestimmt sich die Befugniß des Mannes zur Verfügung über ein zum Gesammtgute gehörendes Grundstück nach den bisherigen Gesetzen.

Die Frau kann bis zu dem Ablauf eines Jahres nach dem Inkrafttreten des Bürgerlichen Gesetzbuchs auch auf Grund von Thatsachen, welche nur nach den bisherigen Gesetzen die Gütertrennungsklage rechtfertigen, auf Aufhebung der Gütergemeinschaft klagen, wenn die Thatsachen vor dem Inkrafttreten des Bürgerlichen Gesetzbuchs eingetreten sind.

§ 5. Ist bei einem der in den §§ 1 bis 3 bezeichneten Güterstände nach Artikel 1514 des Rheinischen Bürgerlichen Gesetzbuchs vereinbart, daß die Frau im Falle des Verzichts auf die Gütergemeinschaft ihr eingebrachtes Vermögen schuldenfrei zurücknehmen kann, so bleiben für die Ausübung des Verzichts die bisherigen Gesetze maßgebend.

§ 6. Ist für eine Ehe Ausschließung der Gütergemeinschaft nach Maßgabe der Artikel 1530 bis 1535 des Rheinischen Bürgerlichen Gesetzbuchs vereinbart, so treten an die Stelle der bisherigen Gesetze die Vorschriften des Bürgerlichen Gesetzbuchs über das gesetzliche Güterrecht. Die Vorschrift des § 4 findet entsprechende Anwendung.

§ 7. Ist den Fällen der §§ 1 bis 3, 6 der Frau vor dem Inkrafttreten des Bürgerlichen Gesetzbuchs eine Erbschaft oder ein Vermächtniß angefallen, so sind für die Befugniß der

Frau zur Annahme oder Ausschlagung die bisherigen Vorschriften maßgebend.

§ 8. Bei dem Güterstande der Gütertrennung treten an die Stelle der bisherigen Gesetze die für die Gütertrennung geltenden Vorschriften der §§ 1427 bis 1430 des Bürgerlichen Gesetzbuchs.

§ 9. Die gesetzliche Hypothek der Frau besteht von dem Eintritte der in den §§ 1 bis 3, 6, 8 bestimmten Aenderung des Güterstandes an nur noch zur Sicherung der vorher entstandenen Ansprüche; ist sie nicht vor dem Ablauf eines Jahres nach dem Eintritt der Aenderung durch Einschreibung im Hypothekenregister oder durch Eintragung im Grundbuche wirksam geworden, so erlischt sie.

§ 10. Ist für eine Ehe Dotalrecht vereinbart, so fällt die Beschränkung der Frau in der Geschäftsfähigkeit weg. Dies gilt jedoch nicht in Ansehung des Heirathsguts.

Im Uebrigen bleiben die bisherigen Gesetze maßgebend.

Im Art. 56 sind die Güterstände des Rheinischen Bürgerlichen Gesetzbuchs (code civil) behandelt. In demselben ist als gesetzlicher Güterstand eine Gemeinschaft des beweglichen Vermögens und der Errungenschaft hingestellt, welche ihrem Inhalte nach im Wesentlichen übereinstimmt mit der Fahrnißgemeinschaft des B. G. B. §§ 1549 ff. Neben diesem gesetzlichen Güterstande enthält das Französische Recht (ebenso wie das B. G. B.) noch Vorschriften über verschiedene Güterstände, welche durch Vertrag eingeführt werden können (Art. 1497 code c.): die Errungenschaftsgemeinschaft (Art. 1498, 1499), die allgemeine Gütergemeinschaft (Art. 1526), die Verwaltungsgemeinschaft (Art. 1530—1535) die Gütertrennung (Art. 1536—1539), und den dotalrechtlichen Güterstand (Art. 1540—1581). Im Art. 56 Ausf. Ges. wird nun für den gesetzlichen Güterstand des Rheinischen Rechts im § 1 die Fahrnißgemeinschaft des B. G. B. eingeführt und sodann in den §§ 2, 3, 6 und 8 bestimmt, daß an Stelle der Errungenschaftsgemeinschaft, der allgemeinen Gütergemeinschaft, der Verwaltungsgemeinschaft und der Gütertrennung die entsprechenden Güterstände des B. G. B. treten sollen. Für die gesetzliche Gütergemeinschaft des Rheinischen Rechts (§ 1) gestaltet sich die Schuldenhaftung der Eheleute nach der B. wie folgt:

„Bezüglich der Haftung des Gesammtguts den Gläubigern gegenüber besteht im Ergebnisse darin Uebereinstimmung, daß sich die Haftung auf alle Verbindlichkeiten des Mannes erstreckt, wenn auch nach dem bisherigen Rechte die Immobiliarschulden des Mannes nicht Gemeinschaftsschulden im eigentlichen Sinne sind (Rhein. B. G. B. Art. 1419), sondern nur, solange die Gemeinschaft besteht, aus dem Gemeingute beigetrieben werden können. Das Gesammtgut haftet ferner nach beiden Rechten den Gläubigern gegenüber für die vorehelichen Schulden der Frau mit Ausnahme der Immobiliarschulden sowie für die mit Zustimmung des Mannes eingegangenen Verbindlichkeiten der Frau; für die Gemeinschaftsschulden der Frau haftet der Mann auch persönlich (Rhein. B. G. B. Art. 1419, 1426). Verschiedenheiten bestehen namentlich insoweit, als für die Verbindlichkeiten der Frau aus unerlaubten Handlungen sowie für die von ihr gegen den Willen des Mannes mit gerichtlicher Ermächtigung eingangenen Verbindlichkeiten nicht das Gemeingut, sondern nur das nackte Eigenthum des Sonderguts der Frau, also das letztere nur unbeschadet der der Gemeinschaft gebührenden Nutzungen, haftet (Art. 1413, 1424, 1426). Bezüglich der Haftung der Ehegatten für die Gesammtgutsverbindlichkeiten im Verhältnisse zu einander ergeben sich gleichfalls nur geringfügige Abweichungen (Mot. Bd. 4 S. 546 ff.). Auch die besonderen Vorschriften des § 1465 Abs. 2 und des § 1556 des Bürgerlichen Gesetzbuchs entsprechen im Wesentlichen dem Rheinischen Rechte (Art. 1414, 1438, 1469). Die Haftung des Sonderguts der Frau ist im Allgemeinen nach gleichen Grundsätzen geordnet; die schon erwähnte Beschränkung der Haftung auf das nackte Eigenthum des Sonderguts ist jedoch dem neuen Rechte fremd. Daß mangels der erforderlichen Einwilligung des Mannes die Frau bisher auch nicht persönlich verpflichtet wird, ist eine Folge der an die Ehe geknüpften Beschränkung der Geschäftsfähigkeit. Der Entwurf beläßt es wiederum für die vor der Ueberleitung eingegangenen Verbindlichkeiten der Ehegatten ganz bei den bisherigen Grundsätzen (Art. 58 § 3), erachtet dagegen bezüglich der künftigen Schulden die vorbehaltlose Einführung des neuen Rechtes für unbedenklich."

Nach § 3 Abs. 2 (wie im Art. 47 § 4) soll die fortgesetzte Gütergemeinschaft nur dann eintreten, wenn sie vereinbart ist, weil das Rheinische Recht die Fortsetzung die Gütergemeinschaft nicht kennt. Im § 4 ist zunächst im Abs. 1 durch dei K (entsprechend den Bestimmungen zu Art. 52 § 3 und Art. 53 § 3) die Geltung des bisherigen Rechts betreffs der Befugniß des Mannes zur Verfügung über ein zum Gesammtgute gehöriges Grundstück aufrecht erhalten. Im Gegensatze zu § 1445 B. G. B. ist nach Art. 1422 code c. dem Manne nur verboten, u n e n t g e l t l i c h über ein solches Grundstück zu verfügen. Abs. 2 des § 4 will den Rechten der Frau, auf Gütertrennung zu klagen, einen aus dem Art. 1443 code c. herzuleitenden weiteren Schutz gewähren gegenüber den Bestimmungen des § 1468 B. G. B. (namentlich für den Fall, wenn der Ehemann in Konkurs geräth).

Die Bestimmung des § 5, welche die nach Art. 1514 code c. zulässige Vereinbarung betrifft, hat erst Bedeutung nach Beendigung der Gemeinschaft. Daß solche Vereinbarung noch Geltung behält, würde schon aus § 5 Abs. 1 Art. 59 zu folgern sein. Nach der B. soll aber durch § 5 noch besonders hervorgehoben werden, daß die bisherigen Gesetze bezüglich der Ausübung des Verzichts, der dabei zu beobachtenden Formen und Fristen, aufrecht erhalten werden.

Zu § 7. Nach Art. 217 und 776 code c. bedarf die Frau für solche Erklärung der Zustimmung des Mannes.

§ 9. betrifft die gesetzliche Hypothek der Ehefrau aus Art. 2121 und 2122 code c. Letztere Vorschrift hat schon durch § 12 das Ges.

v. 12. 4. 1888 (Ges. S. S. 52) eine Einschränkung erhalten, indem die Eintragung einer Kautionshypothek binnen gewisser Fristen nachzusuchen war. Künftig soll nun, falls nicht bis zum Ablaufe eines Jahres vom 1. 1. 1900 ab die Eintragung in das Register des Hypothekenbewahrers oder in das Grundbuch erfolgt ist, das Sicherungsrecht erlöschen. (Neu nach dem 1. 1. 1900 entsprechende Ansprüche der Ehefrau begreift die gesetzliche Hypothek nicht.)

Zu § 10 bemerkt die B., daß der Güterstand des Dotalrechts außerordentlich selten vorkomme. (Eine amtliche Umfrage habe aus den letzten 5 Jahren nur 8 Fälle solcher Eheabreden in St. Johann festgestellt.) Bei diesen Ehen behält die Frau auch die gesetzliche Hypothek oder den gesetzlichen Anspruch auf Bestellung einer Hypothek wegen des Heirathsguts (vgl. zu Art. 33 § 4).

Die B. bemerkt, daß wenn im Ehevertrag gemischte Gütersysteme (nach Art. 1581 code c.) verbunden würden, so würden künftig die Vorschriften des neuen Rechts aus den entsprechenden Gütersystemen des B. G. B. neben einander anzuwenden sein.

Daß das autonomische Statut der rheinischen Ritterschaft vom 21. 1. 1837 in Kraft bleibt, ergiebt sich aus Art. 216 des Einf.-Ges. z. B. G. B. K.

Artikel 57.

Besteht für eine Ehe der gesetzliche Güterstand nach dem Allgemeinen Landrechte Theil II Titel 1 Abschnitt 5, dem gemeinen Dotalrechte, dem gemeinen Sachsenrechte, der Schaumburgischen Polizeiordnung von 1615, dem Fuldischen, dem Würzburgischen Rechte, dem Landrechte der oberen Grafschaft Katzenelnbogen oder dem Französischen Civilgesetzbuche, so finden die für diese Güterstände maßgebenden Vorschriften der Artikel 45, 49, 50, 52, 53, 56 auch Anwendung, wenn die Ehegatten den ersten ehelichen Wohnsitz nicht in Preußen gehabt haben.

Dem Französischen Civilgesetzbuche wird das Badische Landrecht gleich geachtet.

„Einige der in den Artikeln 45 bis 56 behandelten Güterrechte kommen auch in anderen Bundesstaaten vor. Namentlich gilt

1. die Verwaltungsgemeinschaft des Preußischen Allgemeinen Landrechts:
   in einigen Bayerischen Gebietstheilen als prinzipales oder subsidiäres gesetzliches Güterrecht (Neubauer S. 89, 90) sowie in den vormals Erfurtischen Gebietstheilen von Sachsen-Weimar (ebenda S. 231);
2. das gemeine Dotalrecht:
   im rechtsrheinischen Bayern, mit Ausnahme des unter subsidiärer Herrschaft des Preußischen Landrechts stehenden Gebiets, bald für alle, bald für gewisse Bevölkerungsklassen. als prinzipales oder subsidiäres Güterrecht, unmittelbar auf Grund des gemeinen Rechtes oder auf Grund von Statutar-

rechten (Neubauer S. 71 ff.), ferner in kleinen Bezirken des Großherzogthums Hessen (v. Roth, System des deutschen Privatrechts, Th. II § 95 unter III), in Mecklenburg-Schwerin und Mecklenburg-Strelitz mit Ausnahme mehrerer Städte (v. Roth § 95 Nr. IV), in Braunschweig allgemein, in Schaumburg-Lippe und Lippe für den Adel, in Waldeck allgemein (Neubauer S. 239, 261, 58);

3. die Verwaltungsgemeinschaft des Lübischen Rechtes: insbesondere in einigen Städten von Mecklenburg-Schwerin (Neubauer S. 228; v. Roth § 135 unter IIIa);
4. die Verwaltungsgemeinschaft des Sächsischen Rechtes (gemeinsamen Sachsenrechts):
   im größten Theile von Sachsen-Weimar, in Theilen von Sachsen-Meiningen, in Sachsen-Altenburg, im Herzogthume Sachsen-Gotha, in Anhalt, in Schwarzburg-Rudolstadt, in Schwarzburg-Sondershausen, in Reuß älterer und Reuß jüngerer Linie (Neubauer S. 230, 243, 246, 248, 249, 251ff., 255 bis 257);
5. die Verwaltungsgemeinschaft nach der Schaumburgischen Polizeiordnung von 1615:
   in Schaumburg-Lippe außer für den Adel (Neubauer S. 258);
6. die allgemeine Gütergemeinschaft nach Fuldischem Rechte:
   in den vormals bischöflich Fuldischen Gebietstheilen von Bayern, Hessen und Sachsen-Weimar, in letzteren für ältere Ehen (Neubauer S. 145, 226, 231);
7. die Errungenschaftsgemeinschaft oder allgemeine Gütergemeinschaft des Würzburgischen Rechtes:
   in dem vormals bischöflich Würzburgischen Gebiete von Bayern (Neubauer S. 102, 149);
8. die Errungenschaftsgemeinschaft nach dem Mainzer Landrechte:
   in den vormals Kurmainzischen Gebietstheilen von Bayern und Hessen (Neubauer S. 99, 214, 225);
9. die Errungenschaftsgemeinschaft nach dem Solmser Landrechte:
   in Theilen von Bayern und Hessen (Neubauer S. 99, 213, 222);
10. die Errungenschaftsgemeinschaft nach dem Landrechte der oberen Grafschaft Katzenelnbogen und der Darmstädtischen Verordnung vom 2. März 1795:
   in den Althessischen Theilen der Großherzoglich Hessischen Provinz Starkenburg (Neubauer S. 211);
11. die Mobiliargemeinschaft des Rheinischen Rechtes:
   in der Bayerischen Pfalz, in Rheinhessen, im Oldenburgischen Fürstenthume Birkenfeld, in Elsaß-Lothringen und auf Grund des Badischen Landrechts in Baden (Neubauer S. 227, 234, 273, 207)." B.

Wenn Eheleute in einem der vorgedachten außerpreußischen Gebiete ihren ersten ehelichen Wohnsitz vor dem 1. 1. 1900 begründet und also nach dem dort geltenden Güterstandsrechte gelebt haben, und sie bereits am 1. 1. 1900 in Preußen wohnten, so soll ihr eheliches Güterrecht ebenso behandelt werden, als wenn sie ihren ersten ehelichen Wohnsitz bereits in Preußen genommen hätten. Ausnahmen sollen nur eintreten betreffs der Güterstände des Lübischen, Mainzer und Solmser Rechts nach Art. 51 und 54, weil sich diese drei Rechte in den andern Bundesstaaten anders entwickelt haben, als in Preußen.

Artikel 58.

Auf eine Ehe, für die einer der in den Artikeln 45 bis 57 bezeichneten Güterstände kraft Ehevertrags gilt, finden die Vorschriften dieser Artikel ohne Rücksicht auf den ersten ehelichen Wohnsitz der Ehegatten Anwendung.

Besteht für eine Ehe kraft Ehevertrags der Güterstand des gemeinen Dotalrechts, so treten an die Stelle der bisherigen Gesetze die für die Gütertrennung geltenden Vorschriften der §§ 1427 bis 1430 des Bürgerlichen Gesetzbuchs.

Der Art. 58 findet Anwendung auf alle Verträge, durch welche einer der gedachten Güterstände eingeführt ist. Nicht anwendbar ist die Vorschrift des Art. 58 auf Vereinbarungen über Abänderung oder Ergänzung einzelner Vorschriften des gesetzlichen Güterrechts, da diese Vereinbarungen nach Art. 59 § 5 unberührt bestehen bleiben.

Abs. 2 stellt eine Ausnahme auf: es soll der Fall, wenn Eheleute verabreden, sie wollten nach Dotalrecht leben, nicht gleichbehandelt werden mit dem Falle, wenn das Dotalrecht als eheliches Güterrecht gesetzlich gilt. Während im letzteren Falle nach Art. 49 das gesetzliche Güterrecht des B. G. B., also Verwaltungsgemeinschaft, eintreten soll, werden im ersteren Falle die Vorschriften über Gütertrennung zur Anwendung gebracht. Es beruht die Bestimmung des Abs. 2 auf den Erfahrungen, welche man im Bezirk des Oberlandesgerichts Cassel dahin gemacht hat, daß bei vertragsmäßiger Ausschließung eines der im dortigen Bezirke geltenden Güterrechte die Absicht der Betheiligten dahin gehe, dem Ehemanne solle keinerlei Verwaltungsbefugniß am Eingebrachten der Ehefrau zustehen. P.

Artikel 59.

Für die nach den Artikeln 45 bis 58 eintretende Aenderung des Güterstandes gelten folgende Vorschriften:

§ 1. Das zur Zeit der Aenderung des Güterstandes vorhandene Vermögen der Ehegatten wird, unbeschadet der Vorschriften des Artikel 49 § 2, des Artikel 53 § 2 und des Artikel 54 § 2, eingebrachtes Gut, Vorbehaltsgut oder Gesammtgut, soweit es nach den bisherigen Gesetzen zu einer dem eingebrachten Gute, dem Vorbehaltsgut oder dem Gesammtgut entsprechenden Vermögensmasse gehört.

Bei der allgemeinen Gütergemeinschaft findet auf Gegenstände, die nur der Nutzung nach zum gemeinschaftlichen Vermögen gehören, die Vorschrift des § 1439 Satz 2 des Bürgerlichen Gesetzbuchs Anwendung.

§ 2. Wird in Folge der Aenderung des Güterstandes das Grundbuch unrichtig, so werden für die Berichtigung des Grundbuchs Gerichtsgebühren und Stempel nicht erhoben.

§ 3. In Ansehung der vor der Aenderung des Güterstandes entstandenen Verbindlichkeiten der Ehegatten bestimmen sich die Haftung des eingebrachten Gutes, des Vorbehaltsguts und des Gesammtguts sowie die persönliche Haftung der Ehegatten nach den bisherigen Gesetzen. Dies gilt auch für das Verhältniß der Ehegatten unter einander.

Soweit sich bei der allgemeinen Gütergemeinschaft die Frau nach den bisherigen Gesetzen durch die Ausschlagung ihres Antheils von der persönlichen Haftung befreien kann, erlischt die Haftung mit der Beendigung der Gemeinschaft.

§ 4. Die Geltendmachung der Ersatzansprüche, welche den Ehegatten auf Grund des Güterstandes gegen einander zustehen, bestimmt sich nach den Vorschriften des Bürgerlichen Gesetzbuchs.

§ 5. Vereinbarungen, welche die Ehegatten in Abänderung oder Ergänzung einzelner Vorschriften des gesetzlichen Güterrechts getroffen haben, werden von der Aenderung des Güterstandes nicht berührt.

Das Gleiche gilt von einer seitens eines Dritten getroffenen Anordnung der im Abs. 1 bezeichneten Art.

§ 6. Auf einen zur Zeit der Aenderung des Güterstandes anhängigen Rechtsstreit und auf die Wirkung der Entscheidung ist die Aenderung des Güterstandes ohne Einfluß.

Das Gleiche gilt von der Vermögensauseinandersetzung der Ehegatten, wenn die Ehe auf Grund einer vor der Aenderung des Güterstandes erhobenen Klage geschieden wird.

§ 7. Auf die dem überlebenden Ehegatten nach den bisherigen Gesetzen zustehenden Rechte, die durch dieses Gesetz aufrecht erhalten werden, finden die Vorschriften des § 1933 und der §§ 2335 bis 2337 des Bürgerlichen Gesetzbuchs entsprechende Anwendung.

§ 8. Soweit nach diesem Gesetze für den Güterstand die Vorschriften des Bürgerlichen Gesetzbuchs maßgebend sind, finden auch die für den Güterstand geltenden Vorschriften der Civilprozeßordnung und der Konkursordnung Anwendung.

§ 9. Die Wirksamkeit des nach diesem Gesetz eintretenden Güterstandes gegenüber Dritten bestimmt sich nach den für die Wirksamkeit des bisherigen Güterstandes geltenden Vorschriften. Die Bestimmungen des Allgemeinen Landrechts Theil II Titel 1 §§ 352, 353, 425 treten jedoch außer Kraft.

Eine spätere Aenderung des Güterstandes ist Dritten gegenüber nur nach Maßgabe des § 1435 Abs. 1 des Bürgerlichen Gesetzbuchs wirksam. Das Gleiche gilt von einem nach dem Inkrafttreten des Bürgerlichen Gesetzbuchs erhobenen Einspruche des Mannes gegen den selbstständigen Betrieb eines Erwerbsgeschäfts durch die Frau und von einem nach der bezeichneten Zeit erklärten Widerrufe der Einwilligung des Mannes zu dem Betriebe.

Dieser Art. enthält ebenso wie der Art. 44 allgemeine Vorschriften für die Ueberleitung der einzelnen Gütersysteme vom alten zum neuen Rechte.

Im § 1 werden die Vermögensmassen, welche zur Zeit der Ueberleitung (am 1. 1. 1900) vorhanden sind, nach der Classifizierung des alten Rechts in die entsprechenden Klassen des neuen Rechts untergebracht. Was also z. B. Vorbehaltsgut im Sinne des alten Rechts war, soll nun Vorbehaltsgut im Sinne des neuen Rechts werden. (Die Ausnahmen, welche schon in vorangegangenen Artikeln bei einzelnen Güterrechten gemacht sind, werden nochmals besonders hervorgehoben. So soll z. B. in dem Güterstande des Art. 54 das vor dem 1. 1. 1900 von der Ehefrau erworbene Vermögen, wenn es auch nach dem bisherigen Rechte als Vorbehaltsgut gelten könnte, nicht als vorbehaltenes sondern als eingebrachtes Vermögen im Sinne des B. G. B. behandelt werden.) Eine Consequenz der Regel des Abs. 1 ist, daß das am 1. 1. 1900 vorhandene zum eingebrachten Gute der Frau gehörige baare Geld nach Vorschrift des § 1377 B. G. B. behandelt, also mündelsicher angelegt werden muß, während für das bereits vor dem 1. 1. 1900 verausgabte eingebrachte Geld der Frau der Mann nicht nach den Bestimmungen des B. G. B. verantwortlich zu machen ist, sondern nach den Bestimmungen des alten Rechts, also z. B. im Gebiete des Allgemeinen Landrechts nach den §§ 548 ff. Th. II Tit. 1 A. L. R.

Zu § 2 ist die Stempel- und Kostenfreiheit — abweichend von dem Entwurfe — ohne, daß die Stellung des Antrags an eine bestimmte Frist geknüpft ist, nach Beschluß der K. gewährt.

Zu § 3 wurde in der K. von Seiten der Regierung erklärt, „es werde in die Rechte der Gläubiger durch die Ueberleitung nicht eingegriffen. Der § 3 sei so zu verstehen, daß nach dem alten Recht zu bestimmen sei, welche Gütermassen den älteren Gläubigern haften, daß aber von der Zeit der Ueberleitung an das neue Recht dafür maßgebend sein solle, welche Aenderungen in dem Bestande der Gütermassen eintreten." P. Wieweit die Hoffnung der Ehegatten nach den bisherigen Gesetzen reichte, darüber ist oben bei den einzelnen Gütersystemen näherer Aufschluß aus der B. gegeben.

Der Satz 2 des Abs. 1 § 3 soll gelten „sowohl für die Frage, welcher Vermögensmasse oder welchem der Ehegatten in deren Verhältnisse zu einander die Verbindlichkeiten gegen Dritte zur Last fallen, als auch die Verbindlichkeiten der Ehegatten gegen einander. Insbesondere bleiben demnach auch die Ersatzansprüche, die den Ehegatten gegen einander oder gegen das Gesammtgut oder diesem gegen einen der Ehegatten zustehen, unberührt." B.

Zu Abs. 2. Solches Recht hat die Frau z. B. nach der Lübischen Gütergemeinschaft in Pommern (Art. 51), ferner nach den Rechten von Lüneburg und Hildesheim (Art. 52).

Zu § 4. Das B. G. B. weicht „von den bisher geltenden Rechten mehrfach insofern ab, als nach ihm die Befriedigung der Ansprüche in weiterem Umfange schon vor der Beendigung des Güterstandes verlangt werden kann (zu vergl. § 1377 Abs. 3 Satz 2, § 1394, § 1411 Abs. 2, § 1467, § 1525 Abs. 2, §§ 1541, 1549, § 1550 Abs. 2)".

Zu § 5. Vgl. hierzu § 1433 B. G. B. darüber, daß solche Vereinbarungen, welche den Güterstand durch Verweisung auf ein nicht mehr geltendes oder auf ein ausländisches Gesetz bestimmen, ungiltig sind. Solche Vereinbarungen können aber hier nicht in Frage kommen, wo es sich nur um einzelne Vorschriften des gesetzlichen Güterrechts handelt.

Zu § 6 Abs. 2. Die Bestimmungen der §§ 1477 Abs. 2 und 1478 B. G. B. kommen also nicht zur Anwendung. — Nach Art. 201 Einf. Ges. z. B. G. B. sind nur die Ehescheidungsgründe des B. G. B. auch für diese Klagen maßgebend.

§ 7 betrifft die Klagen auf Scheidung und Entziehung des Pflichttheils, welche auf Verschulden des beklagten Ehegatten gestützt sind. (§ 2236 Abs. 4 B. G. B. findet selbstverständlich keine Anwendung. P.)

Zu § 8. Solche Vorschriften enthält § 861 C. P. O. — Die Zulässigkeit bezüglich solcher konkursrechtlichen Bestimmungen ist im Art. VI. des Einf. Ges. vom 17. 5. 1898 (R. G. Bl. S. 248) ausgesprochen.

Zu § 9 Abs. 1 Satz 1 ist in der K. von der Regierung folgende Erklärung abgegeben, der Satz „sei dahin zu verstehen, daß er einerseits die sofortige Anwendung des § 1435 des B. G. B. auf die bestehenden Ehen ausschließe, andererseits die bisherigen Vorschriften aufrechterhalte, welche die Wirksamkeit des Güterstandes gegenüber Dritten an die Beobachtung einer bestimmten Form, insbesondere einer öffentlichen Bekanntmachung, knüpfe; erst unter den Voraussetzungen des § 9 Abs. 2 oder des Art. 62 trete an die Stelle dieser Vorschriften der § 1435 des B. G. B." P.

In der Herrenhaus-Kommission wurde ferner (nach dem Berichte derselben) von der Regierung der Aufhebung des § 352 Th. II Tit. 1 A. L. R. folgende Bedeutung gegeben; „daß Ehegatten mit dem gesetzlichen Güterstand der landrechtlichen Verwaltungsgemeinschaft, die vor dem 1. Januar 1900 in das Gebiet der landrechtlichen Gütergemeinschaft verzogen seien oder später in dies Gebiet verzögen, auch Dritten gegenüber künftig als nach dem gesetzlichen Güterrecht des Bürgerlichen Gesetzbuches lebend gelten. Der Grund dieser Regelung liege darin, daß es dem Standpunkte des neuen Rechts widersprechen würde, die Wirksamkeit des gesetzlichen Güterstandes Dritten gegenüber von einer Veröffentlichung abhängig zu machen."

Artikel 60.

Für einen Ehevertrag, durch den an die Stelle des nach diesem Gesetz eintretenden Güterstandes eine andere nach den Vorschriften des Bürgerlichen Gesetzbuchs zulässige Regelung des Güterstandes gesetzt oder der bezeichnete Güterstand in einzelnen Beziehungen geändert wird, für die Eintragung des Ehevertrags in das Güterrechtsregister und für den Antrag auf die Eintragung werden Gerichtsgebühren und Stempel nicht erhoben, wenn der Vertrag vor dem Ablauf eines Jahres nach der Aenderung des Güterstandes geschlossen wird.

Das Gleiche gilt für die Aufnahme von Vermögensverzeichnissen und Auseinandersetzungsurkunden, wenn sie wegen der Aenderung des bisherigen Güterstandes von den Ehegatten vor dem im Abs. 1 bezeichneten Zeitpunkte beantragt wird.

Art. 60 will für die am 1. 1. 1900 bestehenden Ehen den Interessen der Eheleute entgegenkommen, indem für die näher angegebenen Akte Gerichtskosten- und Stempelfreiheit zugesagt ist, wenn die Eheleute innerhalb einer Jahresfrist eine andere nach dem B. G. B. zulässige Regelung des Güterstands oder einzelne Abänderungen zu dem Güterstande vereinbaren. Werden solche Akte von dem Notar aufgenommen, so stehen diesem die Gebühren zu. Der Justizminister hat aber in der K. erklärt, es solle nicht als unlauterer Wettbetrieb angesehen werden, wenn ein Notar für solche Akte keine oder geringere Gebühren erhöbe: es solle eine Instruktion in diesem Sinne ergehen.

Artikel 61.

§ 1. Bestimmt sich der Güterstand einer Ehe nach dem Bürgerlichen Gesetzbuche für das Königreich Sachsen, so treten an die Stelle der bisherigen Vorschriften:

1. wenn die Ehegatten nach dem gesetzlichen Güterrechte leben, die Vorschriften des Bürgerlichen Gesetzbuchs über das gesetzliche Güterrecht;
2. wenn der Frau die freie Verfügung über ihr Vermögen durch Ehevertrag vorbehalten ist, die für die Gütertrennung geltenden Vorschriften der §§ 1427 bis 1430 des Bürgerlichen Gesetzbuchs;
3. wenn zwischen den Ehegatten allgemeine Gütergemeinschaft vereinbart ist, die Vorschriften des Bürgerlichen Gesetz-

buchs über die allgemeine Gütergemeinschaft; fortgesetzte Gütergemeinschaft tritt nur ein, wenn sie durch Ehevertrag vereinbart wird.

§ 2. Für Ehen, deren Güterstand sich außer den Fällen des § 1 kraft Gesetzes oder Ehevertrages nach einem in einem anderen Bundesstaate geltenden Güterrechte bestimmt, kann, wenn nach den Gesetzen des andern Bundesstaats an die Stelle des bisherigen Güterrechts ein im Bürgerlichen Gesetzbuche geregelter Güterstand tritt, dieser Güterstand, unbeschadet der Vorschriften der Artikel 57, 58, von dem Inkrafttreten des Bürgerlichen Gesetzbuchs oder einem späteren Zeitpunkt an durch Königliche Verordnung eingeführt werden.

§ 3. Auf die nach Maßgabe der §§ 1, 2 eintretende Aenderung des Güterstandes finden die Vorschriften der Artikel 59, 60 entsprechende Anwendung.

Art. 61 betrifft die Ehen solcher Eheleute, welche am 1. 1. 1900 in Preußen wohnen, aber bis dahin nach dem Güterrechte eines anderen Bundesstaates gelebt haben und wegen der Verlegung des Wohnsitzes dem Machtbereiche dieses Rechtes nicht mehr angehören. Es wird nun beabsichtigt, nur dann mit der Preußischen Gesetzgebung in diese Eherechte einzugreifen, wenn die Gesetzgebung des betheiligten Bundesstaats das betreffende Güterrecht in grundsätzlicher Uebereinstimmung mit dem Preußischen Ausführungsgesetze einer Ueberleitung unterzieht. Um das prüfen zu können, müssen die außerpreußischen Bundesstaatsgesetze zur Ausführung des B. G. B. erst vorliegen. Bis zur Fertigstellung des Preußischen Ausführungsgesetzes lag bereits das Ausführungsgesetz des Königreichs Sachsen vom 18. 6. 1898 vor, welches die Ueberleitung der Güterrechte grundsätzlich von dem gleichen Standpunkte, wie das Preußische Gesetz regelt. Art. 61 § 1 entspricht denn auch dem Inhalte nach den Bestimmungen des § 34 Abs. 1 des citirten Sächsischen Gesetzes.

§ 2 bezieht sich auf die Ehen, für die kraft Gesetzes oder Ehevertrags ein in einem anderen Bundesstaate geltendes Güterrecht besteht. Für diese Ehen kann entsprechend der Bestimmung des § 1 ebenfalls das neue Recht des Bundesstaats auf Königliche Verordnung eingeführt werden, unter der Voraussetzung, daß nicht die Art. 57 oder 58 zur Anwendung kommen.

Durch den Vorbehalt des § 3 wird Abs. 2 des § 34 des citirten Sächs. Gesetzes von der Einführung in Preußen ausgeschlossen. Denn während dieser Abs. 2 besagt:

> „Die Vorschriften des § 1435 des B. G. B. finden entsprechende Anwendung, soweit Rechtsgeschäfte nach Ablauf eines Jahres seit dem Inkrafttreten dieses Gesetzes vorgenommen werden oder Urtheile in Streitsachen ergehen, die nach dieser Zeit anhängig geworden sind."

wird in § 3 der Art. 59 § 9 zur Anwendung gebracht.

Artikel 62.

Ein Güterstand, für den die bisherigen Gesetze in Kraft bleiben, kann durch Ehevertrag nur nach Maßgabe der Vorschriften des Bürgerlichen Gesetzbuchs aufgehoben oder geändert werden.

Auf einen solchen Ehevertrag findet die Vorschrift des Artikel 60 Abs. 1 Anwendung, wenn er vor dem Ablauf eines Jahres nach dem Inkrafttreten des Bürgerlichen Gesetzbuchs geschlossen wird.

Nach Art. 200 Abs. 2 des Einf. Ges. z. B. G. B. kann durch Ehevertrag der Güterstand auch dann geändert werden, wenn nach bisherigem Rechte ein Ehevertrag unzulässig war. Aber nach § 1433 B. G. B. kann (abgesehen von dem Falle des Abs. 2 dieses §) der Güterstand nicht durch Verweisung auf ein nicht mehr geltendes oder auf ein ausländisches Gesetz bestimmt werden. Der Art. 62 trifft nun die Bestimmung für die Ehen, für welche die bisherigen Güterstandsgesetze in Kraft bleiben, daß der Güterstand nur nach Maßgabe der Vorschriften des B. G. B. durch Ehevertrag aufgehoben oder geändert werden kann, und ist solchem Ehevertrag dadurch förderlich, daß gemäß Art. 60 Abs. 1 Befreiung von Gerichtskosten und Stempeln zugestanden wird. Bei welchen Ehen die bisherigen Güterstandsgesetze in Kraft bleiben, darüber vergl. oben zu Art. 44 ff. die Vorbemerkungen.

Artikel 63.

Wird der Wohnsitz des Mannes nach dem Inkrafttreten des Bürgerlichen Gesetzbuchs verlegt, so finden die Vorschriften des § 1435 des Bürgerlichen Gesetzbuchs entsprechende Anwendung; ein von dem gesetzlichen Güterrechte des Bürgerlichen Gesetzbuchs abweichender Güterstand steht einem vertragsmäßigen gleich.

Die Vorschrift des Art. 63 findet Anwendung auf alle am 1. 1. 1900 bestehenden Ehen mit einem zu dieser Zeit begründeten Wohnsitz ohne Unterschied, ob sie der gesetzlichen Ueberleitung unterworfen sind oder nicht. Die Bestimmung kommt nicht in Betracht bei den Ehen, für welche das gesetzliche Güterrecht des B. G. B. eingeführt ist, da für diese nach § 1435 B. G. B. die Eintragung nicht erfordert wird. Im Uebrigen kann die Fassung des Art. doch zu Zweifeln Anlaß geben. Dem Wortlaute nach müßte die Eintragung geschehen selbst in dem Falle, wenn der neue und bisherige Wohnsitz innerhalb desselben Amtsgerichts belegen ist. Nach dem Berichte der K. heißt es aber: „Anwendung findet der Artikel nur dann, wenn die Verlegung des Wohnsitzes an einen anderen Ort zugleich diejenige in den Bezirk eines anderen Amtsgerichts mit sich bringt". Ins Gesetz ist jedoch diese Einschränkung nicht aufgenommen. In der 3. Lesung der K. wurde ein Antrag auf Hinzufügung der Worte „in einen anderen Registerbezirk" gestellt, aber zurückgezogen, nachdem er von Seiten der Regierung mit Rücksicht auf § 1435 in Verbindung mit § 1558 B. G. B.

für entbehrlich erachtet, auch die Fassung bemängelt war. Jedenfalls wird man nicht die Anwendung des Art. 63 auch noch an die Voraussetzung knüpfen dürfen, daß an den beiden Wohnsitzen verschiedenes Güterrecht herrsche.

Artikel 64.

Für die nach diesem Gesetz erforderlichen Eintragungen in das Güterrechtsregister gelten die Vorschriften der §§ 1558 bis 1563 des Bürgerlichen Gesetzbuchs.

In Frage kommt der Eintragungszwang in den Fällen des Art. 59 § 9, Art. 62 und 63.

Artikel 65.

Begründen Ehegatten nach dem Inkrafttreten des Bürgerlichen Gesetzbuchs in Preußen einen Wohnsitz, so gelten die Vorschriften der Artikel 45 bis 60, 62 bis 64 von der Zeit der Begründung des Wohnsitzes an; diese Zeit tritt an die Stelle der Zeit des Inkrafttretens des Bürgerlichen Gesetzbuchs.

Ist jedoch der Güterstand der Ehe schon durch die Gesetze eines andern Bundesstaats geändert worden, so finden nur die Vorschriften der Artikel 63, 64 Anwendung.

Art. 65 betrifft die Fälle, wenn die Ehegatten mit einem Güterstande Preußischen Rechts am 1. 1. 1900 ihren Wohnsitz nicht in Preußen hatten, aber später ihren Wohnsitz nach Preußen verlegen. Daß nach Abs. 2 nur die Vorschriften des Art. 63 und 64, nicht aber die übrigen in Abs. 1 gedachten Art., zur Anwendung kommen sollen, hat seinen Grund darin, daß die Rücksicht auf die Stetigkeit der güterrechtlichen Verhältnisse ein nochmaliges Eingreifen der Gesetzgebung verbietet. Auch die Kostenfreiheit aus Art. 60 wird in den Fällen des Abs. 1 auf die Zeit eines Jahres nach dem Wohnsitzwechsel erstreckt.

Artikel 66.

Bei einer fortgesetzten Gütergemeinschaft, für welche die bisherigen Gesetze maßgebend bleiben, finden auf die Ertheilung eines Zeugnisses über die Fortsetzung der Gütergemeinschaft die Vorschriften des § 1507 des Bürgerlichen Gesetzbuchs Anwendung.

Nach § 1507 B. G. B. hat das Nachlaßgericht den überlebenden Ehegatten auf Antrag ein Zeugniß über die Fortsetzung der Gütergemeinschaft zu ertheilen, wobei die Vorschriften über den Erbschein entsprechende Anwendung finden. Nach § 36 Abs. 2 R. Grundbuch-O. darf der Grundbuchrichter nur auf Grund solchen Zeugnisses das Bestehen der fortgesetzten Gütergemeinschaft annehmen. Nach § 83 R. Grundbuch-O. konnte diese Vorschrift des § 36 Abs. 2 zwar nach Landesgesetz außer Geltung gelassen werden. Nach der B. soll aber das gedachte Zeugniß ausschließliches Beweismittel gegenüber dem

Grundbuchamte sein. Gerade für den Grundbuchverkehr ist Art. 66 bestimmt. Er bezieht sich aber, wie in der K. festgestellt wurde, nur auf die eigentliche fortgesetzte Gütergemeinschaft, nicht auf das Rechtsverhältniß des „Sitzenbleibens in ungetheilten Gütern.“

Artikel 67.

§ 1. Ist eine Ehe, für welche allgemeine Gütergemeinschaft nach Fuldischen Rechte bestanden hat, vor dem Inkrafttreten des Bürgerlichem Gesetzbuchs durch den Tod eines der Ehegatten aufgelöst, so tritt im Falle der Wiederverheirathung des überlebenden Ehegatten Einkindschaft nicht ein. Der Ehegatte ist zur Abschichtung seiner Abkömmlinge aus früheren Ehen verpflichtet.

Den Abkömmlingen gebührt die Hälfte des Werthes des Gesamtguts zur Zeit der Wiederverheirathung; die Forderung wird zur Hälfte sofort, bei minderjährigen Abkömmlingen mit dem Eintritte der Großjährigkeit, zur Hälfte mit dem Tode des überlebenden Ehegatten fällig. Die Abkömmlinge können für ihre Forderung die Bestellung einer Sicherungshypothek verlangen. Auf das Verhältniß der Abkömmlinge unter einander finden die Vorschriften des § 1503 des Bürgerlichen Gesetzbuchs entsprechende Anwendung.

Eine Vereinbarung, durch welche die Abschichtung abweichend von den Vorschriften des Abs. 2 geregelt wird, bedarf, wenn ein Abkömmling unter elterlicher Gewalt oder Vormundschaft steht, der Genehmigung des Vormundschaftsgerichts.

§ 2. Ist eine Ehe mit dem Güterstande der allgemeinen Gütergemeinschaft nach Verdener Rechte vor dem Inkrafttreten des Bürgerlichen Gesetzbuchs durch den Tod der Frau aufgelöst, so ist der Mann im Falle der Wiederverheiratung zur Abschichtung seiner Abkömmlinge aus früheren Ehen nach Maßgabe der Vorschriften des bisherigen Rechtes verpflichtet.

§ 3. In den Fällen der §§ 1, 2 finden die Vorschriften des § 1314 Abs. 2 und des § 1493 Abs. 2 des Bürgerlichen Gesetzbuchs entsprechende Anwendung.

Nach der Fuldischen Gütergemeinschaft tritt bei Wiederverheirathung des überlebenden Ehegatten Einkindschaft der Vorkinder gesetzlich ein. Ueber den Fall, daß dieser Eintritt bereits vor dem 1. 1. 1900 stattgefunden hat, vgl. Art. 52. In dem Art. 67 wird nun der Fall behandelt, daß die Ehe bereits vor dem 1. 1. 1900 durch den Tod aufgelöst ist, aber die Wiederverheirathung und mithin die Einkindschaft bis zu diesem Tage noch nicht stattgefunden hat. Wenn nun der überlebende Ehegatte zur Wiederverheirathung schreitet, so soll keine Einkindschaft mehr eintreten, da dieses Institut dem B. G. B. fremd ist, sondern die Abschichtung der Vorkinder erfolgen. Die Grundsätze, nach welchen die Abschichtung vorzunehmen ist, sind in der R. im Abs. 2 und 3 im Einzelnen formulirt.

In § 2 ist für die ähnlichen Verhältnisse des Verdener Rechts, nach welchem der überlebende Ehemann gleichfalls Alleineigenthümer des gemeinschaftlichen Vermögens wird, für den Fall der Wiederverheirathung künftig die Abschichtung der Vorkinder vorgeschrieben. In § 3 werden die Befugnisse des Vormundschaftsgerichts zur Ausstellung des Zeugnisses über das Recht der Wiederverheirathung gemäß den Vorschriften des B. G. B. festgestellt, und zwar für das Fuldische und Verdener Recht.

In der Herrenhauskommission ist die Frage aufgeworfen, ob die Bestimmung einiger bisherigen Rechte in Kraft bleibe, wonach durch die Abschichtung der Kinder erster Ehe dieselben bei der Wiederverheirathung des überlebenden Ehegatten auch von dem Nachlasse des letzteren ganz abgefunden werden. Seitens der Regierung wurde erwidert, der Entwurf gehe davon aus, daß es sich hier nicht um eine erbrechtliche Wirkung des Güterstandes handle und daß die künftige Beerbung des überlebenden Ehegatten sich daher ausschließlich nach den Vorschriften des neuen Rechts regele. Doch handle es sich um eine Frage der Auslegung des Reichsgesetzes.

Erklärungen über den Familiennamen.

Artikel 68.

§ 1. Für die Entgegennahme und die öffentliche Beglaubigung der im § 1577 Abs. 2, 3 des Bürgerlichen Gesetzbuchs bezeichneten Erklärungen über den Namen einer geschiedenen Frau ist, wenn die geschiedene Ehe vor einem Preußischen Standesbeamten geschlossen war, dieser zuständig. Anderenfalls ist für die Entgegennahme das Amtsgericht zuständig, in dessen Bezirke der Erklärende seinen Wohnsitz oder seinen gewöhnlichen Aufenthalt hat; das Gericht soll die Erklärung dem Standesbeamten, vor welchem die Ehe geschlossen war, mittheilen.

Die Erklärung ist am Rande der über die Eheschließung bewirkten Eintragung zu vermerken.

§ 2. Für die Entgegennahme und die öffentliche Beglaubigung der Erklärung, durch welche der Ehemann der Mutter eines unehelichen Kindes diesem seinen Namen ertheilt, sowie der Einwilligungserklärungen des Kindes und der Mutter ist, wenn die Geburt des Kindes im Geburtsregister eines Preußischen Standesbeamten eingetragen ist oder wenn die Erklärung bei der Eheschließung vor einem Preußischen Standesbeamten erfolgt, der Standesbeamte zuständig. Anderenfalls ist für die Entgegennahme das Amtsgericht zuständig, in dessen Bezirke der Ehemann seinen Wohnsitz oder seinen gewöhnlichen Aufenthalt hat.

Erfolgt die Erklärung über die Ertheilung des Namens nicht gegenüber dem Standesbeamten, in dessen Geburtsregister der Geburtsfall eingetragen ist, so soll die zuständige Behörde sie dem Standesbeamten mittheilen.

Die Erklärung ist am Rande der über den Geburtsfall bewirkten Eintragung zu vermerken.

§ 3. Die Befugniß des Standesbeamten erstreckt sich nicht auf die Beglaubigung eines Handzeichens.

Nach § 1577 Abs. 2 B. G. B. kann die geschiedene Frau ihren früheren Familiennamen wieder annehmen. War sie vor der Eingehung der geschiedenen Ehe verheirathet, so kann sie auch den Namen wieder annehmen, den sie zur Zeit der Eingehung dieser Ehe hatte, es sei denn, daß sie allein für schuldig erklärt wird.

Nach Abs. 3 kann andererseits der Mann der Frau, falls sie allein für schuldig erklärt ist, die Führung seines Namens untersagen.

Die Erklärung der Frau über die Namensannahme und der Widerspruch des Mannes sind der zuständigen Behörde gegenüber und in öffentlich beglaubigter Form abzugeben.

Im Art. 68 § 1 wird nun die Bestimmung über die zuständige Behörde zur Entgegennahme der Erklärungen und über die öffentliche Beglaubigung getroffen. Die ausschließlich für die Entgegennahmen zuständigen Behörden sind klar bezeichnet. Was aber die öffentliche Beglaubigung betrifft, so kommen hier noch in Betracht die Vorschriften der §§ 129 und 126 B. G. B. Die Beglaubigung kann sich auf die Unterschriften oder auf die Handzeichen erstrecken. Handzeichen können nach § 126 cit. nur gerichtlich oder notariell beglaubigt werden, nicht vom Standesbeamten. Letzteres ist im § 3 Art. 68 noch besonders von der K. ausgesprochen. Die Unterschrift kann aber nach § 129 cit. „von der zuständigen Behörde oder einem zuständigen Beamten oder Notar beglaubigt werden." Nach § 191 Abs. 1 des R. Gesetzes über die Angelegenheiten der freiwilligen Gerichtsbarkeit sind nun zunächst neben den Notaren die Amtsgerichte zur Beglaubigung zuständig. Hierzu hat Art. 68 auch noch die Zuständigkeit der Standesbeamten hinzugefügt.

§ 2 betrifft den Fall des § 1706 Abs. 2 Satz 2 B. G. B., welcher besagt, daß der Ehemann der Mutter eines unehelichen Kindes durch Erklärung gegenüber der zuständigen Behörde dem Kinde mit Einwilligung des Kindes und der Mutter seinen Namen ertheilen kann, und daß die Erklärung des Ehemanns sowie die Einwilligungserklärungen des Kindes und der Mutter in öffentlich beglaubigter Form abzugeben sind.

Auch im § 2 sind die zur Empfangnahme ausschließlich befugten Behörden klar bezeichnet. Was aber die öffentliche Beglaubigung betrifft, so gilt das zum § 1 Bemerkte, wonach für die Handzeichen-Beglaubigung das Amtsgericht und der Notar, für die Beglaubigung der Unterschrift neben diesen beiden auch noch, wie näher angegeben, der Standesbeamte zuständig sein soll.

Elterliche Gewalt.

Artikel 69.

§ 1. Soweit in privatrechtlichen Vorschriften, die neben dem Bürgerlichen Gesetzbuch in Kraft bleiben, auf die väterliche Gewalt oder den väterlichen Nießbrauch Bezug genommen ist, tritt an die Stelle der väterlichen Gewalt die elterliche Gewalt, an die Stelle des väterlichen Nießbrauchs die elterliche Nutznießung.

Ist in privatrechtlichen Angelegenheiten eines Minderjährigen die Zustimmung des Vaters oder des Vormundes oder die Vertretung durch den Vater oder den Vormund vorgeschrieben, so steht die Zustimmung oder die Vertretung der Mutter zu, wenn sie kraft elterlicher Gewalt die Vertretung des Minderjährigen hat.

§ 2. Der Mutter steht die Nutznießung an dem Fideikommißvermögen des Kindes kraft der elterlichen Gewalt nur insoweit zu, als ihr nach dem bisherigen Rechte der Nießbrauch zustehen würde. Die im § 1693 des Bürgerlichen Gesetzbuchs vorgesehene Uebertragung der Vermögensverwaltung auf einen der Mutter bestellten Beistand kann auch ohne Antrag der Mutter erfolgen; sie hat zu erfolgen, wenn sie vom Vater nach Maßgabe des § 1777 des Bürgerlichen Gesetzbuchs angeordnet worden ist.

§ 3. Hat die Mutter eines Minderjährigen dessen Vermögen bis zum Inkrafttreten des Bürgerlichen Gesetzbuchs als Vormünderin, von dieser Zeit an kraft elterlicher Gewalt zu verwalten, so findet die Legung einer Schlußrechnung nach § 67 der Vormundschaftsordnung vom 5. Juli 1875 nicht statt. Die Mutter hat erst nach dem Aufhören ihrer Vermögensverwaltung auch für die Zeit der vormundschaftlichen Verwaltung dem Kinde Rechenschaft abzulegen.

§ 4. Soweit in öffentlichrechtlichen Vorschriften der bestehenden Landesgesetze auf die väterliche Gewalt Bezug genommen ist, tritt an die Stelle der väterlichen Gewalt die elterliche Gewalt des Vaters.

Steht die elterliche Gewalt nach dem Bürgerlichen Gesetzbuche der Mutter zu oder wird sie von ihr ausgeübt, so liegt der Mutter auch die Vertretung des Minderjährigen in öffentlichrechtlichen Angelegenheiten insoweit ob, als sie nach dem bisherigen Rechte dem Vater, Vormund oder Pfleger oblag. Ist in einer Angelegenheit die Mitwirkung weiblicher Personen ausgeschlossen, so kann sich die Mutter nach den für die Vertretung solcher Personen geltenden Vorschriften vertreten lassen.

In § 1626 B. G. B. ist bestimmt: „Das Kind steht, solange es minderjährig ist, unter elterlicher Gewalt." Es wird sodann in den §§ 1627—1683 die elterliche Gewalt des Vaters und in den §§ 1684 bis 1698 die elterliche Gewalt der Mutter behandelt. Die elterliche Gewalt, welche die Sorge für die Person und das Vermögen des Kindes, die Nutznießung dieses Vermögens und die gesetzliche Vertretung des Kindes in sich begreift, wird vorzüglich von dem Vater, aber nach seinem Tode oder, wenn die Gewalt verwirkt und die Ehe aufgelöst ist, (nach § 1684) von der Mutter ausgeübt. Das Institut der elterlichen Gewalt tritt an die Stelle der väterlichen Gewalt des bisherigen Rechts. Demgemäß sind Einzelvorschriften des Reichsrechts, wie das Gesetz über die Erwerbung und den Verlust der Staatsangehörigkeit vom 1. 7. 1870 (Bundes-Gesetzblatt S. 355) im Art. 41 des Einf. Ges. zum B. G. B. entsprechend dem neuen Rechte des B. G. B. abgeändert. Im Art. 69 § 1 werden aber ganz allgemein in allen privatrechtlichen Bestimmungen des neben dem B. G. B. (nach Einführungsgesetz) aufrecht erhaltenen Preußischen Rechtes an Stelle der väterlichen Gewalt und des väterlichen Nießbrauchs die elterliche Gewalt und der elterliche Nießbrauch gesetzt.

§ 2 ist ein Zusatz der Herrenhaus-Kommission, gestützt auf Art. 59 Einf. Ges. z. B. G. B. Die Verwaltung des Fideikommißvermögens ist der Mutter nicht entzogen. Aber betreffs der Nutznießung, welche nach den Ausführungen in der Kommission bisher der Mutter am Rhein nur bis zum 18. Lebensjahre des Kindes, und in den östlichen landrechtlichen Provinzen überhaupt nicht zustehen soll, sind die Rechte der Mutter nicht erweitert.

Der § 3 ist von der K. eingefügt. Während nach der V. die Festsetzung der öffentlichrechtlichen Wirkungen der väterlichen Gewalt einem besonderen Gesetze vorbehalten werden sollte, ist nunmehr dieser Gegenstand grundsätzlich geordnet.

Im § 4 verneinte die K. die Frage, ob die Mutter, welche bis zum 1. 1. 1900 Vormünderin gewesen und von da ab gemäß der Vorschriften des B. G. B. an Stelle der Vormundschaft die elterliche Gewalt erhielt, für die Zeit der Vormundschaft nach § 67 der Vormundschaftsordnung Schlußrechnung zu legen hat. Die Mutter soll vielmehr erst bei Aufhören ihrer Vermögensverwaltung, den Bestimmungen des B. G. B. entsprechend, Rechenschaft ablegen und zwar zugleich für ihre Thätigkeit während der geführten Vormundschaft.

Anerkennung der Vaterschaft.

Artikel 70.

Für die Aufnahme der im § 1718 und im § 1720 Abs. 2 des Bürgerlichen Gesetzbuchs vorgesehenen öffentlichen Urkunden über die Anerkennung der Vaterschaft ist der Standesbeamte, welcher die Geburt des Kindes oder die Eheschließung seiner

Eltern beurkundet hat, auch dann zuständig, wenn die Anerkennung der Vaterschaft nicht bei der Anzeige der Geburt oder bei der Eheschließung erfolgt.

Beantragt bei einer vor dem Gericht oder einem Notar erfolgenden Anerkennung der Erklärende die Beischreibung eines Vermerkes im Geburtsregister, so hat das Gericht oder der Notar die Erklärung und den Antrag dem zuständigen Standesbeamten mitzutheilen.

Wenn die Vaterschaft unehelicher Kinder in den Fällen der §§ 1718 und 1720 Abs. 2 B. G. B. anerkannt werden soll, so ist nach § 167 Abs. 2 des R. Ges. über die Angelegenheiten der freiwilligen Gerichtsbarkeit für die Aufnahmen solcher Erklärung der Notar und das Amtsgericht zuständig, ferner aber auch, wenn die Anerkennung bei der Anzeige der Geburt des Kindes oder bei der Eheschließung seiner Eltern erfolgt, auch der Standesbeamte, welcher die Geburt oder die Eheschließung beurkundet. Da aber nach § 200 des letztgedachten Gesetzes Vorschriften zur Ergänzung und Ausführung desselben durch Landesgesetze erlassen werden können, so sollen die gedachten Standesbeamten auch dann nach Art. 70 die Beurkundung vornehmen dürfen, wenn die Anerkennung nicht bei der Geburt oder bei der Eheschließung erfolgt.

Artikel 71.

§ 1. Sind für die persönlichen Verhältnisse eines unehelichen Kindes die Vorschriften des Rheinischen Rechtes maßgebend, so erlangt das Kind die rechtliche Stellung eines ehelichen Kindes, wenn der Vater die Mutter geheiratet und das Kind vor dem Inkrafttreten des Bürgerlichen Gesetzbuchs in einer öffentlichen Urkunde anerkannt hat. Dies gilt für ein Kind, das zur Zeit der Anerkennung volljährig ist, nur dann, wenn das Kind vor dem Inkrafttreten des Bürgerlichen Gesetzbuchs in einer öffentlichen Urkunde seine Zustimmung zu der Anerkennung erklärt.

§ 2. Eine nach § 1 erfolgte Anerkennung gilt als von der Zeit der Eheschließung an wirksam. Erworbene Rechte Dritter bleiben unberührt.

Der Art. 71 ist von der K. in das Gesetz für das Gebiet des Rheinischen Rechts eingefügt und ist nur anwendbar, wenn die Eheschließung und die Anerkennung der Vaterschaft in der Zeit vor dem 1. 1. 1900 erfolgt. Nach diesem Zeitpunkte kann die Legitimation der unehelichen Kinder nur in dem reichsgesetzlich geordneten Wege durch nachfolgende Ehe § 1719 ff. oder durch Ehelichkeits-Erklärung gemäß § 1723 ff. erfolgen.

Dieser Art. ist nach Art. 90 sofort mit der Verkündung in Kraft getreten.

Beamte und Geistliche als Vormünder.

Artikel 72.

Wer ein Staatsamt oder ein besoldetes Amt in der Kommunal- oder Kirchenverwaltung bekleidet, bedarf zu Uebernahme einer Vormundschaft oder zur Fortführung einer vor dem Eintritt in das Amt übernommenen Vormundschaft der Erlaubnis der zunächst vorgesetzten Behörde. Das Gleiche gilt für die Uebernahme oder die Fortführung des Amtes eines Gegenvormundes, Pflegers oder Beistandes.

Die Erlaubniß kann zurückgenommen werden.

Notare bedürfen der Erlaubnis nicht.

Nach § 1784 B. G. B. soll ein Beamter oder Religionsdiener, der nach den Landesgesetzen einer besonderen Erlaubniß zur Uebernahme einer Vormundschaft bedarf, nicht ohne die vorgeschriebene Erlaubniß zum Vormunde bestellt werden. § 1888 bestimmt dazu, daß, wenn ein solcher Vormund bestellt ist, derselbe wieder entlassen werden soll, wenn die Erlaubniß zur Uebernahme oder Fortführung versagt oder zurückgenommen wird. Diese Vorschriften finden auch Anwendung auf die Bestellung und Entlassung eines Beamten oder Religionsdieners zum Gegenvormunde, Pfleger oder Beistand (§§ 1792, 1895, 1915, 1694). Da die Vormundschaftsordnung vom 5. 7. 1875 im Ganzen nach Art. 89 Nr. 29 formell aufgehoben ist, so ist durch Art. 72 Abs. 1 und 2 im Wesentlichen dem bisherigen Rechte (§§ 22 Vorm.-O.) entsprechend, eine Ersatzvorschrift erlassen. Als neues Recht ist in der K. der Abs. 3, betreffs der Notare, hinzugefügt.

Anlegung von Mündelgeld.

Artikel 73.

§ 1. Eine Hypothek, eine Grundschuld oder eine Rentenschuld an einem in Preußen belegenen Grundstück ist für die Anlegung von Mündelgeld als sicher anzusehen, wenn sie innerhalb des Fünfzehnfachen oder, sofern ihr kein anderes der Eintragung bedürfendes Recht im Range vorgeht oder gleichsteht, innerhalb des Zwanzigfachen des staatlich ermittelten Grundsteuerreinertrags oder bei einem ländlichen Grundstück innerhalb der ersten zwei Drittel, bei einem städtischen Grundstück innerhalb der ersten Hälfte des Werthes zu stehen kommt.

Der Werth ist bei ländlichen Grundstücken durch Taxe einer Preußischen öffentlichen Kreditanstalt, die durch Vereinigung von Grundbesitzern gebildet ist und durch staatliche Verleihung Rechtsfähigkeit erlangt hat, oder durch Taxe einer Preußischen provinzial- (kommunal-) ständischen öffentlichen Grundkreditanstalt oder durch gerichtliche Taxe, bei städtischen Grundstücken in gleicher Weise oder durch Taxe einer öffentlichen Feuerversicherungsanstalt festzustellen.

§ 2. Statt des Zwanzigfachen des Grundsteuerreinertrags ist bei Grundstücken, die von einer Kreditanstalt der im § 1 Abs. 2 bezeichneten Art satzungsgemäß ohne besondere Ermittelungen bis zu einem größeren Vielfachen beliehen werden können, das größere Vielfache, sofern es jedoch den dreißigfachen Betrag übersteigt, dieser Betrag maßgebend.

Für einzelne Bezirke kann durch Königliche Verordnung statt des Zwanzigfachen des Grundsteuerreinertrags ein das Vierzigfache nicht übersteigendes größeres Vielfaches bestimmt werden.

Vorbemerkung: Die Art. 73—76 enthalten Vorschriften über die Anlegung von Mündelgeldern. Nach dem B. G. B. befinden sich zunächst Vorschriften über die Angelegung dieser Gelder in den §§ 1806 bis 1811. Es wird speziell über die Art der Anlegung Bestimmung getroffen, und zwar in dem § 1807, in welchen Werthen die Anlegung in der Regel geschehen soll, in dem § 1808, wie die Anlegung in dem Falle geschehen soll, wenn sie nicht nach den Grundsätzen des § 1807 erfolgen kann, und im § 1811, daß das Vormundschaftsgericht aus besonderen Gründen von den Anlegungsgründen der §§ 1807 und 1808 dispensiren kann. Schon nach B. G. B. wird aber die Mündelsicherheit keineswegs nur für die Anlegung von Mündelgut verlangt, sondern sollen die zu Gunsten der Mündel aufgestellten Grundsätze in vielen anderen Verhältnissen entsprechend zur Anwendunng gebracht werden, (vgl. namentlich die §§ 234, 1079, 1288, 1377, 1642 und 2119). Es wird aber auch noch in anderen Reichsgesetzen die mündelsichere Geldanlage verlangt, z. B. für die Berufsgenossenschaften und für die Invaliditäts- und Altersversicherungsanstalten. Endlich finden sich auch Fälle der Anwendbarkeit dieser Grundsätze in landesgesetzlichen und statutarischen Bestimmungen.

Nach § 1807 Abs. 2 B. G. B. ist angeordnet, daß die Landesgesetze für die innerhalb ihres Geltungsbereichs belegenen Grundstücke die Grundsätze bestimmen können, nach denen die Sicherheit einer Hypothek, einer Grundschuld oder einer Rentenschuld festzustellen ist. Hiernach würden die hierauf bezüglichen Vorschriften des § 39 Abs. 3 der Vormundschaftsordnung vom 5. 7. 1875, welche sich mit dieser Frage befassen, in Geltung bleiben können. Da aber die Vormundschaftsordnung im Ganzen aufgehoben ist (Art. 89 Nr. 29), so ist im Art. 73 auf der Grundlage jener bisherigen Vorschriften diese Angelegenheit neu geregelt.

Im § 1 wird die Werthgrenze für die mündelsichere Beleihung von Grundstücken einerseits nach dem Vielfachen des Grundsteuerreinertrags, andererseits nach Bruchtheilen des durch eine Taxe ermittelten Werthes bestimmt. Betreffs des Grundsteuerreinertrags ist grundsätzlich an dem fünfzehnfachen Betrage, wie in der Vormundschaftsordnung vorgesehen war, festgehalten.

Es ist jedoch für den Fall, daß die Beleihung zur ersten Stelle erfolgt, und daß auch kein anderes der Eintragung bedürfendes Recht im Range vorgeht oder gleichsteht, die Beleihungsgrenze auf den zwanzigfachen Grundsteuerreinertrag erhöht. Dabei wird nach der Bestimmung des Art. 187 Abs. 1 des Einf. G. zum B. G. B. eine Ungleichheit der Grenze insoweit eintreten können, als die bereits bestehenden Grunddienstbarkeiten zur Erhaltung ihrer Wirksamkeit der Eintragung nicht bedürfen, also der Beleihung zum zwanzigfachen Grundsteuerreinertrag nicht entgegen stehen. (Von der Befugniß des Abs. 2 des Art. 187 hat das Preußische Gesetz keinen Gebrauch gemacht. S. oben Art. 22.) Werden aber künftig, nachdem das Grundbuch als angelegt anzusehen ist, Grunddienstbarkeiten (gemäß § 873 B. G. B.) eingetragen, so kann die Beleihung nur noch bis zum fünfzehnfachen Betrage des Grundsteuerreinertrages erfolgen. Doch kann im einzelnen Falle, falls durch das vorstehende Recht die Sicherheit der Anlegung nicht gefährdet wird, das Vormundschaftsgericht nach § 1811 dem Vormunde die Anlegung in weiterer Grenze gestatten. B. Dies gilt aber nur, wenn es sich um Mündelgelder handelt, nicht für andere Fälle, in denen das Gesetz betreffs anderer Geldanlagen die Mündelsicherheit fordert. Finden sich Rechte mit dem Vorrange eingetragen, welche der Eintragung nicht bedürfen, wie z. B. Domänen-Amortisationsrenten (Art. 22), so soll hierdurch (nach der Feststellung in der K.) die Werthbestimmung nach dem zwanzigfachen Betrage des Grundsteuerreinertrags nicht beeinträchtigt werden.

Nach der Fassung des § 1 kann nur der „staatlich ermittelte Grundsteuerreinertrag", nicht der zum Zwecke der Gemeindesteuer festgestellte Reinertrag (§ 25 Abs. 2 des Kommunalabgabengesetzes vom 14. 7. 1893, Ges. S. S. 152) in Betracht kommen.

Ein Vielfaches des Gebäudesteuernutzungsrechts als Maßstab für die Beleihung in das Gesetz zu setzen, hat die K. abgelehnt.

Zu Abs. 2 sind durch die Bezeichnung „einer Preußischen öffentlichen Kreditanstalt, die durch Vereinigung von Grundbesitzern gebildet ist, und durch staatliche Verleihung Rechtsfähigkeit erlangt hat" einerseits die Taxen nicht öffentlicher Kreditanstalten, z. B. einer nicht öffentlichen Landschaft, ausgeschlossen, andererseits auch die Taxen öffentlicher Kreditanstalten, die nicht zu den landschaftlichen oder ritterschaftlichen gehören, z. B. das Berliner Pfandbriefamt einbegriffen.

Im Geltungsgebiete der Allgemeinen Gerichtsordnung kommen die im II. Theil desselben enthaltenen Vorschriften über die Aufnahme gerichtlicher Taxen auch künftig noch zur Anwendung. Für die anderen Landestheile kann nach dem Preußischen Gesetze über die freiwillige Gerichtsbarkeit Art. 127 Abs. 1 „durch Königliche Verordnung die Aufnahme von Taxen einer Behörde übertragen, für die Abschätzung von Grundstücken auch bestimmt werden, daß sie durch staatlich anzustellende Sachverständige zu erfolgen hat. Das Verfahren sowie die Höhe der Gebühren ist von den zuständigen Ministern zu regeln. Eine in

Gemäßheit der Vorschriften des Abs. 1 aufgenommenen Taxe steht einer gerichtlichen Taxe gleich."

Nach dem § 39 Abs. 3 der Vormundschaftsordnung wurden auch berücksichtigt die Taxen einer öffentlichen „Feuerversicherungsgesellschaft." An Stelle dieser Taxen sind ins Gesetz jetzt aufgenommen diejenigen der öffentlichen „Feuerversicherungsanstalten", um auch kommunale Anstalten, wie die Nassauische Brandversicherungsanstalt und die Hessische Brandversicherungsanstalt in Cassel einzuschließen. Dagegen sind die Taxen privater Feuerversicherungsgesellschaften von der Berücksichtigung ausgeschlossen.

Jn § 2 wird den Verhältnissen derjenigen Landestheile Rechnung getragen, in welchen die Grundsteuerveranlagung niedrig ausgefallen ist oder seit der Veranlagung die Grundstückswerthe erheblich gestiegen sind. Auch für die Beleihungen aus Abs. 1 kommt mittelbar eine Königliche Verordnung in Betracht, weil die Beleihungsgrundsätze der gedachten Anstalten der Königlichen Genehmigung bedürfen.

Der Art. 73 tritt nach Abs. 2 Art. 90 mit der Verständigung in Kraft.

Artikel 74.

Zur Anlegung von Mündelgeld sind außer den im § 1807 des Bürgerlichen Gesetzbuchs bezeichneten Forderungen und Werthpapieren geeignet:

1. die Rentenbriefe der zur Vermittelung der Ablösung von Renten in Preußen bestehenden Rentenbanken;
2. die Schuldverschreibungen, welche von einer Deutschen kommunalen Körperschaft oder von der Kreditanstalt einer solchen Körperschaft oder mit Genehmigung der staatlichen Aufsichtsbehörde von einer Kirchengemeinde oder einem kirchlichen Verband ausgestellt und entweder von Seiten der Jnhaber kündbar sind oder einer regelmäßigen Tilgung unterliegen;
3. die mit staatlicher Genehmigung ausgegebenen Pfandbriefe und gleichartigen Schuldverschreibungen einer Kreditanstalt der im Artikel 73 § 1 Abs. 2 bezeichneten Art;
4. die auf den Jnhaber lautenden Schuldverschreibungen, welche von einer Preußischen Hypotheken-Aktien-Bank auf Grund von Darlehen an Preußische Körperschaften des öffentlichen Rechtes oder von Darlehen, für welche eine solche Körperschaft die Gewährleistung übernommen hat, ausgegeben sind.

Jn Art. 74 werden behandelt die zur Anlegung von Mündelgeldern geeigneten Werthpapiere. Nach Art. 212 Einf. G. zum B. G. B. bleiben in Kraft die landesgesetzlichen Vorschriften, nach welchen gewisse

Werthpapiere zur Anlegung von Mündelgeld für geeignet erklärt sind. Aus dem § 39 der Vormundschaftsordnung sind nur hinübergenommen in dem Art. 74 die unter Nr. 1 aufgeführten Rentenbriefe. Auch die Nr. 2 über die Schuldverschreibungen der kommunalen Körperschaften oder deren Kreditanstalten ist aus jenem § 39 entnommen. Hinzugefügt aber sind die Schuldverschreibungen einer Kirchengemeinde oder eines kirchlichen Verbandes, welche der Genehmigung seitens der staatlichen Aufsichtsbehörde schon nach den bisher geltenden Kirchengesetzen bedurften (wie z. B. nach dem Gesetze vom 20. 6. 1875 über die Vermögensverwaltung in den katholischen Kirchengemeinden. Ges. S. S. 241 und nach dem Gesetze vom 3. 6. 1876 betreffend die evangelische Kirchenverfassung in den acht älteren Provinzen der Monarchie. Ges. S. S. 125).

Die Nr. 3 ist dem § 39 Abs. 4 der Vormundschaftsordnung entnommen, jedoch kommen nur öffentliche Kreditanstalten in Betracht und es ist auch von dem Erforderniß abgesehen, daß sie nach ihren Statuten sich auf $1/2$ bezw. $2/3$ des Werthes bei Beleihungen zu beschränken haben. (In der K. war ausgeführt, daß private Kreditanstalten, wie die westfälische Landschaft und der schleswig-holsteinsche Landwirthschaftliche Kreditverband in der Lage seien, sich in öffentliche Anstalten umzuwandeln.)

Die Nr. 4 ist ein erst im Plenum des Abgeordnetenhauses (am 30. 6. 1899) beschlossener Zusatz (Antrag Gamp), nachdem ein Antrag, die Pfandbriefe der Preußischen Hypotheken-Aktien-Banken für mündelsicher zu erklären, abgelehnt war.

Artikel 75.

§ 1. Eine in Preußen bestehende öffentliche Sparkasse kann durch den Regierungspräsidenten im Einvernehmen mit dem Landgerichtspräsidenten zur Anlegung von Mündelgeld für geeignet erklärt werden. Die Erklärung kann zurückgenommen werden.

Die Erklärung und die Rücknahme sind durch das Amtsblatt bekannt zu machen.

§ 2. Ist vor dem Inkrafttreten des Bürgerlichen Gesetzbuchs ein Sparkassenbuch außer Kurs gesetzt, so ist zur Erhebung des Geldes die Genehmigung des Gegenvormundes oder des Vormundschaftsgerichts erforderlich.

Nach § 1807 Abs. 1 Nr. 5 B. G. B. gehört zu den Bestimmungen, in welcher Weise das Mündelgeld angelegt werden soll, auch die Anlegung „bei einer inländischen öffentlichen Sparkasse, wenn sie von der zuständigen Behörde des Bundesstaats, in welchem sie ihren Sitz hat, zur Anlegung von Mündelgeld geeignet erklärt ist."

Diese zuständige Behörde ist im § 1 des Art. 75 bestimmt. In der K. wurde festgestellt, daß, wie die Uebereinstimmung der beiden Faktoren (Regierungspräsident und Landgerichtspräsident) erforderlich ist, eine Sparkasse für geeignet zu erklären, die Erklärung zurückgezogen werden muß, wenn nur einer dieser Faktoren die Geeignetheit der bisher für geeignet erklärten Sparkasse in Zweifel zieht.

Da nach § 1809 B. G. B. der Vormund die Anlegung der Gelder bei der Sparkasse nur mit der Bestimmung vornehmen darf, daß zur Erhebung des Geldes die Genehmigung des Gegenvormundes oder des Vormundschaftsgerichts erforderlich ist, die Annahme von Geldern mit solchem Vorbehalte aber nach den Statuten der Sparkassen unzulässig sein kann, so ist in der B. in Aussicht gestellt, die erforderlichen Statutenänderungen im Wege der Verwaltung herbeizuführen.

Auf Grund des § 60 der Vormundschaftsordnung sind in der Praxis auch Sparkassenbücher außer Kurs gesetzt. Die Außerkurssetzung verliert aber nach Art. 176 Satz 2 mit dem 1. 1. 1900 ihre Wirkung. Zur Sicherung des Mündels ist die Vorschrift des § 2 erlassen, da sie im Hinblick auf Art. 99 des Einf. Ges. z. B. G. B. für zulässig erachtet ist. Im Uebrigen hat der Vormund nach Maßgabe der §§ 1814 bis 1817 für die Sicherstellung des Mündels zu sorgen.

Artikel 76.

Im Falle des § 1808 des Bürgerlichen Gesetzbuchs kann die Anlegung von Mündelgeld bei der Preußischen Centralgenossenschaftskasse oder einer sonstigen Preußischen öffentlichen Bankanstalt (Landesbank, landschaftlichen, ritterschaftlichen Darlehnskasse u. s. w.) und, wenn die von einer Preußischen Privatbank ausgestellten Werthpapiere durch den Bundesrath zur Anlegung von Mündelgeld für geeignet erklärt sind oder eine Preußische Privatbank nach Maßgabe des Artikel 85 für die Hinterlegung von Werthpapieren als Hinterlegungsstelle bestimmt ist, bei einer solchen Privatbank erfolgen.

Die Anlegung bei den ordentlichen Hinterlegungsstellen (Hinterlegungsordnung vom 14. März 1879, Gesetz-Samml. S. 249) findet nicht statt.

Art. 76 enthält Ausführungsbestimmungen zu § 1808 B. G. B. welcher besagt:

> „Kann die Anlegung den Umständen nach nicht in der im § 1807 bezeichneten Weise erfolgen, so ist das Geld bei der Reichsbank, bei einer Staatsbank oder bei einer anderen durch Landesgesetz dazu für geeignet erklärten inländischen Bank oder bei einer Hinterlegungsstelle anzulegen."

In Art. 76 werden zunächst die für geeignet erklärten Banken aufgeführt. Als Bank ist auch die Preußische Centralgenossenschaftskasse anzusehen. Ferner kommen neben den landschaftlichen oder ritterschaftlichen Darlehnskassen auch in Betracht die „von Provinzen oder Landeskommunalverbänden errichteten gleichartigen Institute." B.

(In der Herrenhaus-Kommission wurde von dem Justizminister bemerkt, daß die kommunal-ständische Bank für die preußische Oberlausitz in Görlitz und die städtische Bank in Breslau zu den beleihungsfähigen im Sinne dieses Artikels zu rechnen seien.)

Die Hinterlegungsstellen, bei welchen Mündelgeld auch angelegt werden kann, sind im Art. 85 aufgeführt, doch würde die dort aufgeführte Seehandlung schon nach Art. 1808 B. G. B. zur Anlegung geeignet sein, weil sie eine Staatsbank ist. Dagegen darf bei der ordentlichen Staatshinterlegungsstelle (nach Abs. 2) das Geld nicht angelegt werden, entsprechend dem Satz 2 des Art. 144 Einführungsges. z. B. G. B., welcher den Ausschluß von bundesstaatlichen Hinterlegungsstellen durch Landesgesetz gestattet.

Gemeindewaisenrath.

Artikel 77.

§ 1. Für jede Gemeinde oder für örtlich abzugrenzende Gemeindetheile sind ein oder mehrere Gemeindeglieder als Gemeindewaisenrath zu bestellen. Für benachbarte Gemeindebezirke können dieselben Personen bestellt werden.

Das Amt eines Waisenraths ist ein unentgeltliches Gemeindeamt.

Durch Beschluß der Gemeindebehörde können die dem Gemeindewaisenrath obliegenden Verrichtungen besonderen Abtheilungen oder schon bestehenden Organen der Gemeindeverwaltung übertragen werden.

Auf selbständige Gutsbezirke finden diese Vorschriften mit der Maßgabe entsprechende Anwendung, daß der Waisenrath von dem Gutsvorsteher ernannt wird.

Die bisherigen Waisenräthe bleiben im Amte.

§ 2. Zur Unterstützung des Gemeindewaisenraths können Frauen, die hierzu bereit sind, als Waisenpflegerinnen widerruflich bestellt werden. Die Zuständigkeit für die Bestellung bestimmt sich nach den für die Bestellung der Waisenräthe maßgebenden Vorschriften.

Die Waisenpflegerinnen haben unter der Leitung des Gemeindewaisenraths bei der Beaufsichtigung der im Kindesalter stehenden Mündel und bei der Ueberwachung weiblicher Mündel mitzuwirken.

Während die Aufgaben des Gemeindewaisenraths reichsrechtlich (wesentlich übereinstimmend mit dem Preußischen Rechte) geregelt sind (§§ 1675, 1779 Abs. 1 und 1849—1851 B. G. B.; § 49 R. Ges. über die Angelegenheiten der freiwilligen Gerichtsbarkeit), ist die Einrichtung dieser Waisenräthe der Landesgesetzgebung überlassen. Im Art. 77 § 1 Abs. 1—4 ist inhaltlich der § 52 Vormundschaftsordnung wiedergegeben, der Abs. 5 aber entspricht dem Art. 210 Abs. 2 Satz 1 Einf. Ges. z. B. G. B. Die Möglichkeit, den Waisenräthen unter Umständen auch eine Besoldung zuzuwenden, liegt im Abs. 3 gegeben. K.

Neues Recht bringt § 2. Nachdem durch §§ 1781 und 1783 B. G. B. die Frauen grundsätzlich zu Vormündern bestellt werden können (und hierbei nur nach § 1786 B. G. B. die Vormundschaftsübernahme ablehnen dürfen), so sind sie nach § 2 auch zur Unterstützung des Gemeindewaisenraths, wie Abs. 2 besagt, berufen. Ein Antrag, sie zu dem Kommunalamte des Waisenraths zuzulassen, wurde in der K. abgelehnt.

Bevormundung durch einen Anstaltsvorstand oder durch Beamte der Armenverwaltung.

Artikel 78.

§ 1. Der Vorstand einer unter der Verwaltung des Staates oder einer Gemeindebehörde stehenden Erziehungs- oder Verpflegungsanstalt hat für die in der Anstalt untergebrachten Minderjährigen die Rechte und Pflichten eines Vormundes.

Die Rechte und Pflichten des Anstaltsvorstandes bestehen nur, solange das Vormundschaftsgericht nicht einen anderen Vormund bestellt hat. Der Vorstand behält die Rechte und Pflichten des Vormundes auch nach der Beendigung der Erziehung oder Verpflegung bis zur Volljährigkeit des Mündels.

§ 2. Die Aufnahme des Minderjährigen in die Anstalt ist von dem Vorstande dem Vormundschaftsgericht und dem Gemeindewaisenrathe des Bezirkes, in dem die Anstalt liegt, anzuzeigen.

Mit der Aufnahme in die Anstalt endigt das Amt des bisherigen Vormundes.

§ 3. Neben dem Vorstand ist ein Gegenvormund nicht zu bestellen.

Dem Vorstande stehen die nach § 1852 Abs. 2 des Bürgerlichen Gesetzbuchs zulässigen Befreiungen zu.

§ 4. Auf Grund ortsstatutarischer Bestimmung können Beamten der Gemeindearmenverwaltung alle oder einzelne Rechte und Pflichten eines Vormundes für diejenigen Minderjährigen übertragen werden, welche im Wege der öffentlichen Armenpflege unterstützt und unter Aufsicht der Beamten entweder in einer von diesen ausgewählten Familie oder Anstalt oder, sofern es sich um Minderjährige handelt, in der mütterlichen Familie erzogen oder verpflegt werden.

Wird von dieser Befugniß Gebrauch gemacht, so finden die Vorschriften des § 1 Abs. 2, des § 2 Abs. 1 und, wenn dem Beamten alle Rechte und Pflichten eines Vormundes über-

tragen werden, auch die Vorschriften des § 2 Abs. 2 und des § 3 entsprechende Anwendung.

Im Art. 78 sind Ausführungsbestimmungen zu Art. 136 Einf. G. z. B. G. B. enthalten. Während das B. G. B. die gesetzliche Vormundschaft nicht kennt, sind aus der P. Vormundschaftsordnung § 13 die Bestimmungen über die gesetzliche Vormundschaft der Anstaltsvorstände herübergenommen. Der Art. 136 erwähnt die unter staatlicher Verwaltung oder Aufsicht stehenden Erziehungs- und Verpflegungsanstalten, der § 13 Vormundschaftsordnung die unter der Verwaltung des Staats oder einer Gemeindebehörde stehenden Verpflegungsanstalten. Im Art. 78 § 1 sind abweichend vom Wortlaute des Art. 136 cit. (aber entsprechend dem § 13 cit.) auch die unter der Verwaltung der Gemeindebehörden stehenden Anstalten mit aufgenommen, weil diese letzteren Anstalten doch auch unter staatlicher Aufsicht stehen. Andererseits stehen Erziehungsanstalten zwar nicht im § 13 cit., aber in dem Art. 136 cit. Doch war der § 13 auch auf Anstalten für geistliche Pflege mitzubeziehen. Daher entspricht der § 1 des Art. 78 sowohl dem bisherigen Rechte, als auch dem des Einf. Ges. z. B. G. B. Die Bestimmung des § 24 Abs. 3 Vormundschaftsordnung, daß eine Bestellung des gesetzlichen Vormundes nicht stattfindet, bedarf nach der B. eines besonderen Ausspruchs nicht. Die Vorschrift des § 3 ist zulässig nach Art. 136 Nr. 4 Einf. Ges. z. B. G. B.; weitere Befreiungen über die Bestimmung des § 1852 Abs. 2 hinaus sind aber unzulässig. § 4 ist ein Zusatz der K. Werden dem Beamten nur einzelne Rechte und Pflichten eines Vormunds übertragen, so dauert die bisherige Vormundschaft fort.

Die in den §§ 1 und 4 gedachten Vormünder kommen vor den gemäß § 1776 B. G. B. zu berufenden in Betracht. K.

Fürsorge des Nachlaßgerichts.

Artikel 79.

Die Vorschriften, nach welchen das Nachlaßgericht auch unter andern als den im § 1960 Abs. 1 des Bürgerlichen Gesetzbuchs bezeichneten Voraussetzungen die Anfertigung eines Nachlaßverzeichnisses sowie bis zu dessen Vollendung die erforderlichen Sicherungsmaßregeln, insbesondere die Anlegung von Siegeln, von Amtswegen anordnen kann oder soll, treten außer Kraft.

Der § 1960 B. G. B. enthält Vorschriften darüber, in welcher Weise das Nachlaßgericht bis zur Annahme der Erbschaft für die Sicherung des Nachlasses zu sorgen hat. (Welches Gericht als Nachlaßgericht zuständig ist, bestimmen die §§ 72 ff. des R. Ges. über die Angelegenheiten der freiwilligen Gerichtsbarkeit.) Ferner sind in den §§ 1846 und 1911 B. G. B. Bestimmungen enthalten, in welcher Weise für Minderjährige bezw. Abwesende das Vormundschaftsgericht zu sorgen hat. Diese Bestimmungen werden für ausreichend zur

Sicherung der betreffenden Interessenten geachtet, so daß die nach den Art. 140 und 147 Einf. Ges. z. B. G. B. noch zugelassenen besonderen Landesgesetze durch Art. 79 dieses Ausf. Ges. aufgehoben werden (und zwar nicht nur die noch besonders im Art. 89 Nr. 1 und 2 dieses Gesetzes und im Art. 144 Nr. 1 und 2 des Preußischen Gesetzes über die freiwillige Gerichtsbarkeit ausdrücklich aufgehobenen Bestimmungen der §§ 461 und 462 Th. I tit. 9 des A. L. R., § 4 Nr. 1 Th. II tit. 5 der Allgemeinen Gerichtsordnung, Art. 819 Abs. 2 code civil und Art. 911 code de procédure civile), sondern auch andere Bestimmungen, wie § 7 der Amtsverwaltungsordnung für das vormalige Herzogthum Nassau vom 5. 6. 1816 und § 12 des Ges. über das Fiskalat vom 3. 12. 1861 für die vormals freie Stadt Frankfurt.

Nothtestament.

Artikel 80.

Für die Errichtung eines Testaments in der durch den § 2249 Abs. 1 des Bürgerlichen Gesetzbuchs bestimmten Form stehen die selbständigen Gutsbezirke den Gemeinden gleich.

An Stelle des Vorstehers oder neben dem Vorsteher einer Gemeinde kann von dem Justizminister eine andere Person bestellt werden, vor welcher die Errichtung des Testaments zu erfolgen hat. In diesem Falle werden die Gebühren für die Errichtung des Testaments durch den Justizminister bestimmt.

Ist ein Dolmetscher zuzuziehen, so kann die Beeidigung des Dolmetschers durch die Person, vor welcher die Errichtung des Testaments stattfindet, erfolgen.

Nach §§ 2249 und 2250 B. G. B. ist für gewisse Fälle, in welchen die Aufnahme eines ordentlichen Testaments vor einem Richter oder Notar nicht thunlich ist (bei naher Todesgefahr und bei Krankheitsabsperrung), zugelassen, daß zur Errichtung eines Testaments zuständig sein soll, der Vorsteher der Gemeinde, in welcher sich der Testator aufhält, oder, falls sein Aufenthalt stattfindet „in dem Bereich eines durch Landesgesetz einer Gemeinde gleichgestellten Verbandes oder Gutsbezirks,“ der Vorsteher dieses Verbandes oder Bezirks. Verbände der gedachten Art giebt es in Preußen nicht; namentlich stellen die Rheinischen Landbürgermeistereien und die Westfälischen Aemter solche Verbände nicht dar. Was aber die Gutsbezirke betrifft, so ist, um Zweifel auszuschließen, ob die selbständigen Gutsbezirke im Sinne der Landgemeindeordnungen „durch Landesgesetz einer Gemeinde gleichgestellt sind“, ausdrücklich im Abs. 1 diese Gleichstellung ausgesprochen.

Nach Art. 150 Einf. G. z. B. G. B. sollen unberührt bleiben die landesgesetzlichen Vorschriften, nach welchen im Falle des § 2249 B. G. B. an Stelle des Vorstehers oder neben dem Vorsteher eine andere amtlich bestellte Person zuständig ist. In einigen Bezirken haben bisher schon Prediger die Befugniß zur Testamentsaufnahme gehabt (und zwar auf den Ostfriesischen Inseln und im Gebiete des

Nordstrander Landrechts sogar als ordentliche Urkundspersonen, als welche sie künftig nicht mehr auftreten können). Die Ernennung von Predigern zu Urkundspersonen hat doch aber gewiß Bedenken, wenn dieselben auch das Nothtestament von Personen anderen Religionsbekenntnisses auf dem Sterbebette aufnehmen sollen. Nach Abs. 2 ist dem Justizminister die Auswahl gemäß Art. 150 cit. überlassen.

Der Abs. 3 ist von der K. hinzugefügt, weil die mit Aufnahme des Nothtestaments betrauten Personen selten in der Lage sein würden, sofort einen bereits beeideten Dolmetscher zuzuziehen. (Die mit der Testamentsaufnahme beauftragten Personen werden über das Verfahren bei der Eidesleistung, namentlich über die Eidesform unterrichtet werden müssen).

Amtliche Verwahrung von Testamenten und Erbverträgen.

Artikel 81.

§ 1. Die besondere amtliche Verwahrung der Testamente und der Erbverträge erfolgt bei den Amtsgerichten.

§ 2. Zuständig ist bei Testamenten:

1. wenn das Testament vor einem Amtsgericht errichtet ist, dieses Gericht;
2. wenn das Testament vor einem Notar errichtet ist, das Gericht, in dessen Bezirke der Notar seinen Amtssitz hat;
3. wenn das Testament vor dem Vorsteher einer Gemeinde oder eines Gutsbezirkes errichtet ist, das Gericht, zu dessen Bezirke die Gemeinde oder der Gutsbezirk gehört;
4. wenn das Testament nach § 2231 Nr. 2 des Bürgerlichen Gesetzbuchs errichtet ist, jedes Gericht.

Der Erblasser kann jederzeit die Verwahrung bei einem anderen Gerichte verlangen.

Das Gericht, welches das Testament in Verwahrung nimmt, hat, wenn der Erblasser seinen Wohnsitz in dem Bezirk eines anderen Gerichts hat, diesem von der Verwahrung Nachricht zu geben.

Die Vorschriften des Abs. 1 Nr. 1, 2 und der Abs. 2, 3 finden auch auf die Verwahrung eines Erbvertrags Anwendung.

§ 3. Die Annahme zur Verwahrung sowie die Herausgabe ist von dem Amtsgericht anzuordnen und von dem Amtsrichter und dem Gerichtsschreiber gemeinschaftlich zu bewirken.

Bei der Buchführung sind die Vermerke über die Annahme und die Herausgabe von dem Amtsrichter und dem Gerichtsschreiber zu unterschreiben.

Die Verwahrung erfolgt unter gemeinschaftlichem Verschlusse

des Amtsrichters und des Gerichtsschreibers. Der Hinterlegungsschein ist von ihnen zu unterschreiben und mit dem Gerichtssiegel zu versehen.

Die vor dem Richter oder Notar aufgenommenen Testamente werden nach § 2246 Abs. 1 B. G. B. in amtliche Verwahrung genommen, ebenso die Nothtestamente nach § 2249 Abs. 1, und, falls nicht die Parteien das Gegentheil verlangen (wofür bei Verbindung mit einem anderen Vertrage die Vermuthung spricht) auch die Erbverträge nach § 2277 Abs. 1. Das privatschriftliche Testament wird nur auf Verlangen des Erblassers nach § 2248 amtlich verwahrt, kann also bei jeder Person in Verwahrung gegeben werden; die gerichtliche Hinterlegung erbringt aber den Beweis der Echtheit und verhindert arglistige Beiseiteschaffung.

Da das B. G. B. die Verwahrungsstelle nicht bezeichnet, so konnte nach § 200 des R.=Ges. über die Angelegenheiten der freiwilligen Gerichtsbarkeit eine Ausführungsvorschrift erlassen werden.

Art. 81 überläßt nun die amtliche Verwahrung ausschließlich den Amtsgerichten. Das Recht der Rheinischen Notare, die von ihnen aufgenommenen Testamente in Verwahrung zu behalten, ist beseitigt. Der Abs. 3 § 2 ist Zusatz der K., durch diese Vorschrift soll einerseits leichter festgestellt werden, ob ein Testament vorhanden ist, andererseits aber auch die Möglichkeit gegeben werden, den Tod des Erblassers dem Verwahrungsgerichte mitzutheilen.

§ 3 entspricht den Bestimmungen der §§ 71, 78 und 79 der P. Hinterlegungsordnung vom 14. 3. 1879 (Ges. S. S. 249). Der Hinterlegungsschein ist vorgeschrieben in den §§ 2246, 2248, 2249 und 2277 B. G. B.

Eröffnung von Testamenten und Erbverträgen.

Artikel 82.

Befindet sich ein Testament oder ein Erbvertrag seit mehr als vierundfünfzig Jahren in amtlicher Verwahrung, so ist mit der Eröffnung vorzugehen, sofern nicht bekannt ist, daß der Erblasser noch lebt. Die Vorschriften der §§ 2260 bis 2262 des Bürgerlichen Gesetzbuchs finden entsprechende Anwendung.

Nach den §§ 2260 und 2261 B. G. B. erfolgt die Eröffnung des Testaments durch dasjenige Gericht, bei welchem sich die letztwillige Verordnung befindet von Amtswegen, sobald der Tod des Erblassers bekannt geworden ist. Das B. G. B. enthält aber keine Bestimmung darüber, wie es mit der Testamentseröffnung zu halten sei, wenn Testamente so lange beim Gerichte liegen, daß, obwohl von dem Tode des Erblassers keine Nachricht vorliegt, anzunehmen ist, daß der Erblasser verstorben ist. Im Geltungsgebiete des A. L. R. sollte, nachdem ein Testament 56 Jahre hinterlegt gewesen, im Interesse von milden Stiftungen nach Maßgabe der §§ 218 ff. Th. I Tit. 12 A. L. R. und der Kab.=Ordn. vom 22. 5. 1842 (Ges. S. S. 201) das

Testament geöffnet werden und, falls in demselben milde Stiftungen bedacht waren, auch publizirt werden. Auch das Ges. vom 28. 6. 1886 (Ges. S. S. 175) § 17 Abs. 2 schrieb für den Bezirk des Oberlandesgerichts Frankfurt a. M. vor, daß Testamente nach Ablauf von 56 Jahren seit der Hinterlegung von Amtswegen publizirt werden sollten, falls nicht von dem Fortleben des Erblassers Zuverlässiges bekannt sei. Die Zeitdauer von 56 Jahren war berechnet mit Rücksicht darauf, daß nach dem in jenen Bezirken bisher geltenden Rechte Personen im Alter von 14 Jahren letztwillig verfügen konnten, und daß von der Annahme ausgegangen wurde, das Leben des Erblassers werde nicht über 70 Jahre hinaus gedauert haben. Im Anschluß an dieses Frankfurter Gesetz ist der erste Satz des Art. 82 gefaßt; es soll jedoch, da nach § 2229 B. G. B. die Testirfähigkeit erst nach vollendetem 16. Lebensjahre eintritt, die Eröffnung schon nach 54 Jahren erfolgen. Die Zulässigkeit solcher Gesetzbestimmung neben den Vorschriften des B. G. B. stützt sich einerseits auf die Ausführung Bd. 5 S. 307 der Motive zum Entwurfe eines Bürgerlichen Gesetzbuches (wonach in dieser Richtung gesetzliche Vorschriften für entbehrlich erachtet oder doch für nicht dem Bürgerlichen Rechte angehörend angesehen sind, und es sich um instruktionelle Bestimmungen handeln soll) andererseits auf § 200 des R.-Ges. über die Angelegenheiten der freiwilligen Gerichtsbarkeit, (wonach Vorschriften zur Ergänzung und Ausführung dieses Gesetzes erlassen werden können). Die Zulässigkeit des letzteren Grundes dürfte allerdings gegenüber den Bestimmungen des B. G. B. über die Voraussetzungen, welche für Testamentseröffnungen vorliegen sollen, erheblichen Bedenken unterliegen. Nach der B. soll (unter Hinweis auf § 2300 B. G. B.) der Art. 82 auch auf die seit längerer Zeit in besonderer amtlichen Verwahrung befindlichen Erbverträge anzuwenden sein. (Die Bestimmungen des § 2273 B. G. B. über die Eröffnung gemeinschaftlicher Testamente können nicht in Betracht kommen, da sie voraussetzen, daß einer der Ehegatten noch lebt.)

Feststellung des Ertragswerths eines Landguts.

Artikel 83.

Soweit in Fällen der Erbfolge oder der Aufhebung einer fortgesetzten Gütergemeinschaft der Ertragswerth eines Landguts zu ermitteln ist, gilt als solcher der fünfundzwanzigfache Betrag des jährlichen Reinertrags. Durch Königliche Verordnung kann eine andere Verhältnißzahl bestimmt werden.

Die Grundsätze, nach welchen der Reinertrag festzustellen ist, können durch allgemeine Anordnung des Justizministers und des Ministers für Landwirthschaft, Domänen und Forsten bestimmt werden.

Im B. G. B befinden sich Bestimmungen in den §§ 1515 Abs. 2 und 3, 2049 und 2312, nach welchen auf Anordnung des Erblassers

Landgüter zum Ertragswerthe von überlebenden Ehegatten oder von einem Erben übernommen werden sollen. Was unter Ertragswerth zu verstehen ist, darüber enthält das B. G. B. nur im Abs. 2 des § 2049 folgende Bestimmung:

„Der Ertragswerth bestimmt sich nach dem Reinertrage, den das Landgut nach seiner bisherigen wirthschaftlichen Bestimmung bei ordnungsmäßiger Bewirthschaftnng nachhaltig gewähren kann."

Nach Art. 137 Einf. G. z. B. G. B. sollen unberührt bleiben die landesgesetzlichen Vorschriften über die Grundsätze, nach denen in den Fällen des § 1515 Abs. 2 und 3 und der §§ 2049, 2312 B. G. B. der Ertragswerth eines Landguts festzustellen ist.

Im Art. 83 werden nun Grundsätze, wie der Reinertrag zu berechnen ist, nicht aufgestellt, sondern die Aufstellung solcher Grundsätze in Abs. 2 der ministeriellen Anordnung überlassen. Dagegen soll nach Abs. 1 der aus dem Reinertrage zu ermittelnde Ertragswerth dadurch festgestellt werden, daß der Reinertrag zum Zinsfuße von 4% entsprechend dem § 246 B. G. B. kapitalisirt wird. Um aber diesen Zinsfuß veränderten wirthschaftlichen Verhältnissen alsbald anpassen zu können, ist die Bestimmung einer anderen Verhältnißzahl der Königlichen Verordnung vorbehalten.

Durch die in diesem Art. 83 vorgesehene Neuregelung verlieren ältere Gesetzvorschriften ihre Kraft. Namentlich ist auch das Gesetz betreffend die Abschätzung von Landgütern zum Behufe der Pflichttheilsberechnung in der Provinz Westfalen vom 4. 6. 1856 (Ges. S. S. 550) nach Art. 89 Nr. 20 — und zwar seinem ganzen Umfange nach — in der K. ausdrücklich aufgehoben.

Hinterlegung.

Artikel 84.

Die Hinterlegungsordnung vom 14. März 1879 (Gesetz-Samml. S. 249) wird dahin geändert:

I. Der § 4 erhält folgende Fassung:

Die nach den §§ 1, 2 bestimmten Hinterlegungsstellen sind dem Finanzminister untergeordnet.

II. An die Stelle der §§ 18, 19 treten folgende Vorschriften:

§ 18. Bei der Hinterlegung, welche der Schuldner eines Geldbetrags zum Zwecke der Befreiung von seiner Verbindlichkeit bewirkt, ist in der nach § 14 erforderlichen Erklärung der Gläubiger, für welchen die Hinterlegung erfolgt, zu bezeichnen oder anzugeben, in Folge welcher Umstände der Schuldner seine Verbindlichkeit nicht oder nicht mit Sicherheit erfüllen kann.

Macht der Schuldner das Recht des Gläubigers zum Empfange des hinterlegten Geldes von der

Bewirkung einer Gegenleistung abhängig, so ist dies unter Bezeichnung der Gegenleistung in der Erklärung anzugeben.

Die Hinterlegungsstelle hat den Schuldner unter Bezugnahme auf die Vorschrift des § 382 des Bürgerlichen Gesetzbuchs zu dem Nachweis aufzufordern, daß und wann der Gläubiger die im § 374 Abs. 2 des Bürgerlichen Gesetzbuchs vorgeschriebene Anzeige von der Hinterlegung empfangen hat. Wird der Nachweis nicht vor dem Ablaufe von drei Monaten nach der Aufforderung geführt, so ist die Hinterlegungsstelle ermächtigt, im Namen und auf Kosten des Schuldners dem Gläubiger die Anzeige zu machen; die Aufforderung muß einen Hinweis auf diese Rechtsfolge enthalten.

§ 19. In den Fällen des § 1171 und des § 1269 des Bürgerlichen Gesetzbuchs ist der nach § 14 erforderlichen Erklärung der Nachweis beizufügen, daß das Aufgebotsverfahren eingeleitet ist.

III. Der § 30 erhält folgenden Abs. 2:

Geht in den Fällen des Abs. 1 Nr. 1, 2 die Anordnung oder die Anweisung von einem Gericht oder einer Auseinandersetzungsbehörde aus, so ist die Zuständigkeit von der Hinterlegungsstelle nicht zu prüfen.

IV. Der § 31 Abs. 1 enthält als Satz 2 folgenden Zusatz:

Die Vorschrift des § 30 Abs. 2 findet entsprechende Anwendnng.

V. Im § 33 Abs. 2 wird die Nr. 2a dahin geändert:

a) wenn die hinterlegte Masse nicht mehr als dreihundert Mark beträgt oder der Gegenvormund die Empfangnahme genehmigt.

VI. Der § 37 wird gestrichen.

VII. Der § 39 erhält folgende Fassung:

Auf das Verfahren finden die Vorschriften der §§ 12 bis 18, 20 bis 33, 35 entsprechende Anwendung, soweit nicht Abweichungen aus den Bestimmungen dieses Titels sich ergeben.

VIII. Der § 46 Satz 1 wird dahin geändert:

Die Vorschriften des § 33 Abs. 1, 2 finden auf die Herausgabe von Kostbarkeiten an einen Vormund (Pfleger) keine Anwendung.

IX. An die Stelle der §§ 47, 48 treten folgende Vorschriften:

§ 47. Für die Hinterlegung von Werthpapieren oder Kostbarkeiten des Mündels durch den Vormund (Pfleger) gelten die besonderen Vorschriften der §§ 47a bis 51.

§ 47a. Zur Hinterlegung von Inhaberpapieren, mit Ausnahme von Zins-, Renten- und Gewinnantheilscheinen, sowie von Orderpapieren, die mit Blankoindossament versehen sind, bedarf es keiner Mitwirkung des Vormundschaftsgerichts, sofern sich nicht aus der vorgelegten Bestallung ergiebt, daß der Vormund zur Hinterlegung nicht verpflichtet ist. Es genügt die Beobachtung der §§ 14, 15 und 40.

Mit einem Inhaberpapiere kann der Erneuerungsschein hinterlegt werden.

§ 48. Die Hinterlegung von Werthpapieren, die nicht nach § 47a hinterlegt werden können, sowie von Kostbarkeiten geschieht auf Grund einer dem Vormunde (Pfleger) von dem Vormundschaftsgerichte zu ertheilenden Anweisung.

X. An die Stelle des § 52 tritt folgende Vorschrift:

Auf die Hinterlegung von Werthpapieren oder Kostbarkeiten eines unter elterlicher Gewalt stehenden Kindes durch den Vater oder die Mutter finden die Vorschriften der §§ 48 bis 51 entsprechende Anwendung.

XI. Hinter § 58 werden folgende Vorschriften eingestellt:

§ 58a. In den Fällen des § 382, des § 1171 Abs. 3 und des § 1269 Satz 3 des Bürgerlichen Gesetzbuchs kann der Erlaß des Aufgebots nicht vor dem Ablaufe von einunddreißig Jahren beantragt werden.

Die einunddreißigjährige Frist beginnt:

1. im Falle des § 382 mit dem Ende des Monats, in welchem der Gläubiger die Anzeige des Schuldners von der Hinterlegung empfangen hat;
2. in den Fällen des § 1171 Abs. 3 und des § 1269 Satz 3 mit der Erlassung des Urtheils, durch welches der Gläubiger mit seinem Rechte ausgeschlossen ist; das Gericht hat das Ausschlußurtheil der Hinterlegungsstelle mitzutheilen.

§ 58b. Ist die Hinterlegung auf Grund des § 117 Abs. 2 oder der §§ 120, 121, 124, 126 des Gesetzes über die Zwangsversteigerung und die Zwangsverwaltung vom 24. März 1897 (Reichs-Gesetzbl. S. 97) erfolgt, so ist der Aufgebotsantrag nicht vor dem Ablaufe von einunddreißig Jahren zulässig.

Die einunddreißigjährige Frist beginnt:

1. in den Fällen der §§ 120, 121 mit dem Eintritte der Bedingung, unter welcher die Hinterlegung erfolgt ist; die Hinterlegungsstelle hat den Eintritt der Bedingung soweit thunlich zu ermitteln; ist der Eintritt der Bedingung nicht ermittelt, so beginnt die Frist mit der Einstellung oder der letzten Einstellung der Verzinsung;
2. in den übrigen Fällen mit dem Ende des Monats, in welchem die Hinterlegung erfolgt ist.

XII. Der § 61 erhält folgenden Zusatz:

4. im Falle des § 58a Abs. 2 Nr. 1 ein Zeugniß der Behörde über den Tag, an welchem der Gläubiger die Anzeige von der Hinterlegung empfangen hat,

in den Fällen des § 58a Abs. 2 Nr. 2 das der Hinterlegungsstelle mitgetheilte Ausschlußurtheil,

in den Fällen des § 58b Abs. 2 Nr. 1 ein Zeugniß der Behörde über den Tag, an welchem die Bedingung eingetreten ist, oder darüber, daß der Eintritt der Bedingung nicht hat ermittelt werden können.

XIII. Der § 64 wird dahin geändert:

Der Erlaß des Aufgebots kann, unbeschadet der Vorschriften der §§ 58a, 58b, nach dem Ablaufe von dreißig Jahren seit dem Ende des Monats beantragt werden, in welchem die Hinterlegung erfolgt ist.

XIV. Der § 67 erhält folgende Fassung:

Die Vorschriften der §§ 64 bis 66 finden keine Anwendung, wenn die Hinterlegung erfolgt ist:

1. nach Inhalt der bei derselben vorgelegten Erklärung oder Anweisung auf Grund des § 1667 Abs. 2 Satz 4, des § 1814 oder des § 1818 des Bürgerlichen Gesetzbuchs;

2. auf Ersuchen der Aufsichtsbehörde in einer Familienfideikommiß-, Lehns- oder Stiftungssache.

Der Erlaß des Aufgebots kann in diesen Fällen beantragt werden nach dem Ablaufe von zwanzig Jahren seit dem Ende des Monats, in welchem die elterliche Gewalt, die Vormundschaft oder die Pflegschaft oder die Eigenschaft des Gegenstandes als Vermögensstück des Familienfideikommisses, des Lehens oder der Stiftung aufgehört hat.

XV. Der § 72 erhält folgende Fassung:

Die vorläufige Verwahrung bei den Amtsgerichten gilt in dem Verhältnisse zwischen den Betheiligten als Hinterlegung.

XVI. Im § 74 wird die Nr. 2 dahin geändert:

2. wenn eine Hinterlegung in Gemäßheit des § 1667 Abs. 2 Satz 4, des § 1814 oder des § 1818 des Bürgerlichen Gesetzbuchs erfolgt und der Vater, die Mutter oder der Vormund die vorläufige Verwahrung verlangt;

XVII. Im § 77 tritt an die Stelle des letzten Satzes folgender Abs. 2:

Wird die Verwahrung von dem Schuldner zum Zwecke der Befreiung von seiner Verbindlichkeit nachgesucht, so finden die Vorschriften des § 18 Abs. 1, 2 entsprechende Anwendung.

XVIII. Im § 82 Abs. 2 werden die Worte „binnen sechs Wochen" ersetzt durch die Worte:

„binnen sechs Monaten".

XIX. Der § 86 wird aufgehoben.

XX. Der dritte Abschnitt erhält folgende Fassung:

Dritter Abschnitt.

Hinterlegung anderer als der im ersten Abschnitte bezeichneten Sachen.

§ 87. Für die Hinterlegung anderer als der im § 1 bezeichneten Werthpapiere sowie sonstiger Urkunden sind die Amtsgerichte als Hinterlegungsstellen zuständig.

§ 87a. Die Vorschriften der §§ 12, 14 bis 18, 20 bis 33, 35, 40, 43 bis 52, 63 bis 69 finden mit folgenden Maßgaben entsprechende Anwendung:

1. Das Gesuch um Annahme oder um Heraus-

gabe der Urkunden kann zum Protokoll des Gerichtsschreibers angebracht werden.

2. Bei Urkunden, die nicht Werthpapiere sind, findet ein Aufgebotsverfahren zum Zwecke der Ausschließung der Betheiligten nicht statt. Das Recht auf Rückgabe erlischt mit dem Zeitpunkt, in welchem bei Werthpapieren der Aufgebotsantrag zulässig werden würde; die Urkunden sind zu vernichten.

§ 88. Das Amtgericht kann die Gerichtsschreiberei mit der Verwahrung der Urkunden beauftragen.

§ 89. Andere Sachen als Geld, Werthpapiere, sonstige Urkunden und Kostbarkeiten sind zur Hinterlegung nicht geeignet.

XXI. Die §§ 90, 91 werden aufgehoben.

Nach Art. 144 und 145 Einf. Ges. z. B. G. B. ist der Landesgesetzgebung überlassen, die sachliche und örtliche Zuständigkeit der Hinterlegungsstellen zu bestimmen und mit gewissen Einschränkungen das Hinterlegungswesen selbst zu regeln. Das B. G. B. kennt als Gegenstände, welche hinterlegt werden können, außer den im § 1 der P. Hinterlegungs-O. vom 14. 3. 1879 aufgeführten Gegenständen (Geld, Werthpapiere auf Inhaber, Werthpapiere auf Namen, auf welche die Zahluug dem Inhaber geleistet werden kann, und Kostbarkeiten) noch sonstige Werthpapiere und sonstige Urkunden. Auch für diese beiden letzteren Arten von Sachen ist jetzt im dritten Abschnitte unter der Bezeichnung: „Hinterlegung anderer als der im ersten Abschnitte bezeichneten Sachen" in den §§ 87—98 der neuen Fassung eine Stelle gegeben.

Die sonstigen Aenderungen der Hinterlegungs-O., welche Art. 84 bringt, sollen dem Zwecke dienen, neben der Anpassung des Hinterlegungsverfahrens an das neue Reichsrecht auch Erleichterungen für den Geschäftsbetrieb an den Hinterlegungsstellen zu schaffen. In Betreff der einzelnen Paragraphen der Hinterlegungs-O. ist Folgendes zu bemerken:

§ 4 war zu ändern, da für die Hinterlegung der Gegenstände des § 87 kein finanzielles Interesse vorliegt.

§ 18 der alten Fassung mußte fortfallen, da die Sondervorschriften des bisherigen Rheinischen Bürgerlichen Gesetzbuchs nicht mehr anwendbar sind. Die jetzt ins Gesetz aufgenommenen §§ 18 und 19 behandeln die Hinterlegung von Geld zum Zwecke der Befreiung von einer Verbindlichkeit und lehnen sich an die §§ 372 ff. B. G. B. an. Die im früheren § 19 Abs. 2 enthaltene Bestimmung, daß die Annahme des Geldes keiner vorgängigen richterlichen Entscheidung oder Anordnung bedarf, ist schon dem Sinne nach in Art. 145 Abs. 2 des Einf. Ges. z. B. G. B. enthalten, also nicht zu wiederholen. Auch die folgenden 3 Absätze des bisherigen Art. 19 werden durch die

§§ 375, 374 Abs. 2 und 376 B. G. B. ersetzt. Der Abs. 1 des bisherigen Art. 19 ist nun in dem § 18 der neuen Fassung beibehalten und ergänzt. In dieser neuen Gestalt bezieht sich der Abs. 1 auf § 372, Abs. 2 auf § 373 B. G. B., während der Abs. 3 in Verbindung steht mit dem neu eingeführten § 58a. (Vgl. unten die Anmerkung zu § 58a bis 64.) In § 19 (neue Fassung) handelt es sich um die Ausschließung unbekannter Hypothekengläubiger und Schiffs-Pfandgläubiger. Nach §§ 987 und 988 C. P. O. hat der Eigenthümer des Grundstücks oder Schiffs vor Einleitung der Verfahrens die Hinterlegung des Schuldbetrags zu erbieten, vor Erlaß des Ausschlußurtheils aber den Betrag zu hinterlegen.

§ 30 erhält den Zusatz des Abs. 2 zu dem Zwecke, daß nicht „für die Auszahlung Weiterungen und Hindernisse entstehen, wenn die Hinterlegungsstelle und die anordnende, anweisende oder ersuchende Behörde über die Zuständigkeit verschiedener Ansicht sind." B. Es ist daher den Gerichten bezw. den Auseinandersetzungsbehörden die Prüfung ihrer Zuständigkeit ausschließlich vorbehalten.

Die Aenderung des § 33 beruht auf der Bestimmung des § 1813 B. G. B.

Der § 37 mußte gestrichen werden, weil nach Art. 176 Einf. Ges. z. B. G. B. eine Außerkurssetzung der Inhaberpapiere nicht mehr stattfindet. (Vgl. oben Art. 18).

Im § 39 sind die Citate dem Inhalte der neuen §§ 18 und 19 angepaßt. Abs. 2 war zu streichen, weil die betreffende Vorschrift des Rheinischen Bürgerlichen Gesetzbuches aufgehoben ist.

§ 46 wurde geändert, weil (abgesehen von den Bestimmungen der §§ 1814 und 1818 B. G. B.) der Vormund zur Empfangnahme von Werthpapieren, deren Werth mehr als 300 Mark beträgt, der Genehmigung bedarf.

§ 47a, § 48 der neuen Fassung und die Streichung des § 52 in der bisherigen Fassung entsprechen den Vorschriften der §§ 1814 und 1818 B. G. B.

§ 52 der neuen Fassung gründet sich auf die Vorschriften des § 1667 Abs. 2 Satz 4 und § 1686 B. G. B.

Die Hinzufügung der §§ 58a, 58b und des Zusatzes 4 zu § 61, sowie die Abänderung des § 64 haben ihren Grund in den Bestimmungen der Art. 145 Abs. 1 Satz 2 Einf. Ges. z. B. G. B. (welche Bestimmungen auch anwendbar sind auf das Zwangsversteigerungs- und Zwangsverwaltungsverfahren nach § 2 Absatz 1 Satz 1 des Einführungsgesetzes zu dem Gesetz über die Zwangsversteigerung und die Zwangsverwaltung). Wenn nach den in jenen Vorschriften der Hinterlegungs-O. gedachten Fällen der Anspruch des Gläubigers nach 30 Jahren erlischt (wobei der Beginn dieser 30jährigen Frist sich nach den angeführten Bestimmungen des B. G. B. und des R.-Gesetzes über die Zwangsversteigerung und Zwangsverwaltung verschieden gestaltet), so hat doch der Hinterleger noch während eines Jahres nach Ablauf der 30 Jahre das Recht, den hinterlegten Betrag zurückzunehmen. Erst wenn diese Frist von im Ganzen 31 Jahren verstrichen ist, soll nach dem Art. 145 die hinterlegte Summe dem Fiskus oder der Hinterlegungsanstalt verfallen.

Hiermit steht auch im Zusammenhange die neue Vorschrift zu § 18 Abs. 3. Nach § 382 B. G. B. beginnt die Frist erst mit dem Empfange der Hinterlegungsanzeige, welche Anzeige nach § 374 Abs. 2 B. G. B. der Schuldner an den Gläubiger zu machen hat und zwar nöthigenfalls (nach § 132 B. G. B.) durch öffentliche Zustellung. Zögert der Schuldner, dieser Pflicht zu genügen, so würde dies auch dem Fiskus zum Nachtheil gereichen, da der Ausschluß von dem Fristablauf abhängig ist. Deshalb wird der Hinterlegungsstelle die Ermächtigung gegeben, beim Verzuge des Schuldners auf dessen Kosten die Anzeige zu machen.

Zu § 67 wurde die Abänderung unter Nr. 1 und 2 nothwendig durch die an Stelle des § 60 der Vormundschaftsordnung tretenden neuen Vorschriften des B. G. B.

§ 72 hat nach beiden Fassungen im Wesentlichen die gleiche Bedeutung.

§ 74 und § 77 sind geändert entsprechend den Aenderungen des § 67 bezw. der neuen Fassung des § 18.

§ 82 Abs. 2 will für die vorläufige Verwahrung die Dauer nach richterlichem Ermessen erheblich verlängern, wobei aber das Recht des Richters auf frühere Abführung an die Hinterlegungsstelle (aus Abs. 1) unberührt bleibt.

§ 86 war zu streichen, da der Beschwerdeweg nach Art. 3 ff. des P. Ges. über die freiwillige Gerichtsbarkeit jetzt allgemein geordnet ist.

Wegen der §§ 87—89 vgl. zunächst den ersten Absatz der Anmerkungen zu diesem Art. Für Werthpapiere, welche auf einen bestimmten Berechtigten lauten, dessen Legitimation zum Empfange geprüft werden muß, gelten ebenfalls die Bestimmungen der §§ 63 bis 69 betreffs des Aufgebots. Andere Urkunden, die nicht Werthpapiere sind, werden nach entsprechendem Zeitablaufe vernichtet. — Die Fälle, in welchen das B. G. B. die Ablieferung beweglicher Sachen an einen gerichtlich bestellten Verwahrer vorsieht, ergeben sich aus § 165 des R. Ges. über die Angelegenheiten der freiwilligen Gerichtsbarkeit.

§ 88 findet keine Anwendung auf letztwillige Verfügungen. Wegen dieser ist vielmehr der Art. 81 dieses Ausf. Ges. allein maßgebend.

Die Bestimmungen der §§ 90 und 91 erübrigen sich durch die generellen Bestimmungen des Art. 130 Nr. III und die Artikel 6 und 7 des P. Ges. über die freiwillige Gerichtsbarkeit.

Artikel 85.

Für die Hinterlegung von Werthpapieren in den Fällen der §§ 1082, 1392, 1667, 1814, 1818, 2116 des Bürgerlichen Gesetzbuchs können durch Anordnung der zuständigen Minister auch die Seehandlung, die Preußische Central-Genossenschafts-Kasse oder eine sonstige Preußische öffentliche Bankanstalt

(Landesbank, landschaftliche, ritterschaftliche Darlehnskasse u. s. w.) sowie die von Kreditanstalten der im Artikel 17 § 2 Abs. 2 bezeichneten Art eingerichteten Verwahrungs- oder Verwaltungsstellen und im Falle des Bedürfnisses geeignete Preußische Privatbanken als Hinterlegungsstellen bestimmt werden.

Während für Hinterlegung von Geld und Kostbarkeiten nur die ordentlichen Hinterlegungsstellen zuständig bleiben, ist im Art. 85 für Werthpapiere in den dort angegebenen Fällen (in welchem die Herausgabe der Papiere an den Hinterleger nur mit Zustimmung des Vormundschaftsgerichts oder anderer Personen erfolgen darf) den zuständigen Ministern überlassen, neben den ordentlichen Hinterlegungsstellen und der schon nach B. G. B. ebenfalls zuständigen Reichsbank auch gewisse andere Stellen als zur Hinterlegung geeignet zu erklären. (Vgl. Art. 76). In der K. ist hierzu vom Justizminister bemerkt, daß unter den zuständigen Ministern zu verstehen seien der Justizminister und derjenige Minister, dem die betreffende Bank unterstellt sei und daß das Widerrufsrecht des Ministeriums ins Gesetz aufzunehmen sich als selbstverständlich erübrige.

Gerichtskosten.

Artikel 86.

§ 1. Das Preußische Gerichtskostengesetz vom 25. Juni 1895 (Gesetz-Samml. S. 203) wird dahin geändert:

I. Die §§ 9 Abs. 1 Satz 2, 28, 31 Abs. 3, 40, 46 Abs. 8, 74 Nr. 3 Abs. 2 und Nr. 5, 86, 87, 126, 131 Abs. 2 werden gestrichen. Ferner fallen fort die Worte „von Sachverständigen oder" im § 7 Abs. 1 Satz 2, „oder Handlungsvollmacht" im § 74 Nr. 4 und „insbesondere einem überlebenden Ehegatten" im § 84 Abs. 2.

II. In der Ueberschrift des ersten Theiles, im § 15 und im § 124 Abs. 1 werden die Worte „nicht streitigen Gerichtsbarkeit" ersetzt durch die Worte „freiwilligen Gerichtsbarkeit".

In der Ueberschrift des zweiten Abschnitts des ersten Theiles und im § 33 werden die Worte „gerichtliche Beurkundungen und Bestätigungen" ersetzt durch die Worte „gerichtliche Urkunden".

Im § 17 Abs. 4 sowie in den §§ 34, 35, 37, 41, 43, 44, 54, 57, 77 Nr. 1 werden die Worte „Aufnahme", „aufgenommen" ersetzt durch die Worte „Beurkundung", „beurkundet". In den §§ 35, 39, 42 ist statt des Wortes „gegenseitig" das Wort „zweiseitig" zu setzen.

Die Worte „Ablaufe des letzten Dezembers" in den §§ 44 Abs. 6, 114 Abs. 2 werden ersetzt durch das Wort „Schlusse".

In den §§ 81 Abs. 1, 82, 92 ist statt „Sicherstellung" zu setzen „Sicherung".

An die Stelle des Wortes „Mündel" in den §§ 91, 92 treten die Worte „Mündel, Pflegebefohlener oder unter elterlicher Gewalt stehendes Kind".

III. Im § 1 wird als Satz 2 folgende Vorschrift hinzugefügt:

Soweit ein Betheiligter zur Tragung der Kosten des Verfahrens verurtheilt ist, trifft auch ihn die Zahlungspflicht.

IV. Der § 3 wird durch folgende Vorschriften ersetzt:

Die Kosten der Eröffnung einer Verfügung von Todeswegen, der Sicherung des Nachlasses, einer Nachlaßpflegschaft und der Inventarerrichtung können aus dem Nachlaß entnommen werden. Für die Zahlung der Kosten haften die Erben nach den Vorschriften über Nachlaßverbindlichkeiten.

Für die Kosten der Theilung von Vermögensmassen haften die Antheilsberechten als Gesammtschuldner.

Die einem Erben oder einem Antheilsberechtigten zustehende Gebührenfreiheit entbindet ihn nicht von der Entrichtung der in den Abs. 1, 2 bezeichneten Gebühren.

V. Am Schlusse des § 7 Abs. 1 wird folgender Satz hinzugefügt:

Die Vorschriften des § 43 des Gesetzes vom 11. Juni 1874 über die Enteignung von Grundeigenthum (Gesetz-Samml. S. 221) finden auf alle Besitzveränderungen, denen sich die Betheiligten aus Gründen des öffentlichen Wohles zu unterwerfen gesetzlich verpflichtet sind (Enteignungen), entsprechende Anwendung.

VI. Im § 8 Abs. 1 treten an die Stelle der Nr. 6 folgende Nr. 6, 7:

6. Aktiengesellschaften, Genossenschaften und Gesellschaften mit beschränkter Haftung, deren durch Statut bestimmter Zweck ausschließlich darauf gerichtet ist, unbemittelten Familien gesunde und zweckmäßig eingerichtete Wohnungen in eigens erbauten oder angekauften Häusern zu billigen Preisen zu verschaffen, und deren Statut die an die Gesellschafter zu ver-

theilende Dividende auf höchstens vier Prozent ihrer Antheile beschränkt, auch den Gesellschaftern für den Fall der Auflösung der Gesellschaft nicht mehr als den Nennwerth ihrer Antheile zusichert, den etwaigen Rest des Gesellschaftsvermögens aber für gemeinnützige Zwecke bestimmt;

7. andere als die in Nr. 6 bezeichneten Privatunternehmungen, welche nicht auf einen besonderen Geldgewinn der Unternehmer gerichtet sind, sondern einen gemeinnützigen, nicht auf einzelne Familien oder Korporationen beschränkten Zweck haben, sofern denselben durch besondere gesetzliche Bestimmung Gebührenfreiheit bewilligt ist. Die bisher solchen Unternehmungen, z. B. Pensions- und Versicherungsanstalten, Bürger-Rettungsinstituten u. s. w., bereits bewilligten Befreiungen bleiben in Kraft. Wenn in einzelnen Fällen die Befreiung zweifelhaft ist, so ist darüber gemeinschaftlich von den Ministern der Finanzen und der Justiz zu entscheiden.

Zwischen dem Abs. 1 und dem bisherigen Abs. 2, welcher Abs. 5 wird, werden folgende Vorschriften eingestellt:

Dem Fiskus anderer Staaten sowie den öffentlichen Anstalten und Kassen, die für Rechnung eines anderen Staates verwaltet werden oder diesen gleichgestellt sind, und den Chefs der bei dem Deutschen Reiche oder bei Preußen beglaubigten Missionen kann die Gebührenfreiheit gewährt werden, wenn der betreffende Staat Preußen gegenüber die gleiche Rücksicht übt.

In den Fällen der Nr. 2 bis 7 erstreckt sich die Gebührenfreiheit nur auf Preußische Anstalten, Stiftungen, Vereine u. s. w. Diese Befreiung kann jedoch auch anderen Anstalten, Stiftungen, Vereinen u. s. w. gewährt werden, wenn der auswärtige Staat Preußen gegenüber die gleiche Rücksicht übt.

Ueber die Gewährung der Gebührenfreiheit nach den Abs. 2, 3 entscheiden die Minister der Finanzen und der Justiz gemeinschaftlich.

VII. Im Eingange des § 10 werden die Worte „tauben, stummen, blinden, oder geisteskranken“ ersetzt durch die Worte:

„geisteskranken oder geistesschwachen“.

Die Nr. 4 wird gestrichen.

Als Abs. 2 werden folgende Vorschriften hinzugefügt:

Die vorstehenden Bestimmungen finden entsprechende Anwendung auf minderjährige, geisteskranke, geistesschwache oder gebrechliche Personen, für die eine Pflegschaft oder Beistandschaft im Sinne des § 91 eingeleitet ist. Wird die Angabe des Vermögens von dem Inhaber der elterlichen Gewalt verweigert, so hat das Vormundschaftsgericht nach freiem Ermessen nach Anhörung des Gewalthabers sowohl den Betrag des Vermögens als auch die Höhe des Ueberschusses der Einkünfte (Nr. 2) festzusetzen. Diese Festsetzung ist maßgebend für die Erhebung der in der Vormundschaftssache selbst entstandenen Kosten; andere Kosten sind ohne Rücksicht auf die Vorschrift der Nr. 2 sofort zu erheben.

VIII. Der § 13 erhält folgende Fassung:

Der Anspruch auf Zahlung von Gerichtskosten verjährt in vier Jahren.

Auf die Verjährung finden die Vorschriften des Bürgerlichen Gesetzbuchs mit folgenden Maßgaben Anwendung:

Die Verjährung beginnt mit dem Schlusse des Jahres, in welchem die Kostenforderung fällig wird, bezüglich der Kosten, welche von den im § 10 bezeichneten Personen zu entrichten sind, mit dem Schlusse des Jahres, in welchem die über sie geführte Vormundschaft, Pflegschaft oder Beistandschaft beendigt wird.

Die Verjährung wird auch unterbrochen durch eine an den Zahlungspflichtigen erlassene Aufforderung zur Zahlung und durch die Bewilligung einer von ihm nachgesuchten Stundung. Wird die Verjährung unterbrochen, so beginnt eine neue Verjährung nicht vor dem Schlusse des Jahres, in welchem der für die Beendigung der Unterbrechung maßgebende Zeitpunkt eintritt, und im Falle der Bewilligung eine Stundung nicht vor dem Schlusse des Jahres, in welchem die bewilligte Frist abläuft.

IX. Im § 26 Satz 2 werden hinter dem Worte „vorliegt" folgende Worte eingeschaltet:

„oder die Beschwerdesumme den Betrag von fünfzig Mark nicht übersteigt".

X. Im § 31 wird der Abs. 1 Satz 2 durch folgende Vorschrift ersetzt:

Dasselbe gilt, wenn Verfügungen von Todeswegen zur amtlichen Verwahrung überreicht oder durch Uebergabe einer Schrift errichtet werden, hinsichtlich des für Testamente und andere Verfügungen von Todeswegen vorgeschriebenen Stempels von 1 Mark 50 Pf., sowie wenn Urkunden zur gerichtlichen Vollziehung, Anerkennung des Inhalts, Sicherstellung der Zeit der Ausstellung, Genehmigung oder Bestätigung überreicht werden.

XI. Im § 34 treten an die Stelle der Worte „einseitiger Rechtsgeschäfte die Worte:

„einseitiger Erklärungen oder einseitiger Verträge“.

XII. Als § 35a werden folgende Vorschriften eingestellt:

Wird zum Zwecke der Schließung eines zweiseitigen Vertrags zunächst der Antrag beurkundet, so werden hierfür fünfzehn Zehntheile der vollen Gebühr erhoben.

Auf die Beurkundung der Annahme eines Vertragsantrags findet die Vorschrift des § 37 Nr. 1 bei einseitigen und bei zweiseitigen Verträgen Anwendung.

XIII. Im § 41 Abs. 1 werden zwischen den Worten „Erklärung“ und „werden“ folgende Worte eingefügt:

„(§ 176 Abs. 2 des Gesetzes über die Angelegenheiten der freiwilligen Gerichtsbarkeit)“.

XIV. Im § 43 treten an die Stelle der Nr. 1 folgende Nr. 1, 2:

1. für die Beurkundung oder Beglaubigung von Anträgen auf Eintragungen oder Löschungen im Grundbuch oder im Schiffsregister sowie von Eintragungs- oder Löschungsbewilligungen oder Zustimmungen nach § 27 der Grundbuchordnung oder nach § 105 des Gesetzes über die Angelegenheiten der freiwilligen Gerichtsbarkeit, sofern nicht gleichzeitig das zu Grunde liegende Rechtsgeschäft beurkundet oder beglaubigt wird;

2. für die Beurkundung einer Auflassung, sofern nicht gleichzeitig das zu Grunde liegende Rechtsgeschäft beurkundet wird oder nach § 57 Gebührenfreiheit eintritt.

Die Nr. 2, 3 werden in 3, 4 geändert. Die bisherige Nr. 4 fällt fort.

XV. Im § 44 erhalten die Abs. 1 bis 4 folgende Fassung:

Für die Errichtung eines Erbvertrags vor einem Richter wird die zweifache Gebühr erhoben, wenn der Erbvertrag mündlich erklärt oder der Entwurf vom

Richter angefertigt wird. In allen anderen Fällen wird für die Errichtung einer Verfügung von Todeswegen vor einem Richter die volle Gebühr erhoben.

Für die amtliche Verwahrung einer Verfügung von Todeswegen werden bei der Annahme zwei Zehntheile der vollen Gebühr erhoben.

Für die Eröffnung einer Verfügung von Todeswegen werden fünf Zehntheile der vollen Gebühr erhoben. Die Ertheilung beglaubigter Abschriften ist gebührenfrei.

Für die Rückgabe einer Verfügung von Todeswegen werden fünf Zehntheile der vollen Gebühr erhoben. Diese Gebühr fällt fort, wenn die Rückgabe gleichzeitig mit der Errichtung oder Ueberreichung einer neuen Verfügung von Todeswegen beantragt wird. Diese Vorschriften finden entsprechende Anwendung auf den Widerruf einer letztwilligen Verfügung oder die Aufhebung eines Erbvertrags.

Zwischen Abs. 4 und 5 wird folgender neue Absatz eingeschoben:

Wird ein Erbvertrag gleichzeitig mit einem Ehevertrage beurkundet, so finden die Vorschriften des § 39 Anwendung.

XVI. Im § 46 erhält der Abs. 2 folgende Fassung:

Die Gebühr für die Vorbereitung der Versteigerung wird auch für die gerichtliche Verfügung erhoben, durch welche nach Artikel 112 des Preußischen Gesetzes über die freiwillige Gerichtsbarkeit die Versteigerung einer Ortsbehörde aufgetragen wird.

Im Abs. 1 und 4 werden die Worte „oder anderen (sonstige) Gegenständen des unbeweglichen Vermögens" ersetzt durch die Worte:

„oder anderen (andere) Gegenständen, welche der Zwangsvollstreckung in das unbewegliche Vermögen unterliegen".

Im Abs. 4 erhält der Satz 2 folgende Fassung:

Die Gebühr für die Beurkundung des Zuschlags wird jedoch für jeden Ersteher besonders nach dem zusammenzurechnenden Betrage seiner Gebote erhoben.

XVII. Im § 49 Nr. 2 werden die Worte:

„im Erbbescheinigungsverfahren" ersetzt durch die Worte:

„behufs Erlangung eines Erbscheins".

Die Nr. 3, 4 erhalten folgende Fassung:

3. für die Mitwirkung bei Abmarkungen;

4. für die Aufnahme von Verklarungen, von Protesten und ähnlichen Urkunden;

XVIII. Im § 51 Satz 1 werden die Worte „sowie für die Erneuerung von Urkunden" gestrichen; hinter dem Worte „Gebühr" werden die Worte „bis zum Höchstbetrage von 10 Mark" eingeschoben.

Im Satz 2 werden hinter „aufgenommen hat" die Worte eingeschaltet:

„einschließlich der Ertheilung auszugsweiser Ausfertigungen oder beglaubigter Abschriften".

XIX. An die Stelle der Nr. 1, 2 des § 52 treten folgende Worte:

„für die Sicherstellung der Zeit, zu welcher eine Privaturkunde ausgestellt ist".

XX. Als § 54a werden folgende Vorschriften eingestellt:

Die Gebühren für die Beurkundung eines Rechtsgeschäfts werden um ein Viertheil erhöht, wenn sich ein Betheiligter in fremder Sprache erklärt.

Die Gebührenerhöhung sowie die durch die Zuziehung eines Dolmetschers entstandenen Auslagen fallen dem Betheiligten zur Last, welcher die Zuziehung des Dolmetschers oder die Verhandlung in fremder Sprache veranlaßt hat.

XXI. Der § 55 erhält folgenden Zusatz:

Der auf dem Geschäfte ruhende Stempel wird für die Urschrift erhoben; die erste Ausfertigung ist stempelfrei, für weitere Ausfertigungen wird der Stempel nach der Tarifstelle „Duplikate" erhoben. Im Uebrigen finden auf die Besteuerung von Ausfertigungen und beglaubigten Abschriften die Vorschriften des § 109 Abs. 3 Anwendung.

XXII. Im § 76 werden folgende Vorschriften als Abs. 3, 4 hinzugefügt:

Für Bescheinigungen, daß bezüglich des Gegenstandes einer Eintragung weitere Eintragungen nicht vorhanden sind oder daß eine bestimmte Eintragung nicht erfolgt ist, sowie für die wiederholte Ertheilung einer Bescheinigung, einer Abschrift oder eines Auszuges wird eine Gebühr von 1 Mark erhoben.

Auf die Ertheilung beglaubigter Abschriften der zum Handelsregister eingereichten Schriftstücke finden die Vorschriften des § 51 Anwendung.

XXIII. Im § 77 treten an die Stelle der Nr. 4 folgende Nr. 4 bis 6:

4. für die Eintragung der Konkurseröffnung, der Aufhebung des Eröffnungsbeschlusses, sowie der Einstellung und Aufhebung des Konkurses;
5. für eine nach den §§ 142 bis 144 des Gesetzes über die Angelegenheiten der freiwilligen Gerichtsbarkeit von Amtswegen erfolgende Löschung; wird der Widerspruch eines Betheiligten zurückgewiesen, so hat er für die Zurückweisung die für die Löschung bestimmte Gebühr zu entrichten;
6. für das Löschungsverfahren nach § 141 des Gesetzes über die Angelegenheiten der freiwilligen Gerichtsbarkeit, falls die Löschung in Folge erhobenen Widerspruchs unterbleibt.

XXIV. Hinter § 77 werden folgende Vorschriften eingestellt:

§ 77a Für die Eintragungen in das Vereinsregister werden erhoben:

a) für alle Eintragungen mit Ausnahme der unter b und c bezeichneten Eintragungen der Gebührensatz B des § 56;
b) für die erste Eintragung des Vereins das Zweifache des Satzes zu a;
c) für Eintragungen, welche sich auf Mitglieder des Vorstandes oder Liqidatoren beziehen, sowie für die Löschung des Vereins die Hälfte des Satzes zu a.

Die Vorschriften der §§ 75 Abs. 2, 76, 77 finden mit der Maßgabe entsprechende Anwendung, daß an die Stelle des im § 76 erwähnten Satzes 1a des § 74 der im Abs. 1 bestimmte Satz a tritt.

§ 77b. Für die Eintragungen in das Güterrechtsregister wird der nach § 22 Abs. 1 zu berechnende Gebührensatz B des § 56 erhoben.

Die Vorschriften der §§ 76, 77 finden mit der Maßgabe entsprechende Anwendung, daß an die Stelle des im § 76 erwähnten Satzes 1a des § 74 der im Abs. 1 bestimmte Satz tritt.

XXV. Im § 78 Abs. 3 werden die Worte „Certifikats über die Eintragung in das Schiffsregister", „dem Certifikate" ersetzt durch die Worte „des Schiffscertifikats oder des Schiffsbriefes", „dem Schiffscertifikate oder dem Schiffsbriefe".

XXVI. Im § 81 Abs. 1 werden die Worte „Für die Ausstellung einer Erbbescheinigung, einer Bescheinigung des Nachlaßgerichts, daß sich nach erfolgter öffentlicher Ladung Niemand gemeldet habe, der ein besseres Erbrecht in Anspruch nimmt, oder darüber, ob und welche Vorbehaltserben vorhanden sind, sowie der in den §§ 8, 9 des Gesetzes vom 12. März 1869, betreffend die Ausstellung gerichtlicher Erbbescheinigungen (Gesetz-Samml. S. 473) erwähnten Bescheinigungen" ersetzt durch die Worte:

„Für die Ertheilung eines Erbscheins".

Zwischen Abs. 2 und 3 wird folgender neue Absatz eingeschoben:

Für die Einziehung oder Kraftloserklärung eines Erbscheins werden, sofern nicht ein neuer Erbschein ertheilt ist, drei Zehntheile des im § 56 bestimmten Gebührensatzes B erhoben. Wird demnächst ein neuer Erbschein ertheilt, so wird diese Gebühr auf die Gebühr für die Ertheilung des Erbscheins angerechnet. Für die Veranstaltung von Ermittelungen über die Richtigkeit eines Erbscheins werden Gebühren nicht erhoben.

Der bisherige Abs. 3 erhält folgende Fassung:

Bei der Berechnung der Gebühren wird der Werth des Nachlasses und, wenn der Erbschein nur zur Verfügung über einzelne Gegenstände berechtigt, der Werth dieser Gegenstände nach Abzug der auf dem Nachlaß oder auf diesen Gegenständen haftenden Schulden zu Grunde gelegt. Wird über mehrere Erbfälle ein Erbschein ertheilt, so werden die Beträge der mehreren Nachlässe zusammengerechnet. Wird der Erbschein nur über das Erbrecht eines Miterben ertheilt, so ist für die Gebührenerhebung nur dessen Erbtheil maßgebend.

Hinter dem bisherigen Abs. 3 werden folgende neue Absätze eingeschoben:

Wird dem Nachlaßgerichte glaubhaft gemacht, daß der Erbschein nur zur Verfügung über ein Grundstück oder ein im Grundbuch eingetragenes Recht gebraucht werde und wird beantragt, die Ausfertigung des Erbscheins dem Grundbuchamt zur Aufbewahrung bei dessen Akten zu übersenden, so wird die im Abs. 1 Satz 1 bestimmte Gebühr nur nach dem Werthe des Gegenstandes, über den verfügt werden soll, berechnet. Wird demnächst die Ertheilung einer Ausfertigung oder einer Abschrift des Erbscheins beantragt, so hat der Antragsteller die nach dem Werthe des reinen Nachlasses berechnete Gebühr des Abs. 1 Satz 1 nach Abzug des bereits bezahlten Betrages nachzuentrichten.

Die Vorschriften der Abs. 1 bis 5 finden auf das Zeugniß über die Fortsetzung der Gütergemeinschaft oder die Ernennung eines Testamentsvollstreckers entsprechende Anwendung; bei der Berechnung der Gebühr für das Zeugniß über die Fortsetzung der Gütergemeinschaft tritt an die Stelle des Werthes des Nachlasses der halbe Werth des Gesammtguts der fortgesetzten Gütergemeinschaft.

Der bisherige Abs. 4 erhält folgende Fassung:

Für die von einem Rechtsnachfolger von Todeswegen nach den Gesetzen über das Reichsschuldbuch und das Staatsschuldbuch beizubringende Bescheinigung, daß er über die eingetragene Forderung zu verfügen berechtigt ist, sowie für die in den §§ 37, 38 der Grundbuchordnung vorgesehenen Zeugnisse werden drei Zehntheile der im § 33 bestimmten Gebühr bis zum Höchstbetrage von 10 Mark erhoben. Sind in den Fällen der §§ 37, 38 der Grundbuchordnung die Theilungsurkunden vom Gericht aufgenommen oder bestätigt, so werden für die Zeugnisse Gebühren nicht erhoben.

XXVII. An die Stelle des § 82 Abs. 1 Satz 2 treten als § 82a folgende Vorschriften:

Wird eine Nachlaßverwaltung, eine sonstige Nachlaßpflegschaft oder eine Abwesenheitspflegschaft nach § 88 des Gesetzes über die Angelegenheiten der freiwilligen Gerichtsbarkeit angeordnet, so finden die Vorschriften des sechsten Abschnitts mit der Maßgabe Anwendung, daß an die Stelle des Vermögens des Mündels der Werth des Nachlasses oder des Antheils des Abwesenden zur Zeit der Anordnung tritt und bei der Nachlaßverwaltung ein Abzug der Schulden nicht stattfindet. Auf die Gebühr für die Nachlaßpflegschaft wird die im § 82 Abs. 1 bestimmte Gebühr angerechnet, wenn die Nachlaßpflegschaft zur Sicherung des Nachlasses eingeleitet wird.

XXVIII. Der § 83 erhält folgende Fassung:

Für das Verfahren zur Feststellung des Erbrechts

des Fiskus oder der an seine Stelle tretenden Körperschaft, Stiftung oder Anstalt des öffentlichen Rechtes wird die im § 81 für die Ertheilung eines Erbscheins bestimmte Gebühr erhoben. Wird auf Grund dieser Feststellung ein Erbschein ertheilt, so ist hierfür eine besondere Gebühr nicht zu erheben.

XXIX. Im § 84 Abs. 1 werden die Worte „durch Rezeß" ersetzt durch die Worte:

„durch die Bestätigung der Auseinandersetzung oder durch die Beurkundung einer vertragsmäßigen Auseinandersetzung".

Als Abs. 5 wird hinzugefügt:

Auf die in den Abs. 1, 3 bestimmten Gebühren finden die Vorschriften des § 54a entsprechende Anwendung.

XXX. Hinter § 84 wird folgende Vorschrift als § 84a eingefügt:

Wird die Vermittelung der Auseinandersetzung einem Notar übertragen, so wird ein Zehntheil der Sätze des § 8 des Deutschen Gerichtskostengesetzes erhoben:

1. für die Entscheidung über den Antrag auf Einleitung des Verfahrens;
2. für die Entscheidung über die Bestätigung der Auseinandersetzung;
3. für die Anordnung einer Beweisaufnahme.

Jede der vorbezeichneten Gebühren wird in jeder Instanz rücksichtlich eines jeden Theiles des Nachlasses nur einmal erhoben. Sind die Gebühren mehrfach von verschiedenen Theilen des Nachlasses anzusetzen, so darf ihr Gesammtbetrag die nach dem Werthe des gesammten Nachlasses berechnete Gebühr nicht übersteigen.

Das Gericht kann, wenn der im Artikel 21 Abs. 1 des Preußischen Gesetzes über die freiwillige Gerichtsbarkeit bezeichnete Antrag nach dem ersten Verhandlungstermine gestellt wird, von Amtswegen die Erhebung einer besonderen Gebühr beschließen; die Gebühr beträgt ein Zehntheil der Sätze des § 8 des Deutschen Gerichtskostengesetzes, kann aber vom Gericht bis auf zwei Hunderttheile dieser Sätze herabgesetzt werden. Gegen den Beschluß findet Beschwerde nach Maßgabe der Artikel 4 bis 7 des Preußischen Gesetzes über die freiwillige Gerichtsbarkeit statt.

XXXI. Im § 88 werden die Worte „Für die Aufnahme oder Niederlegung von Erklärungen, welche den Antritt oder die Entsagung einer Erbschaft, den Vorbehalt der Rechtswohlthat des Inventars, die Annahme der Gütergemeinschaft oder den Verzicht auf dieselbe betreffen, für die Bestimmung oder Verlängerung von Fristen zu solchen Erklärungen, sowie für die Niederlegung eines Vermögensverzeichnisses" ersetzt durch die Worte:

„Für die Entgegennahme von Erklärungen, Anmeldungen und Anzeigen seitens des Nachlaßgerichts einschließlich der Beurkundung oder Beglaubigung durch das Nachlaßgericht, für die Entgegennahme des Inventars einschließlich der Anordnung wegen Aufnahme des Inventars durch eine zuständige Behörde oder einen zuständigen Beamten oder Notar für die Bestimmung oder Verlängerung einer Frist durch das Nachlaßgericht, für die nach den Vorschriften des Bürgerlichen Gesetzbuchs über Testamentsvollstrecker vom Nachlaßgerichte zu treffenden Anordnungen, sowie für die Abhaltung des Termins zur Leistung des im § 2006 des Bürgerlichen Gesetzbuchs vorgesehenen Offenbarungseids".

An die Stelle des Abs. 1 Satz 3 tritt folgende Vorschrift:

„Im Falle der Anmeldung von Nachlaßforderungen auf Aufforderung eines Miterben wird die Gebühr nur einmal vom Miterben erhoben."

Im Abs. 2 werden hinter dem Worte „wird" folgende Worte eingeschaltet:

„sofern eine vermögensrechtliche Angelegenheit vorliegt."

XXXII. Im § 89 Abs. 2 Satz 3 wird zwischen „in" und „Gütergemeinschaft" das Wort „einer" eingeschaltet.

XXXIII. Der sechste Abschnitt erhält die Ueberschrift:

„Thätigkeit des Vormundschaftsgerichts."

XXXIV. Im § 90 Abs. 1 treten an die Stelle der Worte „und im Falle der Bestellung eines Gegenvormundes neben dem gesetzlichen Vormunde" die Worte:

„oder Beistandschaften sowie im Falle einer sonstigen Fürsorge für ein unter elterlicher Gewalt stehendes Kind, insbesondere im Falle der Genehmigung eines Rechtsgeschäfts oder im Falle einer Verfügung nach den §§ 112, 1631, 1635, 1636, 1645, 1665, 1677, 2282 des Bürgerlichen Gesetzbuchs".

Der Abs. 2 erhält folgende Fassung:

Diese Gebühr kommt jedoch nur insoweit zum Ansatz, als nicht rücksichtlich der Personen, in deren Interesse ein Pfleger oder Beistand bestellt oder eine sonstige Fürsorgethätigkeit ausgeübt wird, eine Vormundschaft, Pflegschaft oder Beistandschaft eingeleitet oder einzuleiten ist, auf welche die Bestimmungen des § 91 Anwendung finden.

Der Abs. 3 fällt weg.

XXXV. Im § 91 Nr. 1 ist hinter „Pflegschaften“ einzuschalten „oder Beistandschaften“, statt der Worte „oder Pflegschaft“ zu setzen „Pflegschaft oder Beistandschaft“. Die Worte „mit Ausnahme der gesetzlichen Vormundschaft“ sind zu streichen.

Die Nr. 3 wird gestrichen.

Hinter der bisherigen Nr. 4 werden folgende neue Vorschriften hinzugefügt:

4. Die Vorschriften der Nr. 1 bis 3 finden auch auf die vorläufige Vormundschaft Anwendung. Endigt die vorläufige Vormundschaft, weil auf Grund der erfolgten Entmündigung ein Vormund bestellt wird, so gelten die vorläufige und die endgültige Vormundschaft als ein Verfahren.

XXXVI. Hinter § 91 werden folgende Vorschriften eingestellt:

§ 91a. Bei keinem Mündel, Pflegebefohlenen oder unter elterlicher Gewalt stehenden Kinde darf der Gesammtbetrag der nach dem § 90 und dem § 91 Nr. 1 zu erhebenden Gebühren denjenigen Betrag übersteigen, der nach § 91 Nr. 1 im Falle der Vormundschaft zu erheben ist.

§ 91b. Drei Zehntheile der Sätze des § 8 des Deutschen Gerichtskostengesetzes werden erhoben:

1. für Volljährigkeitserklärungen, wenn der Minderjährige nicht unter Vormundschaft steht;
2. für die Ersetzung der elterlichen Einwilligung zur Eingehung der Ehe oder der Einwilligung der Mutter zur Ehelichkeitserklärung;
3. für Entscheidungen, betreffend den Unterhalt der Kinder nach § 1612 des Bürgerlichen Gesetzbuchs;
4. für die Uebertragung der Ausübung der elterlichen Gewalt an die Mutter (§ 1685 Abs. 2 des Bürgerlichen Gesetzbuchs);
5. für die Ersetzung der Zustimmung antheilsberechtigter

Abkömmlinge zu Rechtsgeschäften des überlebenden Ehegatten im Falle der fortgesetzten Gütergemeinschaft;

6. für die Thätigkeit des Vormundschaftsgerichts im Falle der Verheirathung des Vaters oder der Mutter sowie für die nach den §§ 1639 Abs. 1, 1640 Abs. 2, 1653, 1666, 1667, 1668, 1670, 1760 Abs. 2 des Bürgerlichen Gesetzbuchs zu treffenden Anordnungen;
7. für Entscheidungen, welche die persönlichen Rechtsbeziehungen der Ehegatten zu einander oder das eheliche Güterrecht betreffen;
8. für sonstige Verfügungen des Vormundschaftsgerichts, die sich nicht auf Mündel, Pflegebefohlene oder unter elterlicher Gewalt stehende Kinder beziehen.

Zahlungspflichtig ist in den Fällen unter Nr. 4, 6 der Vater oder die Mutter.

Hat eine Rechnungslegung stattzufinden, so werden neben der im Abs. 1 bestimmten Gebühr die Gebühren des § 91 Nr. 2 erhoben.

XXXVII. Im § 92 Abs. 1 werden vor den Worten „baare Auslagen" die Worte eingeschaltet „die im § 91b bestimmten Gebühren". Die Worte „oder Pflegschaft", „und Pflegschaften" werden durch die Worte „Pflegschaft oder Beistandschaft", „Pflegschaften und Beistandschaften" ersetzt.

An die Stelle des Absatz 3 tritt folgende Vorschrift:

Die Vorschrift des § 11 des Gesetzes, betreffend die Unterbringung verwahrloster Kinder, vom 13. März 1878 (Gesetz-Samml. S. 132) bleibt unberührt.

XXXVIII. An die Stelle der §§ 95 bis 97 treten folgende Vorschriften:

§ 95. Für die gerichtliche Bewilligung der Befreiung von Erfordernissen der Eheschließung, für die gerichtliche Bewilligung von sonstigen Befreiungen, sowie für die Entgegennahme einer Erklärung über den Familiennamen einschließlich der Beurkundung oder Beglaubigung werden drei Zehntheile der Sätze des § 8 des Deutschen Gerichtskostengesetzes erhoben.

§ 96. Für die Bestätigung des Vertrags, durch welchen Jemand an Kindesstatt angenommen oder das durch die Annahme an Kindesstatt begründete Rechtsverhältniß wieder aufgehoben wird, werden fünf Zehntheile der im § 33 bestimmten Gebühr erhoben. Ist der Vertrag von dem zur Bestätigung zuständigen Gerichte beurkundet, so werden für die Bestätigung besondere Gebühren nicht erhoben.

§ 97. Für die Genehmigung einer Familienstiftung wird die im § 33 bestimmte Gebühr erhoben. Diese Gebühr bleibt außer Ansatz, wenn die Stiftungsurkunde von dem genehmigenden Gericht aufgenommen ist.

XXXIX. Im § 98 werden eingeschaltet im Satz 1 hinter dem Worte „Gegenständen“ die Worte „sowie für die Bestellung eines Dispacheurs oder eines Verwahrers einschließlich der Bestimmung seiner Vergütung“, im Satz 2 hinter dem Worte „Zustandes“ die Worte „oder Werthes“.

XXXX. Hinter § 98 werden folgende Vorschriften als § 98a eingestellt:

Wird bei dem Gericht eine Verhandlung über die vom Dispacheur aufgemachte Dispache beantragt, so sind für das gesammte Verfahren drei Zehntheile der Sätze des § 8 des Deutschen Gerichtskostengesetzes zu erheben. Als Werth des Gegenstandes ist anzusehen der Betrag des Havereischadens, wenn jedoch der Werth des Geretteten an Schiff, Fracht und Ladung geringer ist, dieser geringere Betrag. Wird die Dispache bestätigt, so haften die am Verfahren Betheiligten für die Kosten als Gesammtschuldner.

XXXXI. Im § 99 erhält Abs. 1 folgende Fassung:

In dem nach den §§ 132 bis 139 des Gesetzes über die Angelegenheiten der freiwilligen Gerichtsbarkeit eintretenden Verfahren werden in jeder Instanz die Sätze des § 8 des Deutschen Gerichtskostengesetzes erhoben

1. für die Festsetzung der Ordnungsstrafe;
2. für die Verhandlung in den nach § 134 anberaumten Terminen;
3. für die Anordnung einer Beweisaufnahme.

Der Abs. 4 Satz 2 wird gestrichen.

Als Abs. 5 wird hinzugefügt:

Die Vorschriften der Abs. 1 bis 4 finden auf andere Fälle der Festsetzung von Ordnungsstrafen, insbesondere nach § 151 des Gesetzes über die Angelegenheiten der freiwilligen Gerichtsbarkeit, entsprechende Anwendung.

XXXXII. Im § 100 werden die Worte „und den Einführungsgesetzen zu denselben, sowie" gestrichen. Hinter dem Worte „erfordern" werden folgende Worte eingefügt „sowie von Angelegenheiten ähnlicher Art".

XXXXIII. Der § 101 erhält folgenden Zusatz:

Das Gleiche gilt von der gerichtlichen Festsetzung der einem Betheiligten zu erstattenden Kosten, von Zeugnissen über die Rechtskraft, sowie von gerichtlichen Vollstreckungshandlungen nach Artikel 17 des Preußischen Gesetzes über die freiwillige Gerichtsbarkeit.

Der § 101 ist in den Abschnitt 9, der die Ueberschrift „Gemeinschaftliche Bestimmungen für die Abschnitte 2 bis 8" erhält, hinter § 107 einzustellen.

XXXXIV. Im § 103 Abs. 2 wird folgende Vorschrift hinzugefügt:

Gebühren und Auslagen werden nicht erhoben, soweit die Gegenseitigkeit verbürgt ist. Ob diese Voraussetzung gegeben ist, entscheidet der Justizminister.

XXXXV. Im § 106 Nr. 1 ist statt „In Grundbuchsachen zu zu setzen „In Grundbuchsachen und n Schiffspfandsachen". Am Schlusse der Nr. 1 ist hinzuzusetzen:

Die Aufnahme von Anträgen und Erklärungen nach § 11 des Gesetzes über die Angelegenheiten der freiwilligen Gerichtsbarkeit ist auch in Angelegenheiten, für welche Gerichte eines anderen Bundesstaats zuständig sind, gebührenfrei, sofern die Gegenseitigkeit verbürgt ist. Ob diese Voraussetzung gegeben ist, entscheidet der Justizminister.

Am Schlusse der Nr. 3 ist hinzuzusetzen:

Als Beschwerde im Sinne dieses Gesetzes ist auch die Anrufung einer Entscheidung des Landgerichts nach Artikel 51 Abs. 2 des Preußischen Gesetzes über die freiwillige Gerichtsbarkeit anzusehen.

Im Satz 2 ist statt „Anwendung" zu setzen:

„mit der Maßgabe Anwendung, daß die Gebühr für die Zurücknahme 6 Mark, die Gebühr für die Verwerfung der Beschwerde 20 Mark nicht übersteigen darf".

XXXXVI. Hinter § 106 werden als § 106a folgende Vorschriften eingestellt:

Auf die Ertheilung beglaubigter Abschriften aus den Gerichtsakten finden, soweit nicht ein Anderes bestimmt ist, die Vorschriften des § 51 Anwendung.

Soweit für die Ertheilung von Bescheinigungen oder beglaubigten Abschriften aus gerichtlichen Registern eine Gebühr nicht bestimmt ist, wird neben den Schreibgebühren der tarifmäßige Stempel erhoben.

XXXXVII. Im § 111 werden die Worte „Aufnahme oder Annahme einer letztwilligen Verfügung" ersetzt durch die Worte:

„Errichtung eines Testaments oder eines Erbvertrags".

XXXXVIII. Hinter § 122 wird folgende Vorschrift eingestellt:

§ 122a. Auf ein Vertheilungsverfahren im Falle einer Enteignung (Artikel 53, 54, 109 des Einführungsgesetzes zum Bürgerlichen Gesetzbuch) oder der Beschädigung eines Grundstücks durch Bergbau finden die Vorschriften über ein Vertheilungsverfahren im Falle der Zwangsvollstreckung entsprechende Anwendung. Wird der Antrag auf Eröffnung des Verfahrens zurückgewiesen oder wird er zurückgenommen, ehe die Eröffnung des Verfahrens verfügt ist, so wird ein Zehntheil der im § 8 des Deutschen Gerichtskostengesetzes bestimmten Gebühr nach dem den Gegenstand des Verfahrens bildenden Gesammtbetrag und, wenn ein Berechtigter der Antragsteller ist und der von diesem Berechtigten beanspruchte Betrag geringer ist als der Gesammtbetrag, nach dem Betrage des Anspruchs erhoben.

XXXXIX. An die Stelle des § 124 Abs. 2 tritt folgende Vorschrift:

Unberührt bleiben die nach dem 25. Juni 1895 erlassenen Vorschriften über das Kostenwesen.

L. Im § 132 Abs. 1 Satz 1 werden die Worte „1. Oktober 1895" ersetzt durch die Worte „Bürgerlichen Gesetzbuche"; im Satz 2 werden die Worte „am 1. Oktober 1895" gestrichen.

Als Abs. 2, 3 werden folgende Vorschriften hinzugefügt:

Soweit nach Uebergangsvorschriften noch Geschäfte vorkommen, für welche in diesem Gesetze keine Bestimmungen getroffen sind, bleiben die bisherigen Vorschriften maßgebend.

Die Vorschriften über die Kosten der ersten Anlegung der Grundbücher bleiben bis zu dem Zeitpunkt in Kraft, zu welchem das Grundbuch als angelegt anzusehen ist.

Die Vorschriften der §§ 12 bis 17, 23 bis 27 treten auch für die früher fällig gewordenen Kosten in Kraft; die Vorschriften im Artikel 169 des Einführungsgesetzes zum Bürgerlichen Gesetzbuche finden entsprechende Anwendung.

§ 2. Der Justizminister wird ermächtigt, den Text des Preußischen Gerichtskostengesetzes, wie er sich aus den im § 1 sowie in dem Ausführungsgesetze zur Grundbuchordnung vorgesehenen Aenderungen ergiebt, unter fortlaufender Nummernfolge der Paragraphen und unter Herstellung einer einheitlichen Schreibweise durch die Gesetz-Sammlung bekannt zu machen. Hierbei ist den Verweisungen auf die Vorschriften der Civilprozeßordnung dieses Gesetz in der Fassung des vom Reichskanzler im Reichs-Gesetzblatte für 1898 S. 410 veröffentlichten Textes, den Verweisungen auf die Vorschriften des Preußischen Gesetzes über die freiwillige Gerichtsbarkeit dieses Gesetz in der endgültig festgestellten Fassung zu Grunde zu legen. Als besondere Paragraphen sind einzuschalten die Bestimmungen des § 17 Abs. 4 hinter § 21, die Bestimmungen des letzten Absatzes des § 81 hinter § 81.

Soweit in anderen Gesetzen auf Vorschriften des Preußischen Gerichtskostengesetzes verwiesen ist, treten die entsprechenden Vorschriften des durch den Justizminister bekannt gemachten Textes an die Stelle.

Schlußbestimmungen.

Artikel 87.

Soweit in Gesetzen auf Vorschriften verwiesen ist, welche durch dieses Gesetz außer Kraft gesetzt werden, treten an deren Stelle die entsprechenden neuen Vorschriften.

Diese Bestimmung ist dem Art. 4 Einf. G. z. B. G. B. nachgebildet. Der Art. 4 findet schon entsprechende Anwendung im § 1 Abs. 2 Einf. Ges. z. Gesetz über die Zwangsversteigerung und der Zwangsverwaltung, im § 82 Abs. 2 der R. Grundbuch-O. und im § 185 Abs. 2 des R. Ges. über die Angelegenheiten der freiwilligen Gerichtsbarkeit. In dem Art. 87 wird der Grundsatz des Art. 4 Einf. Ges. auch auf das P. Landesrecht übertragen. Unter den neuen Vorschriften sind aber hier nicht die reichsgesetzlichen zu verstehen, (für welche nur das Reichsrecht, wie die vorcitirten Bestimmungen besagen, maßgebend ist) sondern die neuen Bestimmungen des P. Rechts.

Artikel 88.

Die in den Artikeln 57, 58 des Einführungsgesetzes zum Bürgerlichen Gesetzbuche gemachten Vorbehalte gelten auch gegenüber den Vorschriften dieses Gesetzes.

Für die Vorbehalte, welche der Art. 88 entsprechend den für das Reich in den Vorbehalten Art. 57 und 58 Einf. Ges. z. B. G. B. gemachten Vorbehalten auch für das Pr. Ausf. Ges. macht, sind nach der B. dieselben Gründe maßgebend gewesen wie für die des Einf. Ges. Es erscheine dies namentlich gegenüber den Bestimmungen über Familienstiftungen (Art. 1, 2) und über die elterliche Gewalt (Art. 69) geboten.

Artikel 89.

Die nachstehenden Vorschriften werden, soweit sie nicht schon in Folge Reichsgesetzes außer Kraft treten, unbeschadet der Uebergangsvorschriften, aufgehoben:

1. folgende Vorschriften des Allgemeinen Landrechts, soweit sie sich nicht auf öffentliches Recht beziehen:
   a) die Einleitung mit Ausnahme der §§ 74, 75;
   b) der erste Theil mit Ausnahme
      des § 24 des 1. Titels,
      der §§ 29 bis 69, 71 bis 82, 96 bis 117, 125 bis 131, 133, 137 bis 140, 142 bis 144, 146 bis 148, 152, 153, 155, 156, 162 bis 167, 169 bis 174, 185, 186 des 8. Titels,
      der §§ 94 bis 96, 111 bis 120, 126, 128, 129, 139, 140, 152, 153, 155 bis 157, 170 bis 208, 210 bis 219, 223 bis 258, 261 bis 274, 348, 655 bis 659 des 9. Titels sowie der sonstigen Vorschriften des neunten Abschnitts dieses Titels, soweit sie auf Grund der im Einführungsgesetze zum Bürgerlichen Gesetzbuche gemachten Vorbehalte in Kraft bleiben,
      der §§ 4 bis 11, 651, 652, 676, 677, 996 bis 1019, 1021 bis 1023 des 11. Titels,
      der §§ 176, 475, 476 des 12. Titels,
      der §§ 41 bis 45 des 13. Titels,
      der §§ 362 bis 371 des 17. Titels,
      der §§ 1 bis 679 des 18. Titels,
      der §§ 458 bis 465 des 20. Titels,
      der §§ 45, 46 des 21. Titels und
      der §§ 55 bis 242 des 22. Titels;

c) aus dem zweiten Theile:
der 1. Tittel mit Ausnahme der §§ 34, 35, des Anhangs-§ 65, der §§ 193, 738 bis 740 und des neunten Abschnitts, soweit dieser auf Grund einer nach den Artikeln 57, 58 des Einführungsgesetzes zum Bürgerlichen Gesetzbuch in Kraft bleibenden Vorschrift der Hausverfassung gilt;
der 2. Titel mit Ausnahme der §§ 17, 18, 59, 77, 78, 81 bis 84, 150, 603, 641, 642, 683 bis 685;
der 3. Titel;
die §§ 1 bis 22, 27 bis 47, 227 bis 250 des 4. Titels, soweit sie nicht für Familienfideikommisse gelten;
der 5. Titel;
der 6. Titel, soweit er sich auf die Verfassung rechtsfähiger Vereine bezieht, für Vereine, die nach dem Inkrafttreten des Bürgerlichen Gesetzbuchs Rechtsfähigkeit erlangen;
die §§ 80 bis 85 des 7. Titels;
die §§ 444 bis 455 des 8. Titels;
die §§ 1199 bis 1209 des 11. Titels;
die §§ 1 bis 4, 7 bis 18, 21, 23 bis 29 des 16. Titels;
die §§ 48 bis 52, 54, 56 bis 60 des 17. Titels;
der 18. Titel mit Ausnahme der §§ 344, 810, 996 bis 1002;
die §§ 45 bis 48 des 19. Titels;
die §§ 1271, 1272 des 20. Titels;

2. das Rheinische Bürgerliche Gesetzbuch mit Ausnahme der Artikel 538, 556 bis 563, 640 bis 643, 645, des Artikel 648, soweit er sich auf das Weiderecht innerhalb der Gemeinde bezieht, des Artikel 671, des Artikel 672 Abs. 1 und der Artikel 674 bis 681, 714 und des Artikel 1384, soweit er auf die Haftung des Staates, der Gemeinden und anderer Kommunalverbände für den von ihren Beamten in Ausübung der diesen anvertrauten öffentlichen Gewalt zugefügten Schaden Anwendung findet;

3. die Vorschriften des gemeinen Rechtes über die Wiedereinsetzung in den vorigen Stand und über die Privatpfändung;

4. die Vorschrift des revidirten Statuts der Stadt Lübeck Buch 2 Titel 2 Artikel 10;

5. die Vorschriften der bisherigen Gesetze über das Schuldverhältniß aus einem mit der Ueberlassung eines Grund-

stücks verbundenen Leibgedingsvertrag und die Fuldische Verordnung vom Auszug oder der Leibzucht rc. vom 16. Februar 1773;

6. das Rheinische Gesetz über die Führung der Namen und Vornamen vom 23. August 1794 (6. Fructidor II);
7. die Verordnung wider die Veräußerung unbeweglicher Güter in die todte Hand vom 17. Mai 1799 (Chronologische Sammlung der Verordnungen rc. für die Herzogthümer Schleswig und Holstein S. 27);
8. das Ausschreiben, die Auf- und Annahme von Testamenten auf den Inseln der Provinz Ostfriesland betreffend, vom 24. November 1817 (Samml. der Hannoverschen Landesverordnungen rc. des Jahres 1817 II S. 521);
9. das Gesetz wegen Einführung kürzerer Verjährungsfristen vom 31. März 1838 (Gesetz-Samml. S. 249);
10. das Gesetz über Familienschlüsse bei Familien-Fideikommissen, Familienstiftungen und Lehnen vom 15. Februar 1840 (Gesetz-Samml. S. 20), soweit es sich auf Familienstiftungen bezieht;
11. das Gesetz, betreffend die Familien-Fideikommisse, fideikommissarischen Substitutionen und Familienstiftungen im Herzogthum Schlesien und in der Grafschaft Glatz, vom 15. Februar 1840 (Gesetz-Samml. 1840 S. 25), soweit es sich auf Familienstiftungen bezieht;
12. die Verordnung wegen Einführung kürzerer Verjährungsfristen für die Landestheile, in welchen noch gemeines Recht gilt, vom 6. Juli 1845 (Gesetz-Samml. S. 483);
13. das Gesetz über die Erwerbung von Grundeigenthum für Korporationen und andere juristische Personen des Auslandes vom 4. Mai 1846 (Gesetz-Samml. S. 235);
14. das Nassauische Gesetz, betreffend die Abkürzung der Verjährungsfristen für gewisse Arten von Forderungen, vom 5. April 1849 (Nass. Verordnungs-Blatt S. 75);
15. der § 92 des Gesetzes, betreffend die Ablösung der Reallasten und die Regulirung der gutsherrlichen und bäuerlichen Verhältnisse, vom 2. März 1850 (Gesetz-Samml. S. 77);
16. das Hannoversche Gesetz, die Verjährung persönlicher Klagen und die Einführung kurzer Verjährungsfristen für dieselben betreffend, vom 22. September 1850 (Hannov. Gesetz-Samml. Abth. I S. 187);
17. das Großherzoglich Hessische Gesetz, betreffend die Verjährung der persönlichen Klagen in den Provinzen

Starkenburg und Oberhessen, vom 19. März 1853 (Großherzogl. Hess. Reg.-Blatt S. 117);

18. das Kurhessische Gesetz wegen Einführung kürzerer Verjährungsfristen bei Klagen aus Schuldverhältnissen vom 14. Juli 1853 (Kurhess. Gesetz-Samml. S. 99);
19. das Landgräflich Hessische Gesetz, die Verjährung der persönlichen Klagen betreffend, vom 15. August 1854 (Reg.-Blatt f. d. ehemal. Landgrafschaft Hessen-Homburg S. 748);
20. das Gesetz, betreffend die Abschätzung der Landgüter zum Behufe der Pflichttheilsberechnung in der Provinz Westfalen, vom 4. Juni 1856 (Gesetz-Samml. S. 550);
21. das Bayerische Gesetz, betreffend die Verjährungsfristen, vom 26. März 1859 (Bayer. Gesetzbl. S. 26);
22. der § 19 des Gesetzes, betreffend die Ablösung der Reallasten in den Hohenzollernschen Landen, vom 28. Mai 1860 (Gesetz-Samml. S. 221);
23. der § 3 des Frankfurter Gesetzes, die Erwerbung von Grundeigenthum und Insätzen durch Nichtverbürgerte betreffend, vom 29. September 1863 (Frankf. Gesetz- und Statutensammlung Bd. XVI S. 55);
24. das Gesetz, betreffend die den gemeinnützigen Aktiengesellschaften bewilligte Sportel- und Stempelfreiheit, vom 2. März 1867 (Gesetz-Samml. S. 385);
25. das Gesetz wegen Einführung kürzerer Verjährungsfristen für die Provinz Schleswig-Holstein vom 9. Februar 1869 (Gesetz-Samml. S. 341);
26. das Gesetz, betreffend die Genehmigung zu Schenkungen und letztwilligen Zuwendungen, sowie zur Uebertragung von unbeweglichen Gegenständen an Korporationen und andere juristische Personen, vom 23. Februar 1870 (Gesetz-Samml. S. 118);
27. der § 14 des Gesetzes, betreffend die Ablösung der Reallasten im Gebiete des Regierungsbezirks Wiesbaden und in den zum Regierungsbezirk Kassel gehörigen vormals Großherzoglich Hessischen Gebietstheilen, vom 15. Februar 1872 (Gesetz-Samml. S. 165);
28. das Gesetz über den Eigenthumserwerb und die dingliche Belastung der Grundstücke, Bergwerke und selbstständigen Gerechtigkeiten, vom 5. Mai 1872 (Gesetz-Samml. S. 433);
29. der § 55 des Gesetzes, betreffend die Ablösung der

Reallasten in der Provinz Schleswig-Holstein, vom 3. Januar 1873 (Gesetz-Samml. S. 3);

30. die Vormundschaftsordnung vom 5. Juli 1875 (Gesetz-Samml. S. 431);

31. der § 26 des Gesetzes, betreffend die Ablösung der Reallasten im Gebiete des Regierungsbezirks Cassel ausschließlich der zu demselben gehörigen vormals Großherzoglich Hessischen Gebietstheile, vom 23. Juli 1876 (Gesetz-Samml. S. 357).

Art. 55 Einf. Ges. z. B. G. B. bestimmt: „Die privatrechtlichen Vorschriften der Landesgesetze treten außer Kraft, soweit nicht in dem Bürgerlichen Gesetzbuch oder in diesem Gesetz ein Anderes bestimmt ist.“ Durch Landesgesetz festzustellen, welche Sätze der bisherigen Landesgesetze noch gelten, ist also nur soweit zulässig, als sich solche Feststellung nicht in Widerspruch mit obigem Grundsatze des Reichsrechts setzt.

Im Art. 89 ist nun, und zwar namentlich auf dem Gebiete des A. L. R. und des Rheinischen Bürgerlichen Gesetzbuchs — eine Zusammenstellung von Bestimmungen der Pr. Landesgesetzgebung gemacht, welche aufgehoben werden sollen, — allerdings unbeschadet der Uebergangsvorschriften. (Solche Uebergangsvorschriften sind theils in den Art. 153 ff. Einf. Ges. z. B. G. B., theils in dem Ausführungsgesetze z. B. G. B. selbst enthalten.)

Was das A. L. R. betrifft, so wird auch hier noch der Vorbehalt gemacht, daß Vorschriften nur aufgehoben werden, soweit sie sich nicht auf das öffentliche Recht beziehen. Dieser Vorbehalt mochte sich empfehlen mit Rücksicht auf die eigenthümliche Vereinigung der öffentlichen und privatrechlichen Bestimmungen in einem und demselben Gesetzbuche. An sich war sonst zur Aufhebung des öffentlichen Rechts durch den Art. 55 cit. Einf. Gesetzes kein zwingender Grund gegeben. Denn das öffentliche Recht besteht nach diesem Reichsgesetze sowohl in dem Gebiete des A. L. R. als auch im Gebiete des Rheinischen Bürgerlichen Gesetzbuchs, in Betreff dessen dieser Vorbehalt im Art. 89 nicht gemacht ist, fort, soweit dies Recht nicht durch anderes Reichs- oder Pr. Landesrecht aufgehoben ist.

Wenn nun im Art. 89 Bestimmungen des Landesrechts aufgeführt sind, welche aufgehoben werden, so kann betreffs dieser kein Zweifel obwalten, daß diese Bestimmungen auch wirklich beseitigt sind. Wenn aber im Art. 89 Ausnahmen gemacht sind betreffs einzelner Bestimmungen, welche **nicht** aufgehoben werden sollen, so wird doch der richterlichen Prüfnng immer noch betreffs dieser letzten Bestimmungen die Frage unterliegen müssen, ob dieselben nicht gegenüber dem Grundsatze des Art. 55 Einf. Ges. gleichwohl ihre Geltung verloren haben, und somit ihre fortgesetzte Anwendung dem Reichsrecht widersprechen würde.

Es ist daher auch bei der Erläuterung des Art. 84 vor Allem die Frage zu beantworten, welche Bestimmungen (neben den als aufgehoben bezeichneten) noch als geltendes Recht angesehen werden, und welche Gründe den Gesetzgeber zu dieser Annahme bewogen haben. Im Einzelnen ist hierzu Folgendes aus der B. hervorzuheben:

1. Aus den Bestimmungen des A. L. R. sind aufrecht erhalten:

a) die §§ 74 und 75 der Einleitung, weil sie grundlegende Bestimmungen über die Zwangsenteignung enthalten (Art. 109 Einf. Ges. z. B. G. B.).

b) aus dem ersten Theile:

Tit. 1 § 24, um klar zu stellen, daß der in ihm ausgesprochene Grundsatz der Gleichberechtigung beider Geschlechter nur theilweise durch das Reichsrecht ersetzt wird,

Tit. 8 §§ 29 bis 31 als Ergänzung der allgemeinen Enteignungsgrundsätze,

§§ 32 bis 69, 71 bis 82, weil sie im öffentlichen Interesse das Eigenthum in Ansehung thatsächlicher Verfügungen beschränken (Art. 111 Einf. Ges.),

§§ 96 bis 117, als wasserrechtliche Vorschriften (Art. 65 Einf. Ges.),

§ 146, weil er den Inhalt einer Grunddienstbarkeit betrifft (Art. 115 Einf. Ges.),

§§ 129 und 130, „um nicht der Entscheidung vorzugreifen, inwieweit diese Vorschriften noch neben dem Bürgerlichen Gesetzbuche Bedeutung behalten",

die übrigen aufgeführten §§ aus dem Tit. 8, als nachbarliche Beschränkungen des Eigenthums (Art. 124 Einf. Ges.),

Tit. 9 §§ 94 bis 96, als Lehen- und Fideikommißgüter betreffend (Art. 59 Einf. Ges.),

§§ 111 bis 116, aber nach K. nur soweit sie den Taubenfang betreffen (Art. 130 Einf. Ges.),

§ 117, als den Ausschluß des Jagdrechts betreffend (Art. 69 Einf. Ges.),

§§ 118 bis 120 (über das Recht der Bienenhaltung) theils ihrer polizeilichen Natur wegen, theils auf Grund des Art. 115 des Einf. Ges.,

§ 126 wegen seines öffentlich rechtlichen Inhalts,

§§ 128. 129, 139, 140, 152, 153, 155 bis 157, als das Jagdrecht betreffend (Art. 60 Einf. Ges.),

§§ 170 bis 192, als die Fischerei betreffend (Art. 69 cit.),

§§ 193 bis 208 und §§ 210 bis 219, als dem öffentlichen Rechte angehörend, aber „ohne der Entscheidung vorzugreifen, ob etwa einzelne Vorschriften wie die der §§ 199 bis 202, als rein privatrechtliche anzusehen und deshalb als reichsgesetzlich aufgehoben zu erachten sind",

§§ 223 bis 258 und §§ 261 bis 274, als wasserrechtliche Vorschriften (Art. 65 Einf. Ges.),

§ 348 und §§ 655 bis 659, als öffentlichrechtliche Vorschriften,

sowie die sonstigen Vorschriften des Tit. 9 soweit sie etwa für die der Landgesetzgebung vorbehaltenen Gebiete maßgebend bleiben (B.),

Tit. 11 §§ 4 bis 11, als die Enteignung betreffend (Art. 109, Einf. Ges.),
§§ 651, 652, als dem Versicherungsrecht angehörend (Art. 75 Einf. Ges.),
§§ 676, 677, als das Recht des Königlichen Hauses betreffend (Art. 57 Einf. Ges.),
§§ 996 bis 1019 und §§ 1021 bis 1023, als das Verlagsrecht betreffend (Art. 76 Einf. Ges.),
Tit. 12 § 176, als das Recht des Königlichen Hauses betreffend (Art. 57 Einf. Ges.),
§§ 475, 476, als das Fideikommißrecht betreffend (Art. 59 Einf. Ges.),
Tit. 13 §§ 41 bis 45, weil zum öffentlichen Rechte gehörend,
Tit. 17 §§ 362 bis 371, weil instruktionelle Bestimmungen über die Grenzbezeichnung enthaltend (§ 919 Abs. 2 B. G. B.),
Tit. 18 §§ 1 bis 679, weil (einschließlich der allgemeinen Grundsätze in den §§ 1 bis 12) das Lehnrecht betreffend (Art. 59 Einf. Ges.),
Tit. 20 §§ 458 bis 465, weil die Hypothekenregulirung bei Gemeinheitstheilungen betreffend (Art 113 Einf. Ges.),
Tit. 21 §§ 45, 46. weil das öffentliche Recht betreffend,
Tit. 22 §§ 45 bis 242, weil sie überwiegend Vorschriften enthalten, welche den Inhalt und das Maß von Grunddienstbarkeiten näher bestimmen (Art. 115 Einf. Ges.),

c) aus dem zweiten Theile:

Tit. 1 §§ 34, 35 und Anh. § 65, weil die Erlaubniß zur Eheschließung von Militär-Personen betreffend (§ 1315 Abs. 1 B. G. B. u. A.),
§§ 193, 738 bis 740 über den Stand und Rang der Ehefrau und der geschiedenen Ehefrau „bleiben vom Reichsrecht unberührt, da dieses wohl den Einfluß der Ehe und der Scheidung auf den Familiennamen der Frau bestimmt (B. G. B. §§ 1355, 1577), dagegen den Erwerb und Verlust des Standes im publizistischen Sinne, insbesondere des Adelsstandes, als eine Frage des öffentlichen Rechts grundsätzlich der landesgesetzlichen Regelung vorbehalten hat (Mot. Bd. 4 S. 106f, 621f., Protokolle der 2. Kommission Bd. 4 S. 97f.)" —.

Ferner der neunte Abschnitt, soweit dieser auf Grund einer nach den Art. 57, 58 des Einf. Ges. in Kraft bleibende Vorschrift der Hausverfassung gilt (den hohen Adel und den ihm in Art. 58 gleichgestellten Adel betreffend),
Tit. 2 §§ 17 bis 18, betreffend das selbständige Recht der Lehns- und Fideikommißanwärter, die Ehelichkeit eines Kindes anzufechten (Art. 59 Einf. Ges.),
§§ 77, 78, 81 bis 84, 642, betreffend die religiöse Erziehung ehelicher und unehelicher Kinder (Art. 134 Einf. Ges.),
§§ 59, 603, 641, 683 bis 685, betreffend den Stand der ehelichen, der durch obrigkeitliche Deklaration legitimirten und unehelichen Kinder, ferner der an Kindesstatt Angenommenen (aus demselben Grunde wie zu § 193 oben bemerkt ist),
Tit. 4 §§ 23 bis 26, 48 bis 226 und die sonstigen Vorschriften des Titels, soweit sie für Familienfideikommisse gelten (Art. 59 Ein. Ges.),

Tit. 6, soweit er sich auf die Verfassung rechtsfähiger Vereine bezieht (§§ 26 ff.), für Vereine, die **vor** dem Inkrafttreten des B. G. B. Rechtsfähigkeit erlangt haben (Art. 82 Einf. Ges.). Was im Uebrigen noch **aufrecht** erhalten werden soll, besagt der Art. 89 Ausf. Ges. nicht. Die B. erwähnt, daß die §§ 2, 11, 22 bis 25 reichsgesetzlich aufgehoben seien.

Tit. 7, 8, 11, 16, 17, 19 und 20 enthalten öffentliches Recht und sind daher grundsätzlich als aufrecht erhalten anzusehen, soweit sie nicht schon abgesehen von dem B. G. B. die Geltung verloren haben und soweit sie ferner nicht unter den Bestimmungen des Art. 89 jetzt als aufgehoben besonders bezeichnet sind.

Tit. 18 ist nur aufrecht erhalten in den §§ 344, 810, welche öffentliches Recht enthalten, und in den §§ 996 bis 1002, welche die Lehnskuratoren behandeln (Art. 59 Einf. Ges.).

2. Aus dem Rheinischen Bürgerlichen Gesetzbuche sind nur wenige Vorschriften **aufrecht** erhalten, und zwar:

Art. 538, weil er theils dem Wasserrechte (Art. 65 Einf. Ges.), theils dem öffentlichen Rechte angehört,

Art. 556 bis 563, 640 bis 643, 645, als ebenfalls dem Wasserrechte angehörig (Art. 65 cit.),

Art. 648, soweit er sich auf das Weiderecht innerhalb der Gemeinde bezieht (Art. 124 und 113 Einf. Ges.),

Art. 671 und 672 Abs. 1, 674 bis 681, als die nachbarliche Beschränkungen des Eigenthums (Art. 124 Einf. Ges.),

Art. 714, welcher Sachen betrifft, die Niemandem gehören und deren Gebrauch nach Maßgabe der Polizeigesetze für alle gemeinsam ist (namentlich die nicht schiffbaren und nicht flößbaren Flüsse, deren Rechtsverhältnisse vom B. G. B. nicht geordnet sind, Art. 65 Einf. Ges.).

Was den Art. 1384 betrifft, so stützt sich die Aufrechterhaltung mit der im Gesetze angegebenen Beschränkung auf den Beschluß der K. Dieser Art. besagt nach seinem Wortlaute Nichts von einer Haftung des Staats, der Gemeinden und Komunalverbände für den von ihren Beamten angerichteten Schaden, aber er spricht von der Verantwortlichkeit für dommage, „qui est causé par le fait des personnes dont on doit répondre“. Da nun in der französischen Rechtsprechung und Doktrin dieser Artikel auch angewendet wird auf die Haftung des Staats und der Gemeinden für schädigende Handlungen ihrer Beamten, so hat man diese Bedeutung des Art. entsprechend dem Art. 77 Einf. Ges. z. B. G. B. aufrecht erhalten wollen.

Hinsichtlich des gemeinen Rechts hat der Entwurf zum Ausf. Ges. für dieses Rechtsgebiet eine spätere Neuregelung vorbehalten. Die B. bemerkt hierzu: „Die allgemeinen Grundsätze des gemeinen Rechtes werden ohne Weiteres nach Maßgabe des Artikel 4 des Einführungsgesetzes zum Bürgerlichen Gesetzbuche durch die entsprechenden allgemeinen Vorschriften des Bürgerlichen Gesetzbuchs ersetzt.“ Für das der Landesgesetzgebung vorbehaltene Sonderrechtsgebiet (namentlich das Wasserrecht und das Fischereirecht) solle auch die unvordenkliche Verjährung beibehalten werden.

Die Aufhebung der vielen Einzelgesetze von Nr. 4—31 bedarf keiner weiteren Erörterung.

Artikel 90.

Dieses Gesetz tritt gleichzeitig mit dem Bürgerlichen Gesetzbuch in Kraft.

Die Vorschriften des Artikel 33 § 2 Abs. 2, § 3 Nr. 1, der Artikel 34, 71, 73, 74 und des Artikel 86 § 2 treten mit der Verkündung in Kraft.

Urkundlich unter Unserer Höchsteigenen Unterschrift und beigedrucktem Königlichen Insiegel.

Gegeben Snogeholm, den 20. September 1899.

Wilhelm.

Fürst zu Hohenlohe. v. Miquel. Thielen. Frhr. v. Hammerstein. Schönstedt. Brefeld. v. Goßler. Gr. von Posadowsky. Gr. v. Bülow. Tirpitz. Studt. Frhr. v. Rheinbaben.

Sachregister.

(Die beigefügten Zahlen bezeichnen die Seiten.)

MIX
Papier | Fördert gute Waldnutzung
FSC® C083411

Kolibri 360 GmbH
Ferdinand-Jühlke-Straße 7
99095 Erfurt, Deutschland
produktsicherheit@kolibri360.de